DAVID JANZ
Die erste Fahrt des Orient-Express

DAVID JANZ

Die erste Fahrt des
ORIENT EXPRESS

HISTORISCHER ROMAN

Lübbe

Die Bastei Lübbe AG verfolgt eine nachhaltige Buchproduktion. Wir verwenden Papiere aus nachhaltiger Forstwirtschaft und verzichten darauf, Bücher einzeln in Folie zu verpacken. Wir stellen unsere Bücher in Deutschland und Europa (EU) her und arbeiten mit den Druckereien kontinuierlich an einer positiven Ökobilanz.

Originalausgabe

Copyright © 2024 by
Bastei Lübbe AG, Schanzenstraße 6–20, 51063 Köln

Vervielfältigungen dieses Werkes für das
Text- und Data-Mining bleiben vorbehalten.

Textredaktion: René Stein, Kusterdingen
Umschlaggestaltung: Massimo Peter-Bille
Umschlagmotiv: © Shutterstock: AlexanderLipko | Evannovostro |
Frame Art | g_tech | Kiselev Andrey Valerevich | Locomotive74 |
Ton Bangkeaw | Ysbrand Cosijn
© Vorsatz-/Nachsatzillustrationen: Markus Weber/Guter Punkt, München
Satz: hanseatenSatz-bremen, Bremen
Gesetzt aus der Adobe Caslon Pro
Druck und Verarbeitung: GGP Media GmbH, Pößneck

Printed in Germany
ISBN 978-3-7577-0027-0

Sie finden uns im Internet unter luebbe.de
Bitte beachten Sie auch: lesejury.de

TAG 1

KAPITEL 1

Donnerstag, 4. Oktober 1883, 18.30 Uhr
Paris, Gare de Strasbourg

»Alle einsteigen!« Der Ruf des Schaffners hallte über Bahnsteig 1 im Gare de Strasbourg. Georges blieb vor einem der dunkelgrünen Waggons stehen, zog die Uhr aus der Westentasche und klappte sie auf. Zwölf Minuten blieben bis zur Abfahrt. Das Zifferblatt mit dem Rankenmuster verwischte vor seinen Augen, er schloss eine Faust darum, in der Hoffnung, dass die Zeit darin eingesperrt bleibe. Nach zehn Jahren Vorbereitung, nach unzähligen Rückschlägen und Krisen würde endlich der Zug, der die Welt verändern sollte, aus Paris heraus- und seinem Ziel entgegenfahren: Konstantinopel, dem äußersten Ende Europas.

Nur von Blowitz fehlte jede Spur.

Reisende und Schaulustige drängten sich auf dem Bahnsteig. Georges blickte in Gesichter, auf denen sich Staunen, Skepsis und Erwartung mischten. Durch das gläserne Dach des Bahnhofs fielen die letzten Sonnenstrahlen des Oktobertags, Lichtsprenkel überzogen die mit Früchten, Schleifen und Federn geschmückten Hüte der Damen, die gebürsteten Zylinder der Herren und die Schirmmützen der einfachen Leute. Sie alle waren hier, um den Zug zu sehen, seinen Zug, das Wunderwerk der Technik, die Zukunft auf Rädern, die Mona Lisa der Ingenieurskunst: den Orient-Express. Wo blieb Blowitz?

Seit Wochen schon ratterte der Zug durch die Spalten der Zeitungen. Die Journalisten von *Le Figaro* bejubelten die Tapferkeit des Unternehmers Georges Nagelmackers, der sich vorgenommen hatte, eine Zugverbindung zwischen Westeuropa und dem Schwarzen Meer zu schaffen. Die Kolumnisten von *Le Petit Parisien* hielten es hingegen für unmöglich, dass die Waggons ihr Ziel erreichen konnten, mussten sie doch sechs miteinander verfeindete Staaten durchqueren. Die Chronisten der Klatschblätter wiederum beschrieben mit einer Mischung aus Ehrfurcht und Hohn jedes Detail der luxuriösen Innenausstattung, die vierarmigen Gas-Kronleuchter im Speisewagen ebenso wie die Seidenlaken auf den Betten der neuartigen Schlafwagen.

»Monsieur Nagelmackers?« Ein junger Zugbegleiter in brauner Uniform näherte sich. Unter seinem runden Hut schauten die Spitzen karottenfarbenen Haars hervor.

Georges fühlte in seiner Faust das Uhrwerk ticken. »Warum sind Sie noch nicht im Zug, Pascal?«

»Es gibt ein Problem mit einem Gepäckstück.« Der Junge deutete hinter sich. Zwischen den Fahrgästen und Schaulustigen auf dem Bahnsteig ragte ein Schrankkoffer auf, er war bezogen mit braunem Leder. Davor stand mit verschränkten Armen Missak Effendi, der Chefsekretär der Osmanischen Botschaft in Paris. Georges kannte ihn aus der Zeitung. Obwohl der Diplomat einen Zylinder trug, überragte ihn das Gepäckstück.

»Für den Koffer des Monsieurs ist in dem Gepäckwagen kein Platz mehr.« Pascal zog die Schultern hoch. »Es ist aber auch nicht möglich, etwas daraus zurückzulassen. Der Monsieur sagt, darin seien die Geschenke für den Kalifen in Konstantinopel.«

Georges wurde es heiß in seinem grauen Paletot. In diesem Moment ließ der Zugführer weiter vorn etwas Dampf ab, um Druck aus dem Kessel zu nehmen. »Werfen Sie das Werkzeug und die Ersatzteile aus dem hinteren Gepäckwagen«, wies Georges den Zugbegleiter an und zog die Aufschläge seines taillierten Mantels straff. »Dann wird der Koffer hineinpassen.«

Pascal verzog das Gesicht, und seine Sommersprossen tanzten. »Aber Monsieur! Wenn wir unterwegs eine Panne erleiden, sind wir ohne Werkzeug und Ersatzteile verloren.«

Georges' Blick ruhte auf dem Jungen. »Wenn Monsieur Missak dem Kalifen nicht genug Geschenke aus Paris mitbringt, wird es sogar das Beste sein, wir erreichen Konstantinopel erst gar nicht. Raus mit dem Werkzeug, raus mit den Ersatzteilen und rein mit dem Koffer! Beeilen Sie sich!«

Pascal schlug die Hacken zusammen. »In zehn Minuten ist der Koffer an Bord.« Er lief davon.

»In fünf!«, rief Georges ihm hinterher. Er ließ den Zeitmesser zurück in die Westentasche gleiten.

»Alle einsteigen!«, rief der Schaffner noch einmal.

Türen klappten. Aus den Fenstern des Zugs lehnten Männer und winkten mit Hüten. Eine junge Frau stand vor dem tannengrün lackierten Speisewagen, der sich in der Mitte der Waggons befand, und hielt ihre mit Spitzenhandschuhen geschmückten Hände vor den Mund. Sie weinte und blickte aus den feuchten Augen einen Herrn mit eisgrauem Vollbart an, der aus dem Zugfenster heraus versuchte, sie zu beruhigen. Georges erkannte Monsieur Verne und seine Tochter.

»Mademoiselle Valentine«, er verneigte sich, »seien Sie ohne Sorge. In zwei Wochen wird Ihr Vater unbeschadet wieder in Paris ankommen. Dafür werde ich persönlich Sorge tragen.«

Valentine Verne ließ zu, dass Georges ihre Hände mit den seinen umschloss und von ihrem Mund nahm. »Aber auf dem Balkan wimmelt es von Barbaren und wilden Tieren. Ich habe Geschichten gehört …«

Er reichte ihr sein Taschentuch, damit sie ihre Tränen trocknen konnte. »Mademoiselle, Sie sind die Tochter eines Schriftstellers. Sie wissen, wie Geschichten entstehen. Der Balkan ist nicht mehr wie früher. Die Osmanen sind vertrieben, Bulgaren, Rumänen und Serben sind frei und entwickeln ihre Länder zu modernen Staaten. Unser Zug wird die jungen Nationen mit dem alten Europa verbinden. Ihr Vater wird Teil dieses Ereignisses sein.«

Die Worte verfehlten nicht ihre Wirkung: Stolz blitzte in Valentine Vernes geröteten Augen auf – bis zu dem Moment, als ihr Vater eine Pistole aus dem Zugfenster schwenkte. »Zur Not habe ich immer noch die hier.«

Schüsse fielen, und die Menge schrie auf. Monsieur Verne starrte die Waffe in seiner Hand an.

»Stecken Sie das Ding weg!«, rief Georges und hastete zum hinteren Teil des Zugs, denn von dort waren die Schüsse gekommen. Schon folgten weitere. Im Laufen lupfte er seinen Zylinder und schwenkte ihn, während er den Leuten ringsumher zurief, es sei alles in Ordnung. Allerdings war er sich da selbst nicht ganz sicher.

Sechs Soldaten in der roten Paradeuniform des britischen Militärs hatten neben dem Zug Aufstellung genommen. Sie hielten Gewehre im Anschlag und feuerten gerade eine weitere Salve in die Luft. Tauben flogen auf. Glas klirrte, als eine der Scheiben im Dach des Bahnhofs zersplitterte, Scherben regneten auf den Orient-Express herab, die Menschen auf dem Bahnsteig wurden zum Glück nicht getroffen.

Georges fiel einem Soldaten in den Arm und drückte den Lauf seines Gewehrs nach unten. »Wollen Sie einen Krieg anzetteln?«, schimpfte er. »Das ist ein Zug des Friedens. Wir versuchen Länder zu verbinden, nicht gegeneinander aufzubringen. Wer ist Ihr Kommandeur?«

»Das wäre in diesem Fall ich«, ertönte eine sonore Stimme, die zu einem Mann mit einem langen Schnurrbart gehörte. Er war hinter der Ehrengarde aufgetaucht, trug einen wadenlangen, karierten Wollmantel mit Schultercape und eine graue Melone. Mit der silbernen Spitze seines Gehstocks tippte er Georges auf die Hand, die das Gewehr festhielt. »Lassen Sie die Sergeanten ihre Arbeit tun, sonst wird Ihr Zug zwei seiner bedeutendsten Passagiere verlieren.«

»Sir Edmond Laycock, wie ich vermute.« Es war für Georges nicht schwer zu erraten, wer ihm gegenüberstand. Der britische Minister für öffentliche Arbeiten war bekannt wie ein bunter Hund. Georges schob die Spitze des Stocks von seinem Handgelenk. »Ich dachte, die Briten ständen den Franzosen in nichts nach, was gutes Benehmen angeht, und würden sie sogar noch übertreffen, wenn Zurückhaltung gefragt ist. Stattdessen führen Sie sich auf wie die Preußen.«

Laycock lächelte überlegen. Dabei geriet sein Bart in Bewegung. »Sie als Belgier, Monsieur Nagelmackers, sind mit den Gepflogenheiten der internationalen Diplomatie naturgemäß wenig vertraut. Ich entschuldige das. Die Salutschüsse fallen zu Ehren unseres Gastes Sayadschi Rao III. Er ist der Großkönig des Indischen Reichs von Baroda. Bei seinem Besuch in London wurde ihm vor drei Tagen der Stern von Indien verliehen, und als Träger dieses Ordens stehen ihm bei öffentlichen Anlässen zwölf Schuss Salut zu.«

Die Stockspitze schwenkte herum und zeigte Richtung Schlafwagen Nummer 1. In der Tür stand ein Mann dunkler Hautfarbe, dessen weiße, mit Orden gespickte Uniform seinen kräftigen Körperbau unterstrich. Er hatte ein rundes Gesicht mit einem breiten Kinn und einem buschigen Oberlippenbart. Das Haar trug er zurückgekämmt zum Zopf gebunden, sodass die goldenen Ohrgehänge zur Geltung kamen, in denen rote Edelsteine blitzten. Auch die Augen des Großkönigs funkelten. Er starrte Georges an.

»Hören Sie, Sir Laycock«, Georges senkte die Stimme, »ich habe dafür gesorgt, dass der Maharadscha ein Raubtier mitnehmen kann. Aber das hier, das geht zu weit.«

»Zu weit?«, echote Laycock. »Dann dürfte es Sie interessieren, dass die Salutschüsse eigentlich von Kanonen abgefeuert werden müssten, sich Seine Exzellenz in seiner Bescheidenheit aber damit einverstanden erklärt hat, dass wir Gewehre verwenden.«

»Alle einsteigen. Türen schließen.« Die dritte Aufforderung war die letzte. Die hydraulischen Bremsen zischten, und schon ruckten die Waggons an. Georges half Laycock in den Zug, blieb aber selbst auf dem Perron, dem Bahnsteig, mit einer Hand an der Haltestange. Noch einmal suchte er Blowitz in der Menge. Aussichtslos! Henri Opper von Blowitz hatte ihn versetzt. Nun würde Georges ohne den berühmten Reisejournalisten auskommen müssen. Dabei war er auf einen wohlwollenden Bericht aus dessen Feder angewiesen, der die erste Fahrt des Orient-Express in *The London Times* feierte und damit den Erfolg des Unternehmens garantierte, denn alle großen Tageszeitungen Europas würden in den Jubel einstimmen.

Der Zug fuhr los. Hände, Hüte und Taschentücher wurden aus den Fenstern geschwenkt. Aus der Zuschauermenge ragten Papierfähnchen mit den Flaggen Frankreichs, Großbritanniens, Belgiens, des Deutschen Reichs und Österreich-Ungarns heraus, dazwischen leuchtete das Rot und Gold des osmanischen Halbmonds.

Georges lief neben dem Zug her. Die Vernunft drängte ihn, endlich aufzuspringen. Seine Hand krampfte sich um die Haltestange. Der Zug zog ihn mit sich fort. Mit einem Satz landete er auf dem Trittbrett. Da hörte er Anfeuerungsrufe vom Bahnsteig her.

Er reckte den Kopf. Nur wenige Meter hinter ihm, neben dem Gepäckwagen, rannte Blowitz, seinen Koffer gegen den Bauch gepresst. Sein Wollmantel mit Pelzbesatz flatterte, und die Haare seines Backenbarts zitterten. Der schwarze glänzende Zylinder rutschte mit jedem Schritt und offenbarte den nur von einem rötlichen Haarkranz umfloreten Kopf des Journalisten. Seine Gesichtsfarbe konkurrierte mit der seines Haars. Sein

Mund stand offen, seine Lippen bewegten sich. Zweifellos hatte er Georges erkannt und wollte ihm etwas zurufen.

Der Zug wurde schneller, der Journalist fiel zurück. Georges hielt sich fest und beugte sich aus der Tür, soweit es ging. Dabei streckte er eine Hand aus. Blowitz ließ den Koffer los, um sie zu ergreifen, schlang seine Finger aber sofort wieder um das Gepäckstück.

»Werfen Sie den Koffer weg!« Georges war sicher, dass Blowitz ihn hören konnte, dennoch umklammerte der Reporter mit beiden Armen seinen Besitz.

Da fühlte sich Georges hinten am Mantel gepackt. »Lehnen Sie sich hinaus«, sagte eine tiefe Stimme mit fremdländischem Akzent, »ich halte Sie.« Er zögerte keinen Augenblick. Seine Zukunft lag nun in den Händen des indischen Großfürsten. War es nicht sein Ziel, dass zwischen den Ländern Frieden herrschte, dass sich die Menschen vertrauten? Er ließ sich nach vorn fallen, packte Blowitz am Rockaufschlag und zerrte den Reporter zu sich heran.

KAPITEL 2

Donnerstag, 4. Oktober
Von Paris nach Strasbourg

Georges stand in einer Waschkabine im hinteren Schlafwagen, hielt sein Taschentuch unter den aufgedrehten Wasserhahn und tupfte sich die Stirn. Vor dem kleinen Fenster rechts neben ihm zog das Umland von Paris vorbei. Er schloss die Augen und genoss das leise Rattern unter seinen Füßen.
Der Orient-Express hatte sich in Bewegung gesetzt – mit allen Passagieren an Bord. Mantel und Zylinder hatte Georges in seinem Abteil abgelegt. Hüte trug er ohnehin nicht gern, denn er war hochgewachsen und stach aus jeder Gruppe heraus. Auch jetzt musste er sich bücken, um einen Blick in den Spiegel über dem Waschbecken zu werfen, sonst hätte er nur sein Kinn gesehen, das ein wenig schief war. Er musterte das Gesicht eines Mannes am Beginn des mittleren Alters. Nichts daran war symmetrisch, trotzdem verzichtete Georges darauf, es hinter einem Bart zu verstecken. Sein dunkles Haar war zerzaust worden, als er Blowitz in den Zug gezogen hatte. Er strich es nachlässig zurück, und sofort schnellte eine Strähne wieder nach vorn. In Konstantinopel würde er zu einem Barbier gehen.
Bevor er den Waschraum verließ, zog er die Uhr aus der Westentasche. Mit dem Daumen rieb er über das ziselierte Silber. Die Uhr war ein Geschenk seines Vaters, eine Larcum Kendall, einer der genauesten und zuverlässigsten Zeitmesser der Welt. Edmond Nagelmackers hatte seinem Sohn gesagt, er wolle das

Präsent als Symbol der Beständigkeit verstanden wissen, doch Georges war viel mehr davon fasziniert, dass James Cook einen solchen Chronographen auf seinen Reisen benutzt hatte, um seine Position an Orten zu bestimmen, die auf keiner Landkarte verzeichnet waren. Georges klappte den Deckel auf, die Larcum Kendall zeigte 18.57 Uhr an. Er lauschte. Das Ticken des Uhrwerks und das Rattern der Räder folgten einem unterschiedlichen Rhythmus. Die kleine und die große Maschine arbeiteten unermüdlich gegeneinander – der Zug fuhr ein Rennen gegen die Zeit. Und ihm, Georges Nagelmackers, musste es gelingen, beide Kräfte in Einklang zu bringen.

Vor dem Waschraum warteten zwei Männer, die in ein Gespräch vertieft waren. Der eine war Missak Effendi, der Osmane mit dem Schrankkoffer. Den anderen hatte Georges noch nicht kennengelernt, dafür würde später noch Gelegenheit sein. Er nickte den beiden zu, ging den Gang hinunter und blieb vor einer Tür stehen. Noch einmal strich er sich das Haar zurück, schließlich fuhr er mit den Händen über die Weste und richtete die Manschetten an seinem Hemd. Dann klopfte er.

Die Tür wurde aufgezogen, und Henri Opper von Blowitz schaute heraus. Georges setzte eine freundliche Miene auf. »Haben Sie sich ein wenig erholt, Monsieur?«

»Erholt?«, fragte Blowitz und bat Georges mit einer schwungvollen Geste hinein. »Ich bin doch nicht in der Sommerfrische!« Er lachte. Hinter ihm war jemand damit beschäftigt, seine Garderobe zu verstauen. Georges hatte dafür gesorgt, dass Blowitz eines der wenigen Zweibettabteile erhielt, um im Zug den größtmöglichen Luxus zu genießen. Alles hing davon ab, was der Reporter in *The London Times* über die erste Fahrt des Orient-Express berichten würde.

Georges trat ein und begrüßte den Mann, der sich als Fürst Ludomir Orjol vorstellte und dann wieder seiner Beschäftigung zuwandte. Auf Blowitz' Scherz wusste Georges keine Erwiderung. Er war ohnehin niemand, der in Salons und Soireen mit blitzgescheiter Konversation zu glänzen verstand, er war allenfalls gewitzt. Sein Zuhause waren Zahlen und Pläne. »Sie wollten darüber informiert werden, wer sich mit uns im Zug befindet.« Er überreichte Blowitz eine Liste der Passagiere, verbunden mit der Hoffnung, dass der Journalist später in seinem Artikel die Namen richtig schrieb.

Blowitz faltete das Blatt auseinander. »Aber das sind ja nur zwölf Personen. Ich habe mit vierzig gerechnet. Ist der Zug denn nicht ausgebucht?«

Passagiere des Orient-Express
Paris-Konstantinopel, Oktober 1883

Deutsches Reich: Dr. Volker von Diehl, Arzt
Frankreich: M. Gustave Grimprel, Finanzministerium
Frankreich: M. Jules Verne, Schriftsteller
Frankreich/Großbritannien: M. Henri Opper de Blowitz, Reporter für The London Times
Großbritannien: Sir Edmond Laycock, Mitglied des Oberhauses
Indien: Seine Majestät Sayadschi Rao III. Gaekwad, Großfürst von Baroda, und sein Diener Kiran
Osmanisches Reich: Missak Effendi, Chefsekretär der Osmanischen Botschaft in Paris
Österreich-Ungarn: Hr. Wilhelm von Flattich, Betriebsdirektor der Staatseisenbahn
Russland: Fürst Ludomir Orjol, Gesandter des Zaren in Paris
Vereinigte Staaten von Amerika: Mr. Mortimer Pullman, Unternehmer

sowie Ihr ergebener Zugleiter M. Georges Nagelmackers, Belgien

Georges lächelte vorsichtig. »Es befinden sich vierzig Fahrgäste an Bord, aber die meisten werden in Wien aussteigen.« Er tippte auf die Liste. »Diese zwölf fahren bis Konstantinopel.«

»Warum nur zwölf?« Blowitz runzelte die Stirn.

»Weil dreizehn eine Unglückszahl ist, Monsieur«, entgegnete Georges. »N'est-ce pas?«

Die Falten über Blowitz' buschigen Brauen glätteten sich. »Sie haben Humor, Georges, das gefällt mir. Aber genügt das, um zwölf Menschen nach Konstantinopel zu bringen?«

Der Journalist wartete die Antwort nicht ab, sondern kramte in seinem Koffer, jenem Gepäckstück, das er trotz aller Not nicht auf dem Bahnsteig hatte zurücklassen wollen, und holte einen in schwarzes Leder gebundenen Notizblock und einen Bleistift hervor. Zwischen den Seiten ließ er die zusammengefaltete Passagierliste verschwinden. »Bewaffnet und geladen«, sagte er, während er seine Werkzeuge in der Luft schwenkte. »Erzählen Sie mir mehr, Monsieur.«

»Ich schlage vor, wir lassen den Zug mitreden«, sagte Georges. »Wollen Sie mich auf einer Runde durch die Wagen begleiten?«

»Eine Runde?« Blowitz schlug mit dem Stift auf das Leder. »Ist er denn rund, der Zug, oder dreht er sich etwas im Kreis?«

Georges lachte pflichtschuldig und begann damit, Blowitz den Aufbau des Zuges zu erläutern. »Es ist ein organisches System«, er deutete in Fahrtrichtung, »vorne zieht die Dampflokomotive. Daran hängt der Schlepptender mit den Kohlen. Dieses Kraftwerk bewegt fünf Waggons: einen Gepäckwagen, einen Schlafwagen, den Speisewagen, danach einen weiteren Schlafwagen und zum Schluss wieder einen Gepäckwagen.«

»Demnach fährt der Speisewagen in der Mitte und bildet das Herz des Zuges.« Blowitz' Bleistift tanzte über den Notizblock. Er kritzelte eine Reihe von Ovalen.

»Ich würde eher die Lok als das Herz bezeichnen. Sie werden erleben, wie kräftig es schlägt. Da der Speisewagen in der Mitte fährt, könnte man ihn vielleicht als Bauch des Orient-Express bezeichnen.«

Blowitz schmunzelte und schrieb.

»Wir befinden uns im hinteren der beiden Schlafwagen«, fuhr Georges fort. »Erlauben Sie mir, dass wir uns Ihr Compartiment näher ansehen?« Er reckte den Kopf. »Vorausgesetzt, Ihr Mitreisender hat nichts dagegen.«

Fürst Ludomir Orjol, der Gesandte des Zaren, der ebenfalls bis nach Konstantinopel weiterreiste, drehte sich zu den Männern um. Orjol war ebenso elegant gekleidet wie Blowitz, doch im Gegensatz zu dem voluminösen Franzosen war der Russe untergewichtig und hatte Schatten unter den Augen. Seine Haut hatte die Farbe einer Opferkerze. Der Fürst wirkte nervös und krank. Er tat mit einem kurzen Nicken seine Zustimmung kund.

»Die beiden Schlafwagen verfügen über je zwanzig Betten«, erklärte Georges und blickte von einem zum anderen. »Es gibt Zweibettabteile wie dieses hier, aber auch solche mit drei oder vier Betten. Die Schlafplätze sind übereinander angeordnet, damit die Passagiere nicht nebeneinanderliegen müssen, denn sie sind in der Regel nicht miteinander bekannt. Um nach oben zu gelangen, benutzen Sie diese Trittleiter.« Er klopfte auf die Sprossen, sie waren aus Messing und mit rotem Filz belegt, um ein Abrutschen zu vermeiden. »Wenn die Leiter nicht mehr benötigt wird, kann sie eingeklappt werden. Sehen Sie?« Georges betätigte den Mechanismus, und die Trittleiter verschwand. Ihre Unterseite war aus demselben dunklen Holz wie die Wände der Kabine, sodass sie kaum noch auffiel.

»Darf ich?« Blowitz griff nach dem Mechanismus und löste ihn aus. Die Leiter schwang zurück und traf ihn am Schienbein. Er fluchte in einer Mischung aus Englisch und Französisch. »Wollen Sie Ihre Fahrgäste verstümmeln?«

»Wir lassen die Leiter einfach ausgeklappt«, schlug Fürst Orjol vor. »Dann passiert schon nichts. Platz ist hier drin ja genug.«

»Weiter«, knurrte Blowitz und schrieb in sein Notizbuch. Dabei machte er ausholende Bewegungen mit den Ellbogen. »Was ist mit den Gaslampen? Sind die nicht gefährlich?«

Eigentlich hatte Georges noch gar nicht zu den Lampen kommen wollen. Von der Trittleiter aus ließ sich viel besser auf die Wandvertäfelung hinweisen. Sie war aus Teakholz und benötigte keinen Anstrich, deshalb herrschte auch kein unangenehmer Farbgeruch im Abteil. Stattdessen duftete es nach frischer Wäsche, denn das Bettzeug wurde jeden Morgen gewechselt, und die Schlafplätze wurden so zusammengeklappt, dass sich der Raum in einen kleinen Salon mit einem dick gepolsterten Diwan voller Keilkissen und zwei samtbezogenen Clubsesseln verwandelte. Nun gut! Blowitz würde all das von selbst herausfinden.

»Die Gaslampen«, sagte Georges, »beleuchten das Abteil in zwei Lichtstärken.« Er ging zum Fenster, vor dem die Felder der Champagne vorbeizogen, und sperrte das Abendlicht aus, indem er die Vorhänge aus Genfer Velours vorzog. Dann drehte er den Stift an einer der beiden Gaslampen. Die Kabine wurde in warmes Licht getaucht. »Wenn Sie lesen oder schreiben wollen, ist diese Beleuchtung perfekt. Ich selbst habe die Konstruktionspläne des Orient-Express unter einer dieser Lampen gezeichnet.«

»Aber gemütlich ist das Licht nicht«, hob Blowitz an.

Georges zupfte aus einem kleinen Fach am Messingarm der Lampe ein Stück grünen Seidenstoff hervor und breitete ihn auf dem zarten Gitter aus, von dem die Lampe eingefasst war. Sofort wurde das Abteil in dämmrigen Schein getaucht, wie er in einem Boudoir oder einem Rauchsalon herrschen würde.

Fürst Orjol ließ sich auf einen der Sessel fallen, die neben dem Klapptisch am Fenster standen. »Einfach, aber effektvoll. Jetzt fehlen nur noch ein Satz Spielkarten und eine Flasche Absinth.« In seinen Augen erschien ein ungesundes Leuchten.

»Das ist ja alles gut und schön«, ließ sich Blowitz vernehmen und tastete mit der Spitze seines Bleistifts an die Lampe, wobei der Seidenschirm herunterfiel, den Georges geschickt auffing. »Aber«, fuhr der Journalist fort, »wie steht es mit der Sicherheit? Gaslampen können explodieren. Warum beleuchten Sie Ihre Waggons nicht mit Öllichtern?«

»Weil Öl durch das Missgeschick eines Passagiers auslaufen und den Zug in Brand setzen kann«, antwortete Georges. »Fragen Sie Mister Pullman, den Amerikaner, der mit uns an Bord ist. Er unterhält Schlafwagen in den Vereinigten Staaten und hat diesbezüglich schon eine Menge erlebt.«

»Gas ist viel gefährlicher«, beharrte Blowitz. »Öl kann einen Brand hervorrufen, den man löschen könnte, aber Gas kann in die Luft gehen.«

Es war offensichtlich, dass Blowitz versuchte zu provozieren, doch Georges blieb ruhig. »Schauen Sie, Henri«, er drehte das Gaslicht wieder herunter und zog die Vorhänge auf. Das Abendlicht modellierte die Formen der Inneneinrichtung heraus und ließ die fein aufeinander abgestimmten Farben leuchten, »die Gasleitung verläuft hinter den Verkleidungen des Zuges. Niemand kommt da ran. Die Gastanks sind sicher am Ende der Waggons untergebracht und mit Stahlplatten verkleidet. Es kann nichts geschehen.«

Blowitz zog die Lippen zurück und tippte mit der Kante seines Notizbuchs gegen seine kleinen Schneidezähne. »Von der Sicherheit eines solchen Konzepts werden Sie mich noch überzeugen müssen, Georges. Bis dahin glaube ich: Dieser Zug ist eine rollende Bombe.«

»Der Orient-Express ist ein rollendes Luxushotel«, widersprach Georges. »Diese Waggons sind die schwersten und geräumigsten, die es zurzeit auf der Welt gibt. Sie liegen auf Drehgestellen, die eine exzellente Laufruhe ergeben. Das Fahrgeräusch, das werden Sie bereits festgestellt haben, ist kaum wahrnehmbar, ebenso wenig wie Erschütterungen. Die Gasleitungen genießen im Orient-Express dieselbe Ruhe wie die Fahrgäste.« Er war in seinem Element, mit Spurweiten war er ebenso vertraut wie mit dem Profil der Räder, und die Suche nach dem perfekten Stahl hatte ihn nicht nur fast den Verstand, sondern auch ein Vermögen gekostet. Bei der Konstruktion des Orient-Express hatte es Stunden voller Verzweiflung gegeben, und wenn Hubertine ihn nicht dazu gedrängt hätte weiterzumachen, wäre dieser Zug ein Traum geblieben – oder ein Albtraum.

»Sie haben recht«, schaltete sich Orjol ein. »Man hört fast keine Geräusche von draußen.«

Für einen Moment war es still in dem Abteil. Das Rattern der Räder war so leise, dass es vom Geräusch des eigenen Herzschlags übertönt zu werden schien.

»Hokuspokus«, sagte Blowitz. »Sie wollen uns weismachen, dass der Zug ruhig läuft, während er in Wirklichkeit schaukelt ...« Er ließ sich auf den Sessel gegenüber von Fürst Orjol sinken und legte sein Notizbuch auf den Klapptisch. »Lassen Sie es uns herausfinden!« Er leckte die Spitze des Bleistifts an, streckte den Arm aus und setzte das Schreibgerät auf das Papier. Er hielt es locker fest und schien darauf zu warten, dass es zu tanzen begann und eine Linie entstand, das Kardiogramm des Zuges, der Beweis seines Rüttelns und Schlagens.

Der Stift rührte sich nicht.

Blowitz warf einen raschen Blick zu Orjol hinüber und räusperte sich. »Also gut, dann werde ich jetzt etwas aufschreiben, und Sie, mein lieber Fürst, werden versuchen, es zu lesen. Einverstanden?«

Orjol nickte. »Einem Spiel bin ich niemals abgeneigt.«

Während Blowitz schrieb, blieb Georges äußerlich reglos.

War es ein Fehler gewesen, den Journalisten einzuladen? Er entpuppte sich schon am ersten Tag als Nörgler, als jemand, der nach dem Fehler im Detail sucht, nicht aber die Perfektion des Ganzen sieht. Georges hatte mit einem Kritiker gerechnet, der zwar die Makel erkannte, aber auch empfänglich war für das Wunderbare. Weitere Erklärungen würden zwecklos sein. Er musste dabei bleiben, den Orient-Express für sich sprechen zu lassen.

Blowitz machte einen demonstrativen Punkt ans Ende der Seite. Darauf schlängelten sich die grauen Linien seiner Handschrift. Er drehte den Notizblock herum und schob ihn Fürst Orjol zu mit den Worten: »Lesen Sie, wenn Sie können.«

Der Russe holte ein Monokel aus der Westentasche und hielt es sich vor das linke Auge.

Georges stützte sich an der kunstvoll gestalteten Hutablage ab.

Orjol las mit brüchiger Stimme: »So wartet der Verfasser dieser Zeilen darauf, dass der Zug in eine Kurve fährt, denn dann wird sich zeigen, dass die Federung quietscht, dass die Waggons schaukeln und dass dieser Text von Krakeleien durchzogen ist.«

Der Russe ließ das Monokel sinken. »Der Text ist gut lesbar. Sie haben eine angenehme Handschrift, Monsieur Blowitz. Allerdings sind Ihre Unterlängen ein wenig übertrieben, und Sie könnten den Bogen über dem kleinen a dichter schließen, da man es sonst mit einem u verwechseln könnte.« Er schmunzelte. »Ein A für ein U vormachen. Sagt man nicht so bei Ihnen in Frankreich?«

Blowitz nahm das Angebot, seine Niederlage in einen Scherz zu verwandeln, nicht an. Er ließ sich von Orjol das Notizbuch zurückgeben und klappte es zusammen. »Dass Sie den Text lesen konnten, liegt daran, dass es auf diesem Streckenabschnitt keine Kurven gab.«

Georges verzichtete darauf, Blowitz zu korrigieren. »Unser

Zug«, sagte er und ließ die Hutablage los, »fährt wie auf Schienen.« Er lächelte.

»Nun gut.« Blowitz schaute Georges herausfordernd an und kratzte sich über die Wange. »Der Zug läuft wie auf Schienen? Sie haben sicher nichts dagegen, dass ich diese Behauptung überprüfe. Ich benötige ohnehin dringend eine Rasur.« Er stand auf, wühlte in seinem Koffer, bis er ein Etui aus rotem Leder hervorholte, und öffnete den Knopf an der Seite. Der Rasierpinsel sah ein wenig ausgefranst aus, aber das Rasiermesser glänzte wie neu. Blowitz zog es hervor und klappte es auf. Die Klinge blitzte.

Bis zu diesem Moment war Georges von Zuversicht erfüllt gewesen. Er kannte seinen Zug wie sich selbst. Er wusste, was die Technik leisten konnte und wo sie an ihre Grenzen stieß. Er hatte miteinbezogen, dass sich die Fahrgäste unterwegs rasieren mussten, schließlich fuhren ausschließlich Männer mit, und Männern wuchsen nun mal Bärte. Aber für die Rasur waren die Stopps an den Bahnhöfen vorgesehen; die beste Zeit dafür war, wenn der Zug stand, wenn Wasser und Kohlen nachgeladen wurden und der Zugführer die Maschine überprüfte, denn dann herrschte so viel Ruhe, dass man sich eine scharfe Klinge über den Hals ziehen konnte. In einem fahrenden Zug war das etwas anderes, selbst in einem Wunderwerk der Technik wie diesem.

Blowitz schien Georges' Zögern zu bemerken. »Was ist los?«, fragte der Reporter. »Befürchten Sie etwa, ich könnte mich schneiden? Haben Sie Angst um mich oder um Ihr kostbares Compartiment, das von meinem Blut befleckt werden könnte?« Er klappte das Messer mit einem gemurmelten »dachte ich mir« zusammen.

»Wenn Sie erlauben«, erwiderte Georges, »hole ich Wasser und rasiere Sie eigenhändig. Schließlich sollen meine Gäste den besten Komfort genießen. Lehnen Sie sich zurück, und genießen Sie die Behandlung.« Georges lächelte, umso mehr, als er sah, wie Blowitz versuchte, sein Erschrecken zu verbergen.

»Sie?«, fragte der Journalist. »Ich kann das durchaus selbst erledigen.«

Fürst Orjol sprach aus, was Georges dachte. »Und wenn Sie sich schneiden? Dann stände der Verdacht im Raum, Sie hätten es absichtlich getan. Halten Sie das etwa für Fair Play? Es wäre ungerecht gegenüber Monsieur Nagelmackers und gegen Sie selbst. Wenn hingegen unser Zugleiter Sie verletzt, kann es keinen Zweifel daran geben, dass Sie mit Ihrer Kritik richtigliegen, Monsieur Blowitz.«

»Nehmen Sie schon mal den Kragen ab«, ordnete Georges an. »Öffnen Sie die oberen Knöpfe Ihres Hemds, und ziehen Sie die Weste aus. Ich bin gleich wieder da.«

Er verließ schnell das Abteil, um Blowitz die Gelegenheit zum Widerspruch zu nehmen. Auf dem Gang war niemand zu sehen. Georges zog die Tür hinter sich zu, lehnte sich dagegen und schloss die Augen. Wo war er da nur hineingeraten? Er war Ingenieur, kein Barbier. Er konnte mit Schieblehren umgehen, nicht mit Rasiermessern, schon gar nicht in einem fahrenden Zug. Er hob die Hände und öffnete die Augen. Seine Finger waren ruhig. Die Adern, die aus der dünnen Haut an seinen Handflächen hervorragten, schienen zu pulsieren. Er griff in seine Weste und holte die Taschenuhr hervor. 19.30 Uhr. In einer halben Stunde würde das erste Diner serviert, dann musste er im Speisewagen sein. Blieb da überhaupt genug Zeit, um Blowitz zu rasieren?

Georges lief den Gang entlang. An jeweils einem Ende waren die Waschräume und Toiletten untergebracht, zwei pro Schlafwagen, vier im gesamten Zug. Für vierzig Menschen war das nicht gerade viel, aber trotzdem ein bislang unbekannter Luxus für Reisende. Üblicherweise konnten Fahrgäste ihre Notdurft nur an Bahnhöfen erledigen, und da dort meist nur eine einzige Kabine bereitstand, kamen nicht alle an die Reihe, bevor der Zug weiterfuhr. Die modernsten Züge in den USA verfügten über Toiletten an Bord, doch waren sie nur von außen zu erreichen, sodass sie ausschließlich betreten oder verlassen werden konnten, wenn der Zug stand. Unglückselige, die zu lange in diesen Außenkabinen herumtrödelten, mussten stundenlang darin ausharren, bis der Zug den nächsten Bahnhof erreichte und sie vom – mitunter eiskalten – Örtchen befreit werden konnten. Im Orient-Express machte der Luxus nicht vor den Toiletten halt.

Georges hatte die Tür zum Waschraum fast erreicht, als diese aufgestoßen wurde und einer der Zugbegleiter in brauner Uniform herauskam. Das war doch Pascal! Eigentlich waren die Waschräume für die Fahrgäste reserviert.

»He, Pascal!«, rief Georges in der Hoffnung, einen Assistenten für die gefährliche Aufgabe gefunden zu haben.

Der Bursche schaute weg und wandte sich in die Gegenrichtung. Er steuerte auf die Verbindungstür zum hinteren Gepäckwagen zu.

»Pascal«, rief Georges ein zweites Mal, doch der Zugbegleiter ging schneller.

»He, Pascal«, versuchte es Georges wieder, nun in strengem Ton. Seine Worte verhallten unbeachtet.

Jetzt fiel ihm das helle Haar auf, das unter der runden Mütze hervorschaute. Keiner seiner Zugbegleiter hatte so helles Haar.

Die Gestalt verschwand durch die Tür zum hinteren Gepäckwagen. Der Wind pfiff in den Gang und verstummte abrupt, als die Tür zuschlug. Wie seltsam! Georges nahm sich vor, die Zugbegleiter im Gepäckwagen 1 zusammenzutrommeln, sobald ... ja, sobald er Blowitz rasiert, sobald er das Diner ausgerichtet, sobald er jeden einzelnen Gast persönlich begrüßt hatte. Es gab genug anderes zu tun.

Er riss die Tür zum Waschraum auf. Ein vertrauter Geruch

stieg ihm in die Nase, ein Hauch nur, und im nächsten Moment war er verflogen. Da stand die Schüssel aus Emaille. Georges hielt sie unter den Wasserhahn und drehte das Wasser auf. Er zupfte ein frisches Handtuch aus dem Regal und machte sich auf den Rückweg zu Abteil Nummer 8. Die Oberfläche des Wassers erzitterte leicht.

KAPITEL 3

Donnerstag, 4. Oktober
Von Paris nach Strasbourg

Von wegen Luxus! Die Uniform war viel zu eng, der Stoff zu steif, die Litzen scheuerten am Hals, die Knöpfe drückten. Hubertine warf die Tür des Gepäckwagens hinter sich zu und fegte den Hut vom Kopf. Ihr langes Haar fiel ihr ins Gesicht, sie pustete es weg. Es war ihr egal, wie sie jetzt aussah. Hier konnte sie ohnehin niemand sehen.

Sie knöpfte die Jacke auf, bis sie besser Luft bekam, und warf einen Blick auf die Tür. Ob Georges sie erkannt hatte, als sie den Waschraum verlassen hatte? Unwahrscheinlich, denn dann wäre er jetzt hier, um sie zur Rede zu stellen.

Sollte er doch! Hatte sie denn etwas Verwerfliches getan, als sie sich die Uniform aus seiner Werkstatt ausgeliehen hatte? Nein. Konnte er ihr vorwerfen, einem anderen Fahrgast den Platz wegzunehmen? Nein. Sie würde sich damit begnügen, als blinder Passagier zu reisen; ausgerechnet sie, die mit Georges so vieles im Leben geteilt hatte, musste sich in seinem Zug verstecken, weil er sie nicht hatte mitfahren lassen. »Kein Platz für Frauen«, sagte sie mit gesenkter Stimme in die Leere des Gepäckwagens hinein und traf Georges' Tonfall recht gut. »Der Balkan ist zu gefährlich.« Wie oft sie sich das hatte anhören müssen! Er würde schon sehen, wo der Platz der Frauen war. Bestimmt nicht dort, wo er es gern hätte, sondern hier, in seinem Zug. Bis Wien würde Hubertine den Mummenschanz aufrechterhalten und sich verstecken. Danach würde sie sich Georges offenbaren, denn von dort an hatte er keine Möglichkeit mehr, sie nach Hause zu schicken. Und dann würde sie Konstantinopel sehen, den Bosporus, vielleicht würde ihr sogar der Kalif die Hand küssen. Nein, darauf konnte sie verzichten. Nicht aber darauf, den Herrscher des Osmanischen Reichs in einer persönlichen Unterredung davon zu überzeugen, den Frauen in seinem Reich mehr Rechte einzuräumen.

Georges hatte das für blanken Unsinn gehalten. Er war zwar auch der Ansicht, dass Wahlrecht und Mitbestimmung für Frauen in allen Ländern überfällig seien, hielt Hubertines Kampf für Gleichberechtigung aber für aussichtslos. »Wenn du meinst, in Belgien und Frankreich, in der Schweiz und in Preußen würde sich nichts verändern lassen«, hatte sie ihm eines Abends an den Kopf geworfen, »dann fange ich halt beim Kalifen in Konstantinopel an.« Eigentlich hatte sie nur einen Scherz machen wollen. Aber je länger sie darüber nachgedacht hatte, umso mehr hatte ihr die Vorstellung gefallen, den Herrscher des Osmanischen Reichs dazu zu bewegen, etwas für die Frauen zu tun. Und wenn die Könige und Regenten Europas sahen, dass sogar der Kalif ein fortschrittlich denkender Mann war, dann würden sie es sich zweimal überlegen, auf ihren mittelalterlichen Vorstellungen zu beharren. Eine Revolution würde Europa erfassen, und sie würde von diesem Zug ausgehen.

Hubertines Wangen glühten. Mit jedem Meter Schiene kam sie ihrem Ziel näher. Was sie zunächst brauchte, war ein Platz zum Schlafen. In Paris hatte sie sich als Zugbegleiter verkleidet und in den Zug geschlichen. Nun durfte sie die Nacht und den morgigen Tag über nicht auffallen.

Sie sah sich in dem Waggon um. Es war der hintere Gepäckwagen, die Koffer und Reisetaschen der Fahrgäste waren hier verstaut. Hubertine kannte den Zug beinahe so gut wie Georges, schließlich hatte sie die vergangenen Jahre mit ihm verbracht, und einen Großteil dieser Zeit hatte sie nur seinen Rücken und die runden Schultern gesehen, wenn er Abend für Abend über die Konstruktionspläne gebeugt an seinem Schreibtisch gesessen hatte. Zu ihrem Vorteil wusste sie also, dass dieser Waggon wohl kaum von jemandem aufgesucht werden würde.

Wo konnte sie sich verstecken? Hubertine ging an den rechts und links aufgestapelten Gepäckstücken entlang und strich mit den Fingern über die mit Rauleder bezogenen Koffer, über das mit Blumenmuster bedruckte Leinen der Reisetaschen und den steifen Karton der Hutschachteln. Alles war mit Seilen auf Rollwagen festgebunden, was wie eine übertriebene Vorsichtsmaßnahme schien, denn der Zug fuhr so ruhig dahin wie ein Boot auf spiegelglatter See. Ein Schrankkoffer gewaltigen Ausmaßes ragte aus dem Gepäck heraus, er stand vorne am Gang und ein bisschen im Weg.

Während sie das riesige Gepäckstück und dessen glänzende Messingverschlüsse betrachtete, war ein Geräusch aus dem hinteren Bereich des Waggons zu hören, ein Scharren und Seufzen.

Hubertine erstarrte. War noch jemand hier? Ein weiterer blinder Passagier? Ausgeschlossen war das nicht, schließlich war der Zug schon vor seiner Abreise so berühmt wie eine Fahrkarte unerschwinglich. Gut möglich, dass noch andere mit dem Gedanken gespielt hatten, sich hineinzuschleichen. Aber hatte tatsächlich jemand außer ihr den Mut dazu aufgebracht? Erneut ertönte das Scharren. Da wurde etwas Schweres, Großes über den Boden gezogen.

Hubertine wandte sich von dem Schrankkoffer ab und suchte nach dem Ursprung der Schürflaute. Vorsichtshalber knöpfte sie die Uniform wieder zu, richtete ihr Haar und setzte den Hut auf. Im hinteren Bereich des Waggons standen zwei Kisten, über die violettes Segeltuch gespannt war, sie konnte darauf einen gestickten gelben Stern erkennen. Zwischen den Kisten und der Wand gab es einen Freiraum. Hielt sich dort jemand versteckt? Sie versuchte, einen Blick in den dunklen Winkel zu werfen, doch dafür war die linke Kiste zu hoch und zu lang, also beugte sie sich darüber und stützte sich mit einer Hand darauf ab. Sofort fuhr sie zurück. Unter dem Tuch war ein Knurren hervorgekommen, ein Laut aus einer großen, tiefen Kehle.

Das Herz schlug ihr bis zum Hals. Sie wollte zurückweichen, aber ihre Beine waren wie festgenagelt. Ihre Knie zitterten, als sie sich bückte und eine der Leinen, die das Segeltuch über der Kiste spannten, aus dem Haken löste. Dann hob sie einen Zipfel an. Als Erstes fiel ihr der strenge Geruch auf, der unter dem Tuch hervorkam, es roch nach rohem Fleisch und nach Urin, nach Schweiß und nach Dominanz. Die Mischung war abstoßend und faszinierend zugleich, sie machte Hubertine so neugierig, dass sie das Tuch vollständig hochschlug.

Darunter war keine Kiste verborgen, sondern ein Käfig, und der Tiger darin sah sie aus hellen Augen an. Die Raubkatze lag ausgestreckt an die hinteren Gitterstäbe gelehnt, den Kopf, er hatte die Größe eines Kürbisses, hatte sie erhoben. Das Tier atmete schnell.

Hubertine stieß einen kleinen Schrei aus und ließ das Tuch fallen. Ihre Beine gehorchten ihr wieder, sogar besser als zuvor. Bevor sie wusste, was sie tat, war sie aus dem Waggon gelaufen und stand auf der Plattform zwischen Gepäck- und Schlafwagen, wo ihr der Fahrtwind durch Hut und Haar mähte. Sie legte eine Hand gegen die Brust und schnappte nach Luft. Was hatte ein ausgewachsener Tiger im Orient-Express zu suchen? Wusste Georges davon? Und wenn ja: Warum hatte er ihr nichts davon erzählt?

Sie versuchte, ihre Angst unter Kontrolle zu bekommen. Wenn sie sich vorstellte, dass sie beinahe mit einem lebendigen Tiger den Schlafraum geteilt hatte … Auf jeden Fall würden ihre Freundinnen im Zirkel der Citoyennes staunen, wenn sie ihnen später davon berichtete.

Während sich die Aufregung legte, stieg Sorge in ihr hoch. Wo sollte sie sich jetzt verstecken? Dazu war nur dieser Gepäckwagen geeignet. Dass sie sich zu dem Raubtier gesellte und hoffte, dass der Käfig stabil genug war ... schon die Vorstellung ließ Hubertines Puls wieder in die Höhe schnellen. Außerdem würde bestimmt jemand kommen, um das Tier zu füttern.

An der Tür in ihrem Rücken war ein Geräusch zu hören. Es blieb keine Zeit zum Überlegen. Hubertine huschte zurück in den Gepäckwagen. Der Geruch des Tigers hing in der Luft. Sie lief den Gang hinunter und suchte nach einem Versteck, einem Winkel zwischen den Koffern. Aber es gab keinen.

Die Tür wurde aufgezogen, der Wind pfiff hinein.

Mit einem Satz war Hubertine neben dem Käfig und duckte sich. Die Ausdünstungen des Raubtiers waren so atemberaubend, dass sie sich eine Hand vor Mund und Nase halten musste.

Schritte näherten sich, feste Schritte, von Füßen in großen Schuhen. Hubertine hockte am Ende des Wagens, weitgehend verdeckt von dem Käfig, und zog den Kopf zwischen die Schultern. Einige Augenblicke später wagte sie, einen Blick auf den Gang zu werfen, wo zwei Beine in grauen Hosen erschienen. Solche Hosen trug Georges nicht. Einer der anderen Zugbegleiter schied ebenfalls aus, denn der hätte entweder eine braune Uniform getragen oder die Arbeitsmontur der Männer auf der Lok. Also musste es einer der Fahrgäste sein.

Die Beine hielten vor dem Schrankkoffer. Ein Klacken war zu hören. Es wiederholte sich dreimal, dann wurde der Kofferdeckel wie eine Tür aufgezogen.

Der Tiger keuchte. Es war dasselbe Geräusch wie vorhin, als Hubertine auf ihn aufmerksam geworden war, und es war laut genug, dass der Passagier am Schrankkoffer es hören musste. Doch der Mann hantierte einfach weiter. Wie konnte man das Schnauben eines Tigers überhören?

Hubertine reckte den Hals, um besser sehen zu können. Soweit sie es von ihrem Versteck aus erkennen konnte, war das Gepäckstück voller Fächer und Klappen, einem Sekretär ähnlich. Die Innenseite der Tür war mit violettem Samt ausgeschlagen, darauf funkelte etwas. Waren das etwa …? Sie blinzelte. Tatsächlich: Dort hingen Waffen! Dolche mit gebogener Spitze, Säbel mit gekrümmter Klinge, ein Morgenstern und zwei altertümliche Pistolen mit Steinschloss. Allen war gemein, dass sie mit Edelsteinen besetzt waren. Einer der Dolche steckte in einer Scheide aus purem Gold, darin waren Muster gepunzt. Dieser Koffer enthielt einen Schatz!

War der Mann ein Dieb? Nein, er hatte einen Schlüssel. Also war er vermutlich der Besitzer. Seine Finger strichen über die Klingen, die Metallspitzen, die Hefte und Griffe. Schließlich verharrte seine Hand auf dem Dolch in der goldenen Scheide. Die Waffe wurde aus ihrer Halterung genommen und aus der Hülle gezogen. In die Klinge waren Einlegearbeiten eingesetzt, der Mann fuhr mit zwei Fingern darüber. Ein Brummen war zu hören, dem des Tigers nicht unähnlich. Einen Augenblick lang lag der Dolch flach in der Hand des Mannes, so als suche er nach dem Schwerpunkt. Dann wurde die Waffe wieder in die Scheide gesteckt, der Schrankkoffer zugeklappt und abgeschlossen.

Der Dolch jedoch lag nicht wieder an seinem Platz.

KAPITEL 4

Donnerstag, 4. Oktober
Von Paris nach Strasbourg

Die Klinge schabte über Blowitz' Kehle. Georges war froh, dass der Journalist ein wenig rundlich war, denn dadurch spannte seine Haut an Wangen und Hals, sodass man leichter mit dem Messer darüberfahren konnte.

Irgendwie gelang Georges das Kunststück, Blowitz zu rasieren und gleichzeitig mit ihm und dem Fürsten Orjol Konversation zu treiben. Der Reporter hatte nach den ersten bangen Momenten mit der Klinge an seinem Hals zu seiner arroganten Dreistigkeit zurückgefunden und wurde nicht müde, Georges nach den Finessen des Orient-Express auszufragen. Weder der weiße Schaumbart aus Rasierseife auf seiner unteren Gesichtshälfte noch die Tatsache, dass er über die Sessellehne nach hinten gebeugt keine Notizen machen konnte, hinderten ihn daran, eine Frage nach der anderen abzufeuern. Gerade wollte er alles über die Waschräume wissen.

»Wie ich hörte, gibt es eine Badewanne an Bord«, sagte der Journalist. »Eine Wanne mit nach innen gebogenem Rand, damit das Wasser nicht herausspritzen kann. Nun frage ich mich: Warum hat sie so einen Rand?«

Auch Georges war dieses Gerücht zu Ohren gekommen, vermutlich hatte er es selbst in die Welt gesetzt. Er tauchte die Rasierklinge in die Emailleschüssel und betrachtete gedankenverloren den darin schwimmenden Schaum. Eine Badewanne mit frischem, warmem Wasser – das war sein größter Wunsch, wenn er auf Reisen war. Er konnte sich noch genau daran erinnern, wie er vor zwanzig Jahren in der Postkutsche von Brüssel nach Angleur gefahren war, wo seine Großeltern ein kleines Schloss bewohnten. Nichts sehnlicher als ein heißes Bad hatte er sich gewünscht.

Damals hatte alles begonnen: in einer Kutsche, mit den größten Erschütterungen, die Georges jemals erlebt hatte – Erschütterungen, die nicht dem ungefederten Fahrzeug zuzuschreiben gewesen waren.

*

Postkutsche von Brüssel nach Angleur, 1864

Die Kutsche schaukelte über einen Bohlenweg. Es war heiß in der Kabine. Die Sonne brannte auf das Dach aus geteertem Holz, und durch die kleinen Fenster drang so wenig frische Luft herein wie verbrauchte hinaus. Georges brauchte ein Bad und träumte sich zur Ablenkung in einen Zug. Er war erst zweiundzwanzig, aber schon ein paar Mal in Zügen gefahren. Wie er sie liebte, diese Ungetüme aus Stahl, ihre Kraft, ihre Geschwindigkeit, ihren Komfort. Nur auf der Schiene konnte ein Mensch frei sein.

In der Postkutsche erstickte das Holpern und Schlagen, das Rütteln und Stoßen jedes Gespräch im Keim. Um sich die Zeit zu vertreiben, schauten die Fahrgäste aus dem Fenster, an die Decke, oder sie versuchten zu schlafen. Georges beschäftigte sich damit, seine Mitreisenden zu studieren, eine ältere Frau mit unter dem Kinn gebundenem schwarzen Kapotthut, einen Mann mit den Schultern eines Holzfällers und dem Bauch eines Königs sowie eine junge Frau, die versuchte, trotz des Rumpelns eine Zeitung zu lesen. Da sie *L'Indépendance Belge* seit der Abfahrt vor einer Stunde wie einen Schild vor sich hielt, musste sich Georges damit begnügen, ihre Hände zu betrachten. Sie waren interessanter als die Schlagzeilen der Zeitung, lang und wohlgeformt, feingliedrig und gefühlvoll, die Nägel glänzten von einer frischen Maniküre. Sie trug keinen Ehering.

Nach einer Weile – die Kutsche war gerade wieder durch ein Schlagloch geholpert – ließ sie die Zeitung sinken. Jetzt konnte Georges sie genauer betrachten. Sie hatte langes blondes Haar, das sie leger zusammengesteckt trug, an den Seiten hingen Locken herab, wie es gerade Mode war. Am Hinterkopf war ein Haarknoten von einer Schleife zusammengehalten, und obenauf saß ein kleiner Hut. Unter der hellen Haut ihrer Stirn waren feine Adern zu sehen. Sie hatte ein gewissenhaftes Gesicht mit Augen so blau wie Delfter Kacheln, trug einen goldenen Kneifer auf der etwas zu großen, von Sommersprossen umspielten Nase und einen entschlossenen Zug um den Mund. Sie faltete die Zeitung zusammen, nahm den Kneifer ab und fächerte sich mit der Gazette Luft zu. Ihre Blicke trafen sich kurz. Das genügte, um Georges die Welt außerhalb der Kutsche vergessen zu lassen.

Das Aroma von Rauch und Waschmittel zog durch die Kabine. Und noch etwas lag darunter, ein Unterton von Feuchtigkeit und Reife, von Farn und Früchten. Nie zuvor hatte Georges etwas Ähnliches wahrgenommen. Es schien von der Mitreisenden aufzusteigen und von der Zeitung durch die Luft gewirbelt zu werden.

Sie prustete und ruckte an dem Kragen ihres Kostüms. Georges zwang sich, sie nicht anzustarren, was zunehmend schwerfiel, denn sie beugte sich vor und nestelte an einem ihrer Stiefel, löste die Schnüre und zog den Schuh aus. Dann streckte sie vorsichtig das Bein aus und bewegte die Zehen, jedes Glied einzeln, so wie andere Menschen ihre Finger strecken, um das Blut zirkulieren zu lassen.

Schon zuvor war es Georges warm gewesen. Er trug, wie es der Anstand und seine gesellschaftliche Stellung als Bankierssohn erforderten, eine graue Weste mit schwarzem Gehrock und hielt einen perlgrauen, frisch gebürsteten Zylinder auf den Knien. Als er die wackelnden Zehen in den weißen Seidenstrümpfen sah, wurde die Hitze beinahe unerträglich. Die Dame mit dem Kapotthut warf der jungen Frau immer wieder einen entrüsteten Blick zu.

Georges überlegte, wie er sie ansprechen könnte. Die Nachrichten auf Seite eins wären gewiss ein Thema. Doch er zögerte, verstanden doch Frauen von Wirtschaft und Politik nicht viel. Sie würde rasch an die Grenze ihres Wissens stoßen, und dann würde das Gespräch für sie unangenehm werden.

Er suchte noch nach den richtigen Worten, als die Kutsche Bierbeek erreichte und an der Poststation hielt. Die Unbekannte schlüpfte in ihren Stiefel und stieg aus. Die Gelegenheit verstrich ungenutzt, Georges hatte nicht ein Wort mit ihr gewechselt. Noch hörte er ihre Stimme hinter der Kutsche, als sie dem Fahrer erklärte, welches ihr Gepäckstück war. Sie klang nach einer Mischung aus Bardame und Wahrsagerin. Ihr Geruch hing noch in der Kabine. Farn und Früchte. Georges würde sie nie wiedersehen.

Er sprang ins Freie.

Sie war bereits ein Stück die Straße hinuntergegangen und trug mit beiden Händen eine Reisetasche vor sich her. Georges lief an den dreigeschossigen Fachwerkbauten entlang, bis er sie erreicht hatte. »Darf ich das für Sie tragen, Mademoiselle?«

Sie blieb stehen und musterte ihn. »Wo haben Sie denn Ihr Gepäck?«

Das Klirren des Pferdegeschirrs war die Antwort. Der Kutscher ließ die Peitsche knallen, und das Gespann zog knatternd und rasselnd vorbei. Auf der Ablage am hinteren Ende konnte Georges seinen roten Lederkoffer sehen.

»Mein Gepäck habe ich verloren«, stellte er fest.

»Und Ihren Kopf gleich dazu.« Sie schaute der kleiner werdenden Postkutsche hinterher. »Hoffentlich war nichts Wertvolles drin.«

Sie setzte ihren Weg fort, Georges hielt Schritt. Er streckte eine Hand aus. »Lassen Sie mich Ihnen helfen. Diese Reisetasche sieht furchtbar schwer aus.«

»Sie abzuschütteln ist schwerer«, erwiderte sie. Sie klang ernst, aber er erkannte, dass sie seine Bemühungen amüsierten.

»Glauben Sie vielleicht, ich bin ein Dieb?«

»Dann wären Sie ein dummer Dieb, denn meine Tasche ist voller Papier.«

»Was also haben Sie zu verlieren? Abgesehen von Ihrem Misstrauen.«

»Misstrauen«, wiederholte sie und blieb stehen.

»Ich verstehe das«, sagte Georges, »Frauen sind von Natur aus misstrauisch. Sie sind körperlich schwach, deshalb fehlt ihnen die Courage, sich anderen ...«

Er strauchelte, als sie ihm die Reisetasche gegen die Brust rammte und er mit beiden Armen das Gepäckstück auffangen musste. Es war tatsächlich schwer, so schwer, dass er es kaum in den Händen halten konnte. Wie hatte sie es allein so weit tragen können? Sich ihrer prüfenden Blicke bewusst, hielt er die Tasche an einer Hand und brachte es fertig, mit der anderen den Hut zu ziehen. »Ich bin Georges Nagelmackers.«

»Hubertine«, stellte sie sich vor und fügte an: »Berthier. Sie sehen nicht aus wie ein Kofferträger«, sagte sie, nachdem sie ihn gründlich gemustert hatte. »Eher wie ein Student, der versucht, den Anzug eines Geschäftsmanns zu tragen.« Sie setzte sich in Bewegung; wohin es ging, hatte sie nicht verraten, aber das war Georges einerlei – solange er nur in Erfahrung bringen konnte, wer diese Frau war.

»Ich bin tatsächlich Student«, sagte er und verschwieg, dass sein Vater einer der einflussreichsten Bankiers Belgiens war. »Ich studiere Berg- und Hüttenwesen an der École des Mines, der Bergbau-Universität in Lüttich.«

»Wie überraschend«, versetzte sie. »Ein Bergmann.«

Sie ging schneller. Georges hatte Mühe, gleichauf zu bleiben. Der Griff der Tasche schnitt in seine Handfläche, trotzdem gab er sich nicht die Blöße, die Hand zu wechseln, allein schon deshalb, weil dann die Tasche zwischen ihnen gehangen hätte.

»Kein Bergmann. Ich werde nicht in dunklen Schächten herumwühlen, sondern Eisenbahnen bauen.«

»Warum erzählen Sie mir das?«, wollte sie wissen.

»Weil es die Zukunft ist.« Er spürte, wie ihn die Begeisterung erfasste. »An der Universität wird gerade darüber beraten, einen Studiengang für den Eisenbahnbetrieb einzuführen. Ich werde einer der Ersten sein, die das neue Fach belegen.« Und dann erzählte er ihr von seiner Leidenschaft für Züge, wie er schon als Kind an der Bahnsteigkante gesessen und auf den nächsten Zug gewartet hatte, wie er rostige Nägel gesammelt und sich vorgestellt hatte, dass er, wenn er genug zusammenbekam, sein eigenes Schienennetz damit würde bauen können. »Es sollte von der Küche meines Elternhauses bis zu meinem Zimmer führen, damit ich zum Essen nicht mehr ins Esszimmer gehen musste, wo ich eine Krawatte zu tragen hatte.«

Sie lachte. »Das also sind die Vorteile der Eisenbahn. Ich muss gestehen, dass ich noch nie mit einer gefahren bin. Ich habe eine Anstellung als Haushälterin in Brüssel. Mein Geld reicht nur für die Postkutsche.«

Wo der Griff der Reisetasche in seine Hand drückte, spürte Georges seine Finger nicht mehr. Der Rest von ihm war beflügelt, von Hubertine und von Eisenbahnen. Da wusste er noch nicht, dass diese beiden Kräfte die Pole sein würden, die sein Leben bestimmen sollten.

Die Sonne brannte auf sie herab, als sie nach links in eine kleinere Straße einbogen. Ein Klepper zog einen Einspänner vorbei. Jungen in schmutziger Kleidung lehnten an einer Mauer. Sie hatten das Arbeiterviertel von Bierbeek erreicht.

»Eins verstehe ich nicht«, sagte Hubertine. »Warum sollen wir mit der Eisenbahn fahren, wenn wir doch mit der Kutsche reisen können? Warum das eine durch ein anderes ersetzen?«

»Ich wünschte, hier gäbe es einen Bahnhof«, brach es aus Georges hervor. »Dann würde ich Sie zu einer Zugfahrt einladen, egal wohin. Das ist ein Erlebnis, das Sie nie wieder vergessen werden.«

»Ich habe gehört, dass es nicht so schlimm holpern soll.«

»Züge laufen so ruhig, dass man gar nicht merkt, wie man sich fortbewegt, jedenfalls wenn man nicht aus dem Fenster schaut«, schwärmte Georges. »Aber dann würde man das Beste verpassen. Denn draußen zieht die ganze Welt an einem vorbei. Eines Tages wird es möglich sein zu reisen, ohne auf Komfort zu verzichten. Stellen Sie sich eine Küche vor, die unterwegs frische Speisen für

Sie zubereitet, ein Bett, in dem Sie schlafen können, um am nächsten Morgen am Ziel zu erwachen, eine Badewanne ...«

Sie lachte. »So etwas gibt es nicht.«

»Noch nicht.« Er strahlte sie an. »Aber ich werde dafür sorgen. Ich werde Schlaf- und Speisewagen an Lokomotiven anhängen. Die Eisenbahn verringert nicht nur die Entfernungen zwischen den Orten, sondern auch die Abstände zwischen den Menschen. Züge werden in Zukunft Personen und Waren transportieren und dabei Ideen über Grenzen hinwegtragen. Ich bin davon überzeugt, dass die Eisenbahn für die Gleichheit der Menschen mehr leisten wird als die Volksredner aller Parteien. Sie hat mehr Stahlkraft als die Französische Revolution und wird eines Tages *egalité, fraternité und legalité* selbst in die hintersten Winkel der Welt bringen.«

Er bemerkte erst nach einigen Schritten, dass sie stehen geblieben war. »Das ist wunderschön, Georges. Könnte ich doch reden wie Sie! An Ihnen ist ein Dichter verloren gegangen.«

Das Blut stieg ihm in die Wangen. »Verzeihen Sie, ich habe mich vergessen. Ich wollte nicht ...«

»Ich wünschte, die Menschen um uns herum würden sich viel öfter vergessen, wenn dabei so viel Begeisterung zutage treten kann.« Sie streckte eine Hand aus. Georges ergriff sie und drückte sie leicht. »Ich hatte recht, Sie sind ein Bergmann: Sie schürfen nach etwas Edlem. Und ich wünsche Ihnen dabei viel Glück.« Sie deutete auf einen schiefen Bau aus Holz, der verloren auf einer Brachfläche stand. »Jetzt bin ich am Ziel.«

»Hier?«, fragte er. Von der anderen Straßenseite kamen zwei Frauen in grauen Kitteln und hielten auf das zu, was eine Scheune oder ein Lagerhaus sein mochte. »Adieu,

Georges«, sagte Hubertine. »Ich werde an Sie denken, wenn ich einmal Gelegenheit haben werde, mit einem Zug zu fahren.«

Er stellte die Tasche ab und massierte seine Finger.

Sie nahm das Gepäckstück auf und wandte sich zum Gehen, dorthin, wo die beiden Frauen gerade in dem Lagerhaus verschwanden.

Während er dastand, schaute er auf ihren Rücken, beobachtete, wie der Stoff ihres Kostüms sich mit jedem Schritt bewegte. Der Geruch, der ihn den ganzen Weg über begleitet hatte, wurde schwächer.

Georges blieb noch eine Weile auf dem Trottoir stehen. Er blickte auf seine Finger. Allmählich floss darin wieder das Blut, und sie nahmen Farbe an. Lieber wäre es ihm gewesen, sie wären für immer taub geblieben, um ihn an die Begegnung mit Hubertine zu erinnern und an das Stück Weg, das sie gemeinsam gegangen waren.

Er sah in die Richtung, in der die Poststation lag. Der Tag war noch jung, bestimmt würde heute noch eine Kutsche halten, die ihn zum Schloss seiner Großeltern bringen konnte. Vermutlich würde sogar sein roter Koffer in der Station von Angleur auf ihn warten.

Er setzte sich in Bewegung und ging auf die Tür des Lagerhauses zu.

KAPITEL 5

Bierbeek, 1864

Im Lagerhaus roch es wie in einer Parfümerie. Georges zog die Tür hinter sich zu und schaute sich um. Wenn in dem Gebäude jemals Waren gestapelt gewesen waren, so hatte man sie entfernt. Durch Ritzen in den Wänden drang Sonnenlicht, in dem Staub flirrte. Der Boden bestand aus gestampftem Lehm. Es gab nur einen einzigen großen Raum, an seinem entfernten Ende waren Holzkisten zu einer Plattform zusammengeschoben worden, darauf stand eine einzelne, längliche Kiste – ein improvisiertes Rednerpult auf einer wackeligen Bühne.

Im vorderen Teil der Scheune standen die Besucher in Gruppen zusammen. Auf den ersten Blick sah Georges nur Frauen – und auf den zweiten auch. Sie schauten zu ihm herüber, einige voller Misstrauen, andere belustigt. Hubertine war nirgendwo zu sehen.

Georges näherte sich drei Frauen in der Absicht, sie nach Mademoiselle Berthier zu fragen, doch in diesem Augenblick drang ein Raunen durch die Menge, und alle Anwesenden wandten sich nach vorn. Eine schwere Dame in weinrotem Kleid stieg auf die Bühne, ihre Haare waren grau, und sie stemmte die Hände auf die Knie, um die Stufen zu erklimmen. Sie postierte sich hinter dem Rednerpult und hielt plötzlich einen Zimmermannshammer in der Hand. Damit schlug sie dreimal so kräftig auf das Holz, dass es krachte. Die Frauen lösten sich aus ihren Gruppen und versammelten sich vor der Bühne. Sitzplätze gab es keine.

»Meine Damen«, sagte die Grauhaarige mit brüchiger Stimme. Sie bemühte sich nicht, laut zu sprechen. Das war auch nicht nötig, denn im nächsten Moment senkte sich Stille über die Köpfe. »Als ich die Einladung für unsere Zusammenkunft aufgegeben habe, hatte ich nicht viel Hoffnung, dass mehr als zwanzig von Ihnen kommen würden. Und jetzt schauen Sie sich um, wie viele wir geworden sind.«

Einige der Frauen applaudierten.

»Aber Sie haben den weiten Weg nicht auf sich genommen, um einer Greisin zuzuhören, sondern unserer tapfersten Streiterin im Kampf um unsere Rechte. Begrüßen Sie mit mir: Hubertine Berthier.«

Sie klatschte in die Hände. Das Publikum tat es ihr gleich, und auch Georges applaudierte, als er Hubertine aus einem schattigen Winkel heraus auf die Holzkisten steigen sah. Sie sprang beinahe auf die Bühne, hob dabei anmutig den Rock, dann umarmte sie ihre Vorrednerin und stellte sich ans Pult.

Während Hubertine die Anwesenden begrüßte, versuchte Georges zu erraten, in was für eine Veranstaltung er geraten war. Dass sich Frauen in Scheunen versammelten, davon hatte er nie zuvor gehört. Wenn sich die Damen der Gesellschaft trafen, dann in kleinem Kreis, um ein Museum zu besuchen oder ins Theater zu gehen. Auf dem Schloss seines Großvaters organisierte seine Großmutter einmal im Jahr einen Basar, dessen Erlös Kriegsversehrten zugutekam und der ausnahmslos von Frauen betrieben und besucht wurde. Das, was sich jetzt vor seinen Augen abspielte, erinnerte ihn eher an das Treiben in einer Brüsseler Spelunke. Doch dafür waren die anwesenden Frauen nicht aufreizend genug angezogen.

»Wie diese Versammlung beweist«, sagte Hubertine mit lauter Stimme, »schreitet unsere Sache unaufhaltsam voran. Erst vor drei Monaten, im März, war ich dabei, als in meiner Heimatstadt Genf die erste Internationale Frauenfriedenskonferenz eröffnet wurde, mit zweihundert Delegierten aus neun Ländern. Dort verabschiedeten unsere Leidensgenossinnen eine Resolution, die das Ende des Kriegs zwischen Preußen und Dänemark forderte und die Gründung einer ständigen internationalen Frauen- und Friedensorganisation vorschlug.«

Applaus klang auf. Eine dunkle Frauenstimme rief, man werde es den Männern schon zeigen. Einige von denen, die Georges vorhin am Eingang bemerkt hatten, drehten sich zu ihm um und warfen ihm unfreundliche Blicke zu.

Es bereitete ihm Mühe, höflich zu lächeln. Hubertine – eine Frauenrechtlerin? Eine von jenen Damen, die politische Mitbestimmung forderten? Hin und wieder tauchten Nachrichten über solche Vereine in den Zeitungen auf. Im Hörsaal lasen sich Georges und seine Kommilitonen die Artikel vor und rissen Witze darüber, was sie unter gleichberechtigten Frauen verstanden. Einer dieser Scherze, sein Freund Luc Saint-Pierre hatte ihn erzählt, war wirklich gut gewesen, darin war es um eine Stute in einem Kleid gegangen. Georges schmunzelte, als er an die Pointe dachte.

»Vor vier Wochen«, berichtete Hubertine weiter, »gründeten Frauen in London die Society for Promoting the Employment of Women, die erste Organisation, die sich für die berufliche Bildung von Frauen einsetzt. Wer in der britischen Hauptstadt Journalistin werden will, Ärztin oder Anwältin«, rief sie, »der muss nicht länger einen Mann um Erlaubnis bitten.«

Die Zuhörerinnen spendeten Beifall, begleitet von dem ein oder anderen bösen Blick in seine Richtung. Georges fiel auf, dass niemand jubelte oder brüllte, so wie er es von politischen Versammlungen kannte, die von Männern besucht wurden.

»Aber ich bin nicht hier, um nur von den Erfolgen anderer zu berichten«, sagte Hubertine. »Wir werden heute hier in Bierbeek auch einen Erfolg erringen, denn wir sind zusammengekommen, um den ersten belgischen Frauenverein zu gründen. Je mehr von euch es wagen, die Mitgliedsurkunde zu unterzeichnen, desto besser stehen unsere Chancen, dass unser Verein wahrgenommen wird. Habt keine Angst vor Anfeindungen, seid der Baum, den es nicht stört, dass Schweine sich an ihm kratzen. Wachst zu einem Wald zusammen, und steht ein für die Rechte der Frauen!« Sie stieg unter Beifall von der Bühne, um der nächsten Rednerin Platz zu machen. Georges reckte den Hals, um Hubertine mit seinem Blick zu folgen. Sich unter die Frauen zu mischen erschien ihm unpassend. Vermutlich durfte er nicht einmal hier sein und zuhören.

Als er sie auf sich zukommen sah, fühlte er sich auf eigentümliche Art ertappt. Hubertine hielt ihm einen Bogen Papier mit einem bunten Aufdruck entgegen, darauf konnte Georges florale Muster um das Wort »Mitgliedsurkunde« erkennen. »Sie interessieren sich für Frauenrechte, Georges?« Er sah einen Schimmer in ihren Augen und hatte das Gefühl, dass sie direkt in ihn hineinsah. »Also deshalb sind Sie in Bierbeek aus der Postkutsche gestiegen.«

Er wusste nicht, wie er widersprechen sollte.

»Wenn wir die Welt verändern wollen«, fuhr sie fort, »müssen wir bei den Männern anfangen, denn sie herrschen über alles und jeden. Und ein Mann scheinen Sie ja zu sein.« Sie lächelte. »Jedenfalls sind Sie auf dem besten Weg, einer zu werden. Also helfen Sie mir, Georges.«

Er schaute auf die Urkunde. In die Mitte war eine Linie in ein leeres Feld gedruckt. Darunter stand in kleinen Lettern »Name und Anschrift«.

»Sie wollen doch ein Pionier sein! Ihre Eisenbahn soll Ideen über Grenzen transportieren. Dann helfen Sie dabei, die Idee der Gleichberechtigung über Geschlechtergrenzen zu bringen. Unterschreiben Sie! Seien Sie der erste Mann, der einem Verein für Frauenrechte beitritt.«

»Eine Frauenrechtlerin? Das soll wohl ein Witz sein.« Edmond Nagelmackers klatschte die Tageszeitung auf den Frühstückstisch. »Unsere Familie besteht seit dem dreizehnten Jahrhundert. Unsere Vorfahren haben sich hochgearbeitet, von Nagelfabrikanten zu Stahlbaronen und zuletzt, dank deines Großvaters, zu den bedeutendsten Bankiers Belgiens. Und du willst einen Blaustrumpf heiraten?«

»Du kannst keine Frau ehelichen, die zwei Jahre älter ist«, setzte seine Mutter hinzu.

»Und geschieden«, kam es von der Großmutter.

»Du würdest dich ins Unglück stürzen und deinen Ruf ruinieren«, fügte sein Großvater an.

»Und uns mit dazu.« Nun schloss sich der Kreis der Missfallensäußerungen bei Georges' Vater. »Das kommt nicht infrage. Damit ist das Gespräch beendet.«

Es war nicht etwa so, dass Georges eine andere Reaktion erwartet hatte – nicht von seiner Familie. »Aber diese Frauen haben recht«, sagte er und erntete ein garstiges Grinsen von seinem neun Jahre alten Bruder Jules,

»sie werden in unserer Gesellschaft behandelt wie Menschen zweiter Klasse. Es wird Zeit zu erkennen, dass unsere Welt die Hälfte ihres Potenzials nicht nutzt. Wie viele Erfinderinnen und Ärztinnen könnte es geben, wenn wir nur diese albernen Vorstellungen über die Rolle der Frauen beiseiteräumen könnten.«

In das Schweigen hinein sagte Georges' Mutter mit leiser Stimme, dass sie die radikalen Methoden der Frauenvereine nicht gutheißen könne – aber einige ihrer Ziele durchaus. Ihre Bemerkung führte dazu, dass Edmond Nagelmackers aufsprang, seine Frau fragte, was sie davon halten würde, wenn er sich von einer Ärztin würde untersuchen lassen, und Georges lauthals bezichtigte, den Familienfrieden zu zerstören. Seine Frau bewahrte mit kühnem Griff seine Kaffeetasse davor, zu Boden zu fallen.

Vielleicht war Georges wirklich zu voreilig damit, um Erlaubnis zu fragen, ob er Hubertine heiraten dürfe. Nach der Veranstaltung in Bierbeek hatte er sie zurück zur Poststation geleitet, und gemeinsam hatten sie auf die nächste Kutsche gewartet. Die Zeit verging wie im Flug, sie erzählten sich von ihrem Leben und ihren Plänen, und als die Postkutsche kam, beschloss Georges, Hubertine noch zurück nach Brüssel zu begleiten, bevor er sich wieder allein auf den Weg zum Schloss seiner Großeltern machte.

Es war Nachmittag, und der einzige andere Fahrgast stieg an der ersten Station aus. Das Gerumpel und die Hitze in der Kutsche waren noch dieselben wie zuvor, trotzdem war etwas anders geworden. Als Georges sich an diesem Tag von Hubertine verabschiedete, da wusste er, dass er sie sehr bald wiedersehen wollte. Mit ihr an seiner Seite konnte er die Welt aus den Angeln heben.

»Sie ist meine Muse«, erklärte er seiner Familie.

»Muse oder Mätresse, es ist mir egal, was sie ist. Ich

verbiete es!« Das Gesicht von Edmond Nagelmackers war so rot geworden, dass der Spitzbart besonders weiß wirkte.

»Edmond, mäßige dich«, sagte Georges' Mutter. Ihr Versuch, einen beruhigenden Tonfall anzuschlagen, misslang. »Deine Cousine Marie Joséphine ist doch auch ein nettes Mädchen, nicht wahr?«

Nun breitete sich auch auf Georges' Gesicht Hitze aus, und er holte das Papier aus seiner Westentasche. Er faltete es auseinander und hielt es mit bebender Hand seinem Vater hin. »Damit du siehst, dass ich nicht für jede Formalität deine Erlaubnis benötigte. Ich bin Hubertines Frauenverein beigetreten.« Er legte die Urkunde mit dem Blumenmuster auf den Tisch. Sein Name und seine Anschrift füllten das ehemals freie Feld aus. »Und das ist erst der Anfang.«

Vielleicht hatte er übertrieben, vielleicht hätte er lieber abwarten sollen, bis sich die Mitglieder der Familie beruhigt hatten, um dann einen weiteren Vorstoß zu wagen und Hartnäckigkeit über Impertinenz triumphieren zu lassen. Doch Edmond Nagelmackers machte seinem Namen Ehre und Nägel mit Köpfen. Noch am Frühstückstisch, mit der Serviette in der Hemdbrust, entschied er, dass Georges sein Gemüt kühlen und zu einer ausgedehnten Grand Tour aufbrechen werde. Zurückkehren dürfe er erst, wenn er sich Hubertine Berthier aus dem Kopf geschlagen hatte.

KAPITEL 6

Brüssel, 1864

Georges hatte damit gerechnet, dass sein Vater ihn für einige Wochen nach Lissabon schicken würde, wo jemand aus der Familie eine Reederei unterhielt. Dort hätte Georges in der Verwaltung der Schifffahrtsgesellschaft die Aufgaben eines Bürogehilfen erledigt und mit ein bisschen Glück die Ingenieure und Techniker bei der Wartung eines Schiffes begleiten dürfen, und er wäre nach einigen Wochen vor Sehnsucht fast verrückt zu Hubertine zurückgekehrt.

Aber Edmond Nagelmackers war Geschäftsmann. Wenn er etwas bis zur Perfektion beherrschte, dann die Kunst, sein Gegenüber einzuschätzen, und bei seinem eigenen Sohn fiel ihm das besonders leicht.

Er schickte Georges in die Vereinigten Staaten von Amerika. Nicht für ein paar Wochen, nicht für ein paar Monate, sondern für zwei Jahre. Danach, so teilte Edmond der Familie mit, werde sich der Sprössling seine Heiratspläne aus dem Kopf geschlagen haben. Er werde Georges die Reise bezahlen, ihn von allen Pflichten entbinden und dafür sorgen, dass er sein Studium an der Universität von San Francisco fortsetzen könne. Sollte Georges dieses Geschenk, wie sein Vater es nannte, nicht annehmen, werde er sein Studium in Lüttich aufgeben müssen – und damit seinen Traum, Ingenieur zu werden und Eisenbahnen zu bauen.

Tagelang war das Haus der Familie Nagelmackers von dem Gebrüll der beiden Männer erfüllt. Eine Standuhr ging zu Bruch. Im Arbeitszimmer des Patriarchen bekam die Schreibtischplatte aus gewachstem Kiefernholz einen Riss, als Georges mit einem der an der Wand hängenden Säbel darauf eindrosch. Ordner voll mit steifem Geschäftspapier wurden herumgeworfen, und der Hirschkopf über der Chaiselongue im Salon büßte einen Teil seines Geweihs ein. Trotzdem gewann Georges keinen Meter an Boden, denn sein Vater rückte keinen Zoll von seinem Plan ab. Stattdessen versuchte Edmond Nagelmackers seinen Sohn damit zu überzeugen, dass er die USA in einem Zug würde durchqueren können.

Nicht einmal das reizte Georges, war doch Hubertine alles, was er wollte. Während seine Reise vorbereitet wurde, schrieb er ihr Briefe, in denen er sie bat, ihn zu begleiten. Das Geld werde er aufbringen, versicherte er, und Ehen könnten auch in den Vereinigten Staaten geschlossen werden.

Ihre Antwort war niederschmetternd. Sie schrieb ihm, dass sie ihn sehr gern mochte. Doch er habe einen Fehler begangen, als er seinen Vater gefragt habe, ob er sie heiraten dürfe. Er hätte die Frage zuerst ihr stellen sollen, dann wäre ihm der Streit mit seiner Familie erspart geblieben, denn sie hätte ablehnen müssen. *Wie soll ich für die Rechte der Frauen streiten*, stand es in kräftigen, nach vorn geneigten Lettern auf dem Briefpapier, *wenn ich mich selbst unter das Joch der Ehe begebe? Wenn ich mich von einem Mann mit Geld aushalten lasse und damit in die Abhängigkeit einer der reichsten Familien Belgiens gerate? Ich würde meine Glaubwürdigkeit verlieren.*

Georges schrieb mit zitternder Hand zurück, dass auch die Frauen in den USA um ihre Rechte kämpfen müssten,

Hubertine könne sich dort auf dieselbe Weise engagieren wie in Europa. Dann zerriss er den Brief. Er zeigte nichts anderes, als dass sie mit ihrer Befürchtung recht hatte: Er sagte ihr, was sie tun sollte. Stattdessen schickte er ihr ein Telegramm mit einem Datum und einer Ortsangabe: *13. Dezember 1864, Bahnhof Brüssel.*

Als er sich an diesem Tag von seiner Mutter, seinem Vater und seinem Bruder am Bahnsteig verabschiedete, standen Georges Tränen in den Augen. Er brachte es nicht übers Herz, seiner ebenfalls weinenden Mutter zu erklären, dass er den Abschiedsschmerz nicht ihretwegen empfand. Hubertine war nicht gekommen, sein Vater hatte gewonnen. Aber Georges war sicher, dass er einen starken Verbündeten auf seiner Seite hatte: die Zeit. Denn mit jedem Tag, den er in der Ferne verbrachte, kam er seinem Ziel näher: Er würde Hubertine Berthier wiedersehen.

Der Zug von Brüssel brachte ihn nach Calais, von dort ging es mit der Fähre nach Dover und mit der Postkutsche nach Liverpool. Die Transatlantikpassage im Dampfschiff dauerte neun Tage. Am 26. Dezember legte die *Nova Scotia* in New York an, und Georges, ein milchbärtiger Dreiundzwanzigjähriger, ging in der Neuen Welt an Land.

Zu dieser Zeit waren Teile der USA bereits von Eisenbahngesellschaften erschlossen. Die Strecke von New York an der Ostküste bis nach San Francisco an der Westküste war nicht nur die längste in Nordamerika, sondern auch die längste der Welt. Georges kaufte eine Fahrkarte und bestieg den Zug der Union Pacific. Er fuhr nach Philadelphia und Buffalo, nach Chicago und Milwaukee. Er durchquerte Steppen, Wälder und Graslandschaften, die man Prärie nannte. Er sah Büffelherden, die sich bis zum Horizont erstreckten, er lernte Menschen kennen, die alles für ein Stück Land im Westen des Kontinents aufgegeben hatten, er trank amerikanischen Whiskey, der Bourbon hieß, er aß die Gerichte der Ureinwohner und lernte ihre Tänze kennen. Aber eigentlich sah er immer nur Hubertine, hörte ihre Stimme, wie sie laut die Gleichberechtigung der Frauen einforderte und wie sie leise seinen Namen sagte. Er nahm ihren Geruch wahr auf dem Markt von Rapid City und im Wirtshaus von Jacksonville. Wohin er auch kam: Sie war vor ihm da.

Und noch etwas gab es dort, wohin Georges gereist war: Schlafwagen. Bisher hatte er seine Fahrt durch das riesige Land tagsüber in einem Personenwagen und nachts in den Herbergen entlang der Schienenstrecke zugebracht, die letzten zwei Tage und die Nacht dazwischen schließlich eingeklemmt zwischen zwei Landarbeitern und einem Käfig voller Hühner auf der Holzbank in seinem Waggon. Gerade war er am Bahnhof von San Francisco aus dem Zug gestiegen, konnte seine steifen Beine kaum bewegen, da sah er am gegenüberliegenden Gleis seinen Traum vor sich stehen. Der Schlafwagen war lang und burgunderfarben lackiert. Darauf war eine goldene Tafel mit den Worten »Pullman Palace Car Company« angebracht. Georges warf einen Blick durch die Tür: Es gab Pritschen, auf einigen saßen Fahrgäste und unterhielten sich, auf anderen stand Gepäck, wiederum andere lagen voller zerwühlter Decken.

Eigentlich hatte Georges sich in San Francisco an der Universität einschreiben sollen. Doch als er jetzt vor dem Schlafwagen stand, war ihm, als habe das Schicksal ihm einen Wink gegeben. Er musste mit diesem Wagen fahren, musste erfahren, wie es war, in einem Waggon zu übernachten. Wenn er die Züge in Europa verbessern wollte, musste er diese Chance ergreifen.

Er klopfte sich den Staub vom Mantel, pustete auf seinen Zylinder und kaufte eine Fahrkarte dorthin, woher er gerade gekommen war. Georges fuhr zurück nach New York.

Wer gesagt hatte, der Weg sei das Ziel, lag richtig. Und das Fahrzeug war das Wichtigste beim Reisen. Kaum hatte Georges die ersten Stunden im Schlafwagen der Pullman Company zurückgelegt, wünschte er, die Fahrt würde niemals enden. Der Zug fuhr mit mehr als sechzig Stundenkilometern, trotzdem spürte man kaum etwas davon, die Schienen trugen die Passagiere ihrem Ziel entgegen, ohne sie durchzurütteln. Georges nahm sich vor, die Zeit zu nutzen, um die Konstruktion dieses Hotels auf Rädern zu erforschen.

Zwei Schlafwagen hingen an der Lokomotive. Beide waren länger als die Waggons in Europa, denn während man dort mit zwei Achsen auskommen musste, hatten die Pullman-Waggons acht. Wenn der Zug an einem Bahnhof hielt, um Wasser und Kohle aufzunehmen, kroch Georges unter den Waggons herum und zeichnete, auf dem Rücken liegend, was er sah: Jeweils zwei der acht Achsen waren auf ein Metallgestell montiert, und dieses war mit dem Waggon über eine Drehscheibe verbunden. Fuhr der Zug in eine Kurve, drehte sich das Gestell, sodass die Räder nicht gegen die Schiene gepresst wurden. Auf diese Weise lief der Zug trotz seiner Länge und seines Gewichts ruhig. Es gab nicht einmal das charakteristische Kreischen, wenn die stählernen Räder an den Schienen entlangschliffen.

Die Konstruktion war perfekt, aber Mister Pullman schien alles zur Verfügung stehende Geld in die Entwicklung des Fahrwerks gesteckt zu haben, sodass nur ein winziger Betrag für die Ausstattung übrig geblieben war. Es gab kaum Komfort und noch weniger Privatsphäre.

Der Schlafwagen bestand aus zwei Großraumabteilen mit einem Gang in der Mitte, darin war man nur durch einen schweren Vorhang vor Blicken geschützt. Tagsüber saß Georges auf einer Holzbank, die genauso unbequem war wie die, auf der er nach San Francisco gereist war. Nachts wurden diese Pritschen ausgeklappt, um als Liegen zu dienen. Zusätzlich hängten die Schaffner Bretter in dafür vorgesehene Schienen auf Fensterhöhe. Damit entstanden zwei Liegeflächen übereinander, wie bei einem Etagenbett. Matratzen gab es ebenso wenig wie Bettzeug. Einige der Reisenden hatten Decken dabei, und Georges musste auf seinen sich zusehends zerknitternden Mantel zurückgreifen.

Das war die geringste Unannehmlichkeit in dem so genannten rollenden Palast. Da sich der Waggon in einen Schlafsaal für etwa dreißig Fahrgäste verwandelt hatte, waren Geräusche und Gerüche ständig präsent. Im Grunde, dachte Georges, während er vergebens auf den Schlaf wartete, war der Schlafwagen nichts anderes als ein normaler Personenwagen, abgesehen von den unbequemen Liegeflächen und dem höheren Fahrpreis. Mister Pullman, der Betreiber der Schlafwagengesellschaft, schien ein hervorragender Geschäftsmann zu sein, aber ein Herz für seine Züge und Passagiere hatte er nicht.

Zu den Absonderlichkeiten gehörte nicht nur, dass Männer und Frauen im selben Waggon übernachteten, sondern auch, dass sie denselben Waschraum benutzen mussten. Es gab nur einen, er war am hinteren Ende des Zugs zu finden und ausschließlich dann zu betreten und zu verlassen, wenn der Zug stand. Was nicht oft geschah.

Hielt er an einem Bahnhof, so bestand dieser meist nur aus einem Holzverschlag sowie einem Gasthof und einem Lagerhaus. Die Pausen sollten dazu dienen, dass die Passagiere sich erleichtern und verpflegen konnten – so lautete jedenfalls die Ankündigung des Schaffners. Georges mischte sich unter die anderen, als sie beim ersten Stopp in die Taverne neben dem Bahnhof strömten, und bestellte Rührei mit Speck. Das Essen war so miserabel, dass er es trotz seines Hungers nicht bedauerte, als die Trillerpfeife vom Bahnsteig her die Fahrgäste zur Weiterfahrt aufforderte. Kaum jemand hatte etwas angerührt, aber das lag nicht nur an der Qualität des Essens.

Georges war der Spross einer Familie von Geschäftsleuten. Seine Großeltern und seine Eltern hatten ihm beigebracht, immer nach dem besten Weg zu suchen, einen Vorteil herauszuschlagen. An jenem Nachmittag im Wirtshaus eines Nests ohne Namen erkannte Georges das Kalkül in der Kneipenküche: Der Zug brachte die Gäste, und die Küche servierte das Essen. Aber niemand fand Zeit, etwas zu sich zu nehmen, da er sonst die Abfahrt verpasst hätte. Georges ahnte, was mit den stehen gebliebenen Gerichten geschah: Sie wurden den Fahrgästen des nächsten Zuges serviert, die ebenfalls keine Zeit zum Essen fanden, und dann wieder den nächsten. Eine Legion Hungriger wurde durch die Wirtshäuser entlang des Schienenstrangs geschleust und bezahlte für Speisen, die schon dreimal verkauft, aber nicht einmal verzehrt worden waren.

Erst hielt Georges diesen Betrug für den Einfall eines ausgekochten Schlitzohrs in einem der Käffer mitten im Nirgendwo. Dann musste er feststellen, dass es an allen Stationen so zuging. Nach einer Weile war er sicher, dass das kein Zufall war, sondern dass System dahintersteckte: Die Bahngesellschaft sorgte dafür, dass die Züge nur kurz an den Bahnhöfen hielten, und bekam dafür eine Provision von den Gastwirten.

Die meisten Fahrgäste hielten das aus, denn kaum jemand fuhr länger als einen Tag und eine Nacht. Georges hingegen gehörte zu denjenigen, die eine Woche in dem Zug verbrachten. Mehr und mehr sehnte er sich nach einer anständigen Mahlzeit.

Immerhin hatte er seinen Kopf gefüttert: mit so vielen Ideen, dass er sicher war, das Eisenbahnnetz in Belgien, wenn nicht in Europa revolutionieren zu können. Die Pullman-Waggons waren Paläste, technisch einzigartig, aber im Innern waren sie Kaschemmen. Georges wusste eine Antwort auf jede Unzulänglichkeit, für jede fiel ihm eine Verbesserung ein.

Dann kam der Moment, als er den Präsidenten traf.

An einem Frühlingstag hielt Pullmans Zug in St. Louis. Der Bahnhof war größer als die Haltestellen im kaum besiedelten Westen, eine Menschenmenge stand auf dem Bahnsteig. Sie warteten nicht auf den Zug, wie Georges erfuhr, sondern auf Abraham Lincoln. Der Präsident der Vereinigten Staaten nutzte die Eisenbahn, um die großen Städte des Landes zu besuchen, und da er unterwegs auf Komfort nicht verzichten wollte, wählte er das fahrende Hotel der Pullman-Gesellschaft.

Georges wollte erst nicht glauben, dass der Präsident eines so riesigen Staates in einem dieser erbärmlichen Schlafwagen übernachtete. Dann beobachtete er, wie ein zusätzlicher Waggon an den Zug angekoppelt wurde, auch dieser war burgunderfarben und mit Pullmans Signet versehen, doch die Ähnlichkeit mit den anderen Schlafwagen endete an der Tür.

Georges kletterte auf den Waggon, damit er ins Innere sehen konnte. Was er entdeckte, ließ sein Herz höherschlagen und seinen Zorn kochen. Der Präsident hatte den gesamten Waggon für sich allein. Der vordere Teil diente als

Salon, der mittlere als Arbeitszimmer und hinter der Tür im hinteren Teil vermutete Georges einen Schlafraum mit einem bequemen Bett und Waschgelegenheit. Die Wände waren tapeziert und mit Gobelins behangen. Es gab frische Blumen, ein Weinregal und Zigarren in einer Kiste. Wie armselig musste hingegen das einfache Volk reisen!

Ein Soldat in dunkelblauer Uniform forderte ihn auf, von dem Waggon zurückzutreten. In diesem Moment brandete Applaus auf, und Jubelrufe erklangen. Ein hochgewachsener Mann mit dunklen Augen, scharfer Nase und schwarzem Bart kam zwischen den Leuten hervor und stieg die Stufen des Waggons hinauf. Dort blieb er stehen, nahm seinen ebenfalls schwarzen Zylinder ab und schwenkte ihn einige Male hin und her. Georges hatte Abraham Lincolns Konterfei in der Zeitung gesehen, trotzdem war er erstaunt über die Größe des Mannes und über dessen Ausstrahlung. Der Präsident brauchte nur eine Geste, um die Menge zum Schweigen zu bringen.

Die folgende Ansprache war eine flammende Rede über das Ende des Sezessionskriegs. Lincoln forderte, dass alle Bürger mithelfen sollten, den Graben, der zwischen den Nordstaaten und den Südstaaten aufgerissen war, zu füllen, »bis nichts mehr davon übrig ist«, rief er. »Wir gehören zusammen.«

Eine Musikkapelle untermalte den Schluss der Rede, und die Leute jubelten ihrem Präsidenten zu. Da erkannte Georges im Schatten hinter Lincoln einen Mann im dunklen Anzug. Er trug einen Bowlerhut, seine Fliege wurde von einem Kinnbart fast vollständig verdeckt. Er hatte das Gesicht eines Pioniers, und sein dunkles Haar umrahmte seine hohe Stirn. Er hatte eine kräftige Statur – man sah ihm an, dass er ein Leben voll harter Arbeit hinter sich hatte – und schien aus seiner eleganten Kleidung herauszuplatzen. Für Georges sah er aus wie ein Mann, der die Welt verändern wollte und der nicht danach fragte, ob der Welt das passte. Schon bevor Lincoln der Menge seinen Begleiter vorstellte und sich bei ihm für die Reise bedankte, wusste Georges, dass es sich um Mortimer Pullman handeln musste, den Chef der Eisenbahngesellschaft.

Lincoln wandte sich um und wollte in seinem Luxuswaggon verschwinden, da rief Georges, so laut er konnte: »Ich habe eine Frage, Monsieur le Président.« Vielleicht hatte sein Hunger seinen Worten Nachdruck und Lautstärke verliehen. Abraham Lincoln drehte sich um, suchte die Menge ab und fand schließlich Georges' hochgereckte Hand. Die Blicke der beiden Männer trafen sich. Nie zuvor hatte Georges solche Augen gesehen. Sie waren groß, dunkel, voller Sanftmut und Strenge. »Wer sind Sie, junger Mann?«, fragte der Präsident.

»Mein Name ist Georges Nagelmackers, ich komme aus Belgien.« Wieso konnte er plötzlich nicht mehr ruhig atmen?

Lincoln runzelte die gefurchte Stirn. »Nagelmackers. Wie das Bankhaus in Brüssel.«

»Es gehört meiner Familie«, sagte Georges, überrascht, dass der Präsident der Vereinigten Staaten ein Finanzinstitut in Belgien kannte.

»Wie lautet Ihre Frage, Mister Nagelmackers?«

Über Lincolns Schulter waren die Blicke Pullmans zu sehen. Misstrauen lag darin.

Georges nahm all seinen Mut zusammen. »Was würden Sie dazu sagen, wenn die Passagiere dieses Zugs, mit dem auch Sie fahren, während der tagelangen Fahrt hungern müssen, während in Ihrem Waggon die erlesensten Speisen aufgetragen werden?«

Lincoln kniff die Augen zusammen. Er schien mit einer anderen Frage gerechnet zu haben, vielleicht mit etwas Politischem. »Unsere Vorväter sind in dieses Land gekommen, um der Ungerechtigkeit zu entfliehen. Gleiches Recht für alle ist eine der obersten Prämissen unserer Verfassung, deren Repräsentant ich bin. Sie gilt auch in diesem Zug. Was genau haben Sie vorzubringen?«

Nun berichtete Georges von dem mehrfach verwerteten Essen in den Wirtshäusern und den Schaffnern, die die Züge nicht lange genug halten ließen, um den Fahrgästen zu einem Mahl zu verhelfen.

Lincoln hörte mit aufmerksamer Miene zu und strich sich über den Bart. Die Leute auf dem Bahnsteig waren still geworden. Nachdem Georges geendet hatte, wandte sich der Präsident zu Pullman um. »Was sagst du dazu, Mortimer?«

Pullman neigte den Kopf und raunte dem Präsidenten etwas zu, das Georges nicht verstehen konnte. Lincoln nickte. »Natürlich. Nichts anderes habe ich von dir erwartet, mein Guter.«

Die beiden Männer schienen sich zu verstehen, vielleicht waren sie miteinander befreundet. Daran hatte Georges nicht gedacht, ebenso wenig wie daran, dass der Präsident wohl kaum einen Mann in aller Öffentlichkeit zurechtweisen würde, der ihm einen Luxuswaggon zur Verfügung stellte. Georges schalt sich einen Narren. Er hatte Mut bewiesen, als er Abraham Lincoln angesprochen hatte, aber ihm fehlte die Weitsicht seines Vaters.

Nun klopfte Lincoln dem Eisenbahnbaron auf die Schulter und wandte sich wieder Georges zu. »Monsieur«, sagte er und hatte etwas Mühe mit der Aussprache der ungewohnten Anrede, »mir fehlt es an der Zeit und an den Mitteln, Ihre Vorwürfe zu überprüfen. Um diese Angelegenheit für alle zufriedenstellend zu regeln, schlage ich vor, für alle Passagiere ein dreigängiges Menü und für jeden eine Flasche Wein zu spendieren. Was halten Sie davon?«

Georges' Antwort ging im Jubel der Zuschauer unter.

Viel später, er war bereits wieder in New York, erfuhr Georges aus der Zeitung, dass Präsident Lincoln seine nächste Wahlkampftour in den Waggons der Vanderbilts bestreiten wollte, der Konkurrenz von Mortimer Pullman.

KAPITEL 7

Brüssel, 1866

Zwei Jahre später fuhr er wieder an Bord eines Dampfers an der Freiheitsstatue vor Long Island vorbei – diesmal in die entgegengesetzte Richtung. Georges überquerte den Atlantik, ging in Le Havre von Bord und fuhr mit dem Zug nach Brüssel. Er machte einen Bogen um das Anwesen seiner Familie und fuhr stattdessen in einem Einspänner zu der Adresse, an die er Hubertine mehr als einhundert Briefe geschickt hatte.

Sie wohnte nicht mehr dort, und eine Concierge gab ihm die Briefe zurück. Einige waren geöffnet und gelesen worden, aber Georges war nicht sicher, von wem. Er verbrannte sie in seinem Zimmer, nachdem er hoffnungslos und voller Gram ins Haus seiner Eltern zurückgekehrt war. Hubertine war fort, war vielleicht nach Paris oder Berlin, nach Wien oder Barcelona gegangen, um Frauenvereine zu gründen. Sein Vater hatte die Oberhand behalten.

Georges stürzte sich in die Arbeit. Wenn er die Frau seiner Träume nicht wiedersehen konnte, so wollte er wenigstens den Traum seiner Eisenbahn verwirklichen. In den Vereinigten Staaten hatte er sein Studium abgeschlossen. Und er hatte die Zeichnungen aus dem Zug der Pullman-Company mitgebracht. All die Skizzen zur Verbesserung des Schlafwagens waren im Laufe der Zeit zu

Konstruktionsplänen herangewachsen, erste Einfälle waren zu detaillierten Berechnungen geworden. Sein Zug war fertig, jedenfalls auf dem Papier. Aber um ihn auf die Schiene zu bringen, brauchte er Geld.

Edmond Nagelmackers besaß genug, doch weder wollte Georges ohne Weiteres etwas von seinem Vater annehmen, noch hätte er es bekommen, wenn er danach gefragt hätte. Deshalb entwarf er einen Geschäftsplan, in dem er auflistete, was sein Zug den Fahrgästen bieten sollte, wie hoch die Kosten sein würden und mit welchen Einnahmen zu rechnen war. Er versank in Arbeit, reiste durch Belgien und Frankreich, um Angebote einzuholen, und verhandelte, bis den Handwerkern die Tränen kamen. Wo immer er hinfuhr, erkundigte er sich nach einem Frauenverein in der Nähe, ging sogar zu Versammlungen und sprach mit den Rednerinnen. Hubertine fand er nicht.

Schließlich konnte Georges seinem Vater die Kalkulation für sein Vorhaben vorlegen, auf deren Grundlage er um einen Kredit bat, mit einer Laufzeit von drei Jahren und den üblichen Zinsen. Edmond prüfte die Papiere. Er nahm sich Zeit. Zwei Wochen später rief er Georges zu sich und sprach anerkennende Worte. Er habe sich zu einem kühlen Rechner entwickelt, einem Mann, der erst Informationen einholte, bevor er Entscheidungen traf. Das habe auch ihm selbst, Edmond Nagelmackers, dabei geholfen, in dieser Angelegenheit zu einem Entschluss zu kommen.

Der Vater machte dem Sohn mit einer von Tinte getränkten Feder einen Strich durch die Rechnung. Georges sei wohl nicht bei Trost, begann der alte Nagelmackers, in einen Zug investieren zu wollen, der zwischen den verfeindeten Mächten Europas verkehren sollte. In der Welt herrsche eine Atmosphäre der Abgrenzung, des Misstrauens und der Feindschaft. Niemand würde mit einem solchen Zug fahren. Absolut niemand! Georges bekam das Geld nicht.

Wäre er nicht in Amerika gewesen, hätte er an diesem Punkt vielleicht aufgegeben. Doch in den Vereinigten Staaten hatte Georges gelernt, dass jeder erfolgreich sein konnte, egal woher er kam und wer er war; und dass man, wenn man Unterstützung brauchte, am besten gleich bis nach ganz oben ging, so wie Mortimer Pullman, der den Präsidenten in seinen Zug geholt hatte.

Georges war fünfundzwanzig, als er um eine Audienz beim belgischen König bat – und sie bekam. Mit dem neu geschriebenen Geschäftsplan unter dem Arm traf er am 12. Oktober 1868 im Palais Royal ein und wurde in das Arbeitszimmer des zehn Jahre älteren Leopold II. geführt. Der Monarch war ein ungeduldiger Mann; während des Gesprächs schaute er aus dem Fenster, doch als Georges berichtete, dass er mit dem amerikanischen Präsidenten gesprochen und der sich als Kenner der Verhältnisse in Belgien entpuppt hatte, war Leopolds Interesse geweckt. Abraham Lincoln, Regierungschef eines der größten Länder der Welt, hatte sich mit dem kleinen Belgien beschäftigt! Und nun sollte, so Georges' Worte, das kleine Königreich seine Bedeutung herausstellen, indem es die angrenzenden Länder miteinander verband – auf der Schiene.

Der Rest war einfach. Georges schwärmte dem König von Zügen vor, die nicht nur über Schlaf-, sondern auch über Restaurantwagen verfügten, Züge, in denen man essen und sich ausruhen konnte, in denen Boudoirs auf die Damen und Rauchersalons auf die Herren warteten, Heizungen und Toiletten, Kellner und Schuhputzer. Die Leute würden staunen, und das königlich-belgische

Wappen, zwei aufrecht stehende Löwen, würde an jedem Bahnhof in Europa zu sehen sein.

Leopold schlug mit der Hand auf den Tisch und gab sein Einverständnis. Georges' Unternehmen durfte unter dem Siegel der belgischen Monarchie starten, der König wollte sich persönlich bei der belgischen Bahnverwaltung dafür einsetzen, dass Georges bei allen Schwierigkeiten geholfen werden würde, überdies versprach er, die meisten Anteile von Georges' Firma zu kaufen. Auf das Geld wartete Georges vergeblich. Die Compagnie Internationale des Wagons-Lits, die Internationale Schlafwagengesellschaft, startete mit dem Konkurs. Georges hockte hinter dem Schreibtisch des kleinen Büros, das ihm sein Vater in einer seiner Banken zur Verfügung gestellt hatte, und wusste nicht, wie er die Rechnungen bezahlen sollte. Das Familienoberhaupt quittierte den Misserfolg mit dem Schweigen des Überlegenen.

Aufgeben kam nicht infrage. Nachdem ein Dutzend Briefe an den König unbeantwortet geblieben waren, pilgerte Georges durch die Salongesellschaften in Brüssel und Lüttich, wo sich die wohlhabenden Belgier trafen. Er unterbreitete jedem, der aus Höflichkeit danach fragte, seine Pläne, er rechnete vor, wie viele Fahrkarten in welcher Stadt verkauft werden konnten und wie viele davon auf die Wagen der ersten Klasse fielen. Er beschwor die Familien Rothschild und Schneider, d'Eichthal und Solvay, Cockerill und Empain.

Schließlich hatte er Erfolg. Drei Investoren sprangen auf den Zug auf, das Geld floss. Das lag zum einen an Georges' Überzeugungskraft, zum anderen daran, dass die reichen Unternehmer selbst Reiseerfahrung mitbrachten und die Strapazen in unbequemen Zügen leid waren. Dank dem jungen Nagelmackers bot sich die Möglichkeit, unterwegs auf Bequemlichkeit nicht verzichten zu müssen und dabei auch noch Geld zu verdienen.

Das Konzept ging auf. Georges' erster Schlafwagen sollte zweimal in der Woche von Paris nach Wien fahren. Die Waggons waren schon eingerichtet, da musste Georges feststellen, dass er etwas übersehen hatte. Die Eisenbahngesellschaften in den verschiedenen Ländern hatten auf unterschiedliche Bauweisen gesetzt: So waren die Spurbreiten der Züge in Österreich-Ungarn anders als in Frankreich, die Kupplungssysteme in Belgien weniger belastbar als die im Deutschen Reich, die Bremsanlagen in der Schweiz wegen der Berge besonders robust. Georges musste die Spurbreite der Schlafwagen anpassen, ebenso die Länge der Waggons und die Profile der Räder. Er verlor ein halbes Jahr, zwei von drei Investoren sprangen ab. Dann war es endlich so weit. Der erste Zug der Internationalen Schlafwagengesellschaft war fertig, die Verträge mit den Bahngesellschaften waren unterzeichnet. Am 20. Juli 1870 sollte die Lokomotive am Pariser Gare de Strasbourg starten.

Doch Georges war so sehr in die Arbeit vertieft gewesen, dass er blind und taub geworden war für alles, was nicht auf Schienen fuhr. Umso erstaunter war er, als am 19. Juli 1870 Kaiser Napoleon III. dem preußischen König den Krieg erklärte.

Der Zug durfte den Bahnhof nicht verlassen, eine Verbindung der verfeindeten Nationen war unmöglich. Georges musste erkennen, dass sein Vater wieder einmal recht behalten hatte.

Noch am selben Tag erhielt er Nachricht des verbliebenen Investors, der nun ebenfalls alle weiteren Mittel verweigerte. Schlimmer noch: Er wollte wenigstens ein Teil seines Geldes zurückbekommen und ordnete an, dass die

Waggons der Schlafwagengesellschaft an die französische Regierung zu verkaufen seien. Denn die plante, zum ersten Mal in der Geschichte, Soldaten, Waffen und Versorgungsgüter per Zug an die Front zu bringen.

Georges schloss das Büro in Brüssel noch am Tag des Kriegsausbruchs und fand Platz in einer Postkutsche, die nach Paris unterwegs war. Auf der Fahrt musste er sich der überkochenden Kriegsbegeisterung der anderen Fahrgäste erwehren und galt bei den Passagieren als suspekt, weil er sich bis zum Ende der Fahrt nicht dem gemeinsamen Skandieren patriotischer Parolen anschloss.

Als er am Gare de Strasbourg in Paris aus der Kutsche stieg, war es bereits dunkel, und überall brannten Lichter. Menschen liefen mit Fackeln umher, andere trugen Laternen oder Kerzen. Eine Kapelle spielte die Marseillaise. Der Bahnhof war voller Soldaten, jungen Männern in rotem Beinkleid und dunkelblauem Uniformrock mit dem charakteristischen roten Kragen. Überall waren Képis zu sehen, die flachen Mützen der Infanteristen mit Schirm und rundem Oberteil. Soldaten schliefen auf ihrem Marschgepäck oder standen Schlange vor den Zügen, Neugier, Angst und Erregung in den Gesichtern. Georges wünschte ihnen insgeheim, dass die zweiachsigen Waggons die Überbelegung nicht tragen und gar nicht erst zum Schlachtfeld gelangen könnten.

Er musste selbst einen Krieg ausfechten, um sich bis zu Gleis 3 durchzukämpfen. Als er einem Sergeanten versehentlich das Chassepot-Gewehr von der Schulter riss, brachen die Umstehenden in Gelächter aus. Der Sergeant, ein großer Bursche in Georges' Alter, drehte sich um und schlug ihm ins Gesicht. Georges taumelte, ein hoher Ton pfiff in seinen Ohren. Die Soldaten hinter ihm verhinderten, dass er hinfiel. Plötzlich hörte das Pfeifen auf, und alles um ihn herum war still. Er sah zwar noch, wie die Münder sich bewegten, wie die Männer lachten, wie der Schläger vor seinen Füßen ausspie – doch all das geschah in seltsamer Stille. Erst als der Sergeant auf dem Boden lag, Georges über ihm hockte und mit den Fäusten das Gesicht bearbeitete, kehrte der Lärm zurück, und am lautesten hörte Georges das Geräusch seines eigenen rasselnden Atems.

Er war aus seinem Traum erwacht, um sich in einem Albtraum wiederzufinden. Und das Ungeheuer darin war er selbst. Jemand packte ihn am Kragen und zog ihn weg. Der Griff war nicht besonders stark, er riss sich los, beugte sich über den am Boden Liegenden, denn er wollte ihm helfen aufzustehen und sich entschuldigen. Er streckte dem Sergeanten eine Hand entgegen, doch der schlug beide Hände vor das blutende Gesicht und wimmerte. Georges wusste nicht, was er sagen sollte. Er hatte doch nur ein paar Mal zugeschlagen.

»Komm, Georges«, sagte eine vertraute Stimme hinter ihm, »bevor sie dich vors Kriegsgericht stellen.«

Er fuhr herum. Hubertines Gesicht war so nah, dass er sie im ersten Augenblick nicht erkannte. Dann nahm er den vertrauten Geruch wahr, die Sommersprossen links und rechts ihrer etwas zu großen Nase und die gewissenhaften Augen in Delfter Blau. Sie sah genauso aus wie an jenem Tag in Bierbeek, als sie zusammen aus der Kutsche gestiegen waren, nur die Jacke aus schwarzem Samt über dem gestreiften Rock kannte er nicht. Gerade wollte er etwas sagen, da hakte sie sich bei ihm ein und zog ihn mit sich fort.

»Wo warst du?«, fragte er nach einigen Metern. »Ich habe überall nach dir gesucht.«

Sie spähte über die Schulter nach Verfolgern. »Weißt

du, warum ich mich nicht mit Männern einlasse? Weil sie nichts als Ärger bedeuten.« Im nächsten Moment hatte sie die Arme um seinen Hals geschlungen. Ihr Atem wärmte sein Ohr, als sie ihm zuraunte: »Bitte sag mir, dass du dich nicht hast rekrutieren lassen.«

Er schüttelte den Kopf, und sie bedeckte sein Gesicht mit Küssen. Die Soldaten um sie herum pfiffen und riefen Anzüglichkeiten. Georges hatte das Gefühl, dass dieser Moment jeden Tag der fünf Jahre voller Sehnsucht wert gewesen war.

In einem Bistro berichtete Hübertine, dass sie vor zwei Wochen von Lyon nach Paris zurückgekehrt sei, denn der Krieg sei zu erwarten gewesen. Mit den anderen Frauen des Pariser Frauenvereins Citoyennes habe sie sich am Bahnhof getroffen, um die Soldaten dazu zu überreden, die Waffen niederzulegen und nicht in die Schlacht zu ziehen.

»Aber das wäre Fahnenflucht«, sagte Georges, »und auf Desertation steht die Todesstrafe.«

»Erst mal müsste man sie erwischen.« In Hubertines Augen stand dasselbe Funkeln, das Georges bemerkt hatte, als sie ihm damals die Mitgliedsurkunde des Frauenvereins überreicht hatte. »Sterben werden diese jungen Männer in der Schlacht sowieso. Und andere mit ihnen. Was wird dann aus den Witwen? Georges, du weißt, dass in unserer Gesellschaft eine Frau kein Auskommen finden kann, es sei denn, sie wird Fabrikarbeiterin, Nonne oder Hure.« Ihre Fingerknöchel am Henkel der Kaffeetasse wurden weiß. »Was unternimmt der Kaiser der Franzosen dagegen? Nichts. Jetzt raubt er den Frauen sogar die Männer, die sie ernähren müssen. Das ist Unrecht in einem ungerechten System.«

Sie hatte sich überhaupt nicht verändert. Georges

hörte ihr zu, ließ sich von ihrem Eifer anstecken. Die ganze Nacht hätte er mit ihr in diesem Bistro sitzen können. Schließlich riss ihn Hubertine mit einer Frage zurück in die Wirklichkeit.

»Was ist aus deinen Zügen geworden, Georges?«

Da packte ihn wieder der Schrecken über die schändliche Nutzung der Züge, und die Wut kehrte zurück. In Hubertines Blick erkannte er, dass er die Wahrheit nicht vor ihr verbergen konnte. Also erzählte er ihr die ganze Geschichte, berichtete, was er in Amerika erlebt, wie ihm sein Vater die Unterstützung verweigert und wie er trotzdem Erfolg gehabt hatte. »Heute bin ich zum Bahnhof gekommen und habe erlebt, wie dieser Traum dem Krieg zum Opfer fällt«, sagte er. »Der erste und einzige Zug meiner Firma wird Soldaten und Kanonen an die Front bringen.«

»Das müssen wir verhindern!« Hubertine ließ den Kaffee stehen und stand auf. »Vielleicht ist es noch nicht zu spät.«

Seite an Seite liefen sie zurück zum Bahnhof. Wie hatte er es nur so lange ohne sie aushalten können, ohne ihre Starrköpfigkeit auf der Kehrseite aller Vernunft? Doch diesmal half auch die nicht weiter. Der Zug war längst abgefahren, ein anderer stand auf dem Gleis, einer mit Viehwaggons. Wo die Schienen aus dem Bahnhof liefen, war nichts weiter zu erkennen als das schwarze Maul der Nacht.

»Der belgische König«, sagte sie, »hat dir also die Erlaubnis gegeben, die Züge unter seinem Wappen fahren zu lassen.«

Georges nickte.

»Und das Zeichen deiner Firma sind die beiden aufrecht stehenden Löwen des belgischen Königshauses?«

»Ja. Woher weißt du das?«

Sie deutete nach links. »Ist es das Zeichen dort auf dem Waggon, dem dunkelgrünen dahinten? Darüber steht ...« Sie kniff die Augen zusammen.

»Compagnie Internationale des Wagons-Lits?« Der Bahnhofsvorsteher, ein hagerer, bartloser Mann mit den Augen eines alten Katers, klopfte mit dem Fingerknöchel gegen das Zeichen mit den beiden Löwen, dem Flatterband und der Schrift. »Und dieser Waggon soll Ihnen gehören?«

Georges holte die Dokumente hervor, die ihn als Eigentümer auswiesen. Außerdem überzeugte er den Beamten damit, dass er bis auf die Schraubengröße genau beschreiben konnte, wie der Schlafwagen aufgebaut war.

»Den wollten die Generäle nicht«, erklärte der Vorsteher. »Zu wenig Platz, zu schwer.« Er verzog den Mund. »Vielleicht hatten sie Sorge, die Preußen würden unsere Jungs auslachen, wenn sie auf Plüschsofas in die Schlacht gefahren werden.«

Auf die Frage, was nun mit dem Schlafwagen geschehen solle, wusste der Bahnhofsvorsteher nur zu berichten, dass der Waggon auf ein Abstellgleis gezogen werde. »Seien Sie unbesorgt. In der alten Halle wird Ihrem Waggon nichts geschehen. Dorthin kommen nur Tauben und streunende Katzen. Ihr Schlafwagen kann seinem Namen dort Ehre machen und selbst ein schönes, langes Nickerchen halten. Wenn der Krieg vorbei ist, holen wir ihn wieder hervor. Oder haben Sie etwas anderes damit vor?«

Bevor Georges antworten konnte, brachte Hubertine ihn mit dem Druck ihrer Finger zum Schweigen. »Der Waggon ist dort gewiss gut aufgehoben«, sagte sie. »Wo, meinen Sie, liegt dieses Abstellgleis?«

KAPITEL 8

Paris, 1870

Wenn er an die Zeit mit Hubertine im Waggon zurückdachte, so musste Georges zugeben, dass sie ausgerechnet während des Krieges am glücklichsten miteinander gewesen waren. Sie bezogen den Schlafwagen auf dem Abstellgleis im Gare de Strasbourg und lebten dort wie in einem Schloss – einem Palast für zwei. Der Krieg war im Juli ausgebrochen, es war Sommer in Paris, im Waggon war es warm, und als die Nächte kühler wurden, wärmten sie sich aneinander. Hubertine versorgte Verwundete im Lazarett im Hôtel des Invalides und überredete Georges dazu, ihr zu helfen. Angesichts des Elends, das er im Lazarett kennenlernte, schwor er sich, dass seine Züge in Zukunft nur noch für den Frieden rollen durften.

Die Abende verbrachte das Paar in dem verlassenen Teil des Bahnhofs, sie tranken Kaffee auf dem Gleis und fütterten die Tauben. Es gab einen Sonnenschirm, den Georges vor einem vernagelten Bistro gefunden hatte. Der Stoff hatte Risse und war ein wenig fleckig, doch der Kaffee schmeckte darunter, als käme er direkt aus dem Orient.

Nach einigen Monaten rückte der Krieg näher. Die Preußen belagerten die Stadt, doch bevor sie eingenommen werden konnte, beendete ein Waffenstillstand die Kampfhandlungen. Frankreich verlor den Krieg und wurde in Versailles gezwungen, dem neu gegründeten Deutschen Reich Reparationen zu zahlen. Der Kaiser, vormals ein Franzose, war nun ein Deutscher und hieß Wilhelm I. Böse Zungen behaupteten – und von ihnen gab es im Februar 1871 in Frankreich jede Menge –, dass er eigentlich Otto von Bismarck hieß, denn in Wirklichkeit war es der Reichskanzler, der die Politik der Preußen lenkte.

Durch den Frieden von Versailles kam wieder Leben in den Bahnhof von Paris. Die Belagerung war beendet. Menschen strömten in die Stadt, Menschen verließen sie, Züge fuhren in alle Richtungen. Das Knallen, wenn die Waggons beim Rangieren aneinanderstießen, erfüllte bald auch die Halle mit dem Abstellgleis. Georges und Hubertine mussten ihr Domizil räumen und bezogen eine kleine Wohnung im 4. Arrondissement, doch schon bald sollte Georges feststellen, dass er die meiste Zeit allein dort lebte. Seine Geliebte war ständig unterwegs, um ihre Arbeit fortzusetzen. Zu ihrem Kampf für die Rechte der Frauen war nun noch eine Hilfsorganisation für Kriegswitwen gekommen. Was sie schon vor Ausbruch des Kriegs befürchtet hatte, war Wirklichkeit geworden: Frauen, deren Männer gefallen waren, wurden vom Staat mit einer lächerlichen Rente abgespeist und fanden nur in seltenen Fällen ein Auskommen für sich.

Hubertine kämpfte für Gerechtigkeit, Georges kämpfte für ihre Liebe. Erst versuchte er, sie zu begleiten, aber dem gemeinsamen Reisen standen seine Pläne entgegen. Er hatte begonnen, wieder nach Geldgebern zu suchen, und fand sie in einem Unternehmer aus England und im Direktor eines Bankhauses in Nantes.

Diesmal, da war sich Georges sicher, würde sein Vorhaben gelingen, denn Europa stand ein bedeutendes Ereignis bevor: die Weltausstellung in Wien. Nicht nur würden zwanzig Millionen Besucher dorthin kommen und seinen Zug bestaunen. Wien war überdies die größte Drehscheibe für Eisenbahnen in Europa, Strecken aus allen Himmelsrichtungen liefen dort zusammen. An der Donau trafen unterschiedlichste Kulturen aufeinander, und bald würden auch die Waggons der Internationalen Schlafwagengesellschaft in der Stadt einlaufen.

Eines Tages, sie saßen in der kleinen Küche, die Georges auch als Arbeitszimmer diente, zeigte er Hubertine die Konstruktionszeichnungen und die Kalkulation. »Du machst dich abhängig von Männern mit Geld«, stellte sie fest. »Sie werden Macht über dich haben. Du gibst deine Freiheit auf für deine Idee. Ist der Preis nicht zu hoch?«

Wenn er einen Fehler mache, erwiderte er, dann denselben, den sie selbst begehe. Schließlich opfere auch sie ihre Freiheit, um ihrem Traum hinterherzujagen, nur träume sie nicht von Frieden und Eisenbahnen, sondern von Wahlrecht und Gleichberechtigung.

»Das ist nicht dasselbe«, sagte sie. »Mein Kampf ist ...«

»... wichtiger?«, unterbrach er sie. »Ist er so wichtig, dass du alles dafür aufgibst? Deine Freiheit?«

»Welche Freiheit habe ich denn deiner Meinung nach?«, fragte sie.

»Die Freiheit, mich zu heiraten. Oder kannst du das etwa nicht?«

»Natürlich kann ich das«, sagte sie, »ich bin eine unabhängige Frau.«

»Warum tust du es dann nicht?« Seine Stimme wurde lauter.

Sie wich vor ihm zurück. »Das ist wohl der furchtbarste Heiratsantrag, der jemals einer Frau gemacht wurde.« Sie blinzelte. »Ich erkenne dich nicht wieder, Georges. Dein Traum von der Eisenbahn ist zu einer Besessenheit geworden. Du bist nicht mehr du selbst. Und du bist auch nicht mehr der Mann, dem ich mich anvertrauen will.«

Er sah sie ein halbes Jahr nicht wieder. Sie schrieb ihm Briefe, denen er ansehen konnte, wie sehr sie sich um einen warmen Ton bemühte. Auf dem Briefpapier waren keine Tränen getrocknet, es gab keine Ausrufungszeichen hinter seinem Namen, und nicht ein einziges Mal stellte sie eine Frage nach seiner Eisenbahn.

Der Zug war der einzige Freund, der Georges blieb. Also widmete er ihm jede Sekunde, die ihm bis zur Eröffnung der Weltausstellung blieb. Pünktlich brachte er vier Schlafwagen nach Wien, jeder elf Meter lang und sechzehn Tonnen schwer, mit durch feste Wände getrennten Abteilen, mit Rosshaarmatratzen in den Betten, mit Kupferleitungen für warmes Wasser und mit schalldämmenden Stoffen auf dem Boden. Ein versteckt eingebauter Ventilator ließ die Luft zirkulieren, damit in den Abteilen geraucht werden konnte. Georges hatte jeden zur Verfügung stehenden Sou investiert und sich überdies hoch verschuldet. Er wusste, dass er erfolgreich sein würde – und musste.

In der Maschinenhalle am Prater standen die Eisenbahnen, sie sollten die Publikumsmagneten sein. Züge galten als Motor der Erneuerung. Die Menschen hatten genug von Kriegen und Eroberungen, sie erkannten in den neuen Technologien einen Schritt in eine friedfertige Zukunft – und Georges gehörte mit seinen Schlafwagen zu den Propheten dieser hereinbrechenden Ära.

Doch das neue Zeitalter endete, bevor es richtig begonnen hatte. Die Katastrophe kündigte sich mit einem kleinen Beben in der Wirtschaft an. Die Preise für Hotels in Wien stiegen in die Höhe, daraufhin blieben viele Besucher der Weltausstellung fern. Was Fachleute befürchteten, wurde am 9. Mai 1873 Wirklichkeit: die Kurse stürzten ab. Schon am ersten Tag der Wirtschaftskrise gingen mehr als hundertzwanzig Betriebe allein in Österreich-Ungarn pleite. Der Schatten des Schwarzen Freitag fiel auf die Ausstellungshallen. Die Bahngesellschaften, die Georges einen Tag zuvor Verträge angeboten hatten, wollten davon nichts mehr wissen, denn plötzlich kostete eine Fahrkarte der Internationalen Schlafwagengesellschaft so viel, wie ein Arbeiter in einem Jahr verdiente. Georges sah sich vor das Problem gestellt, dass sein Zug politische Gräben überwinden sollte, aber an sozialen und wirtschaftlichen Hürden scheiterte.

Die letzten Verhandlungen in Wien endeten, als die Cholera in der Stadt ausbrach. Zunächst versuchten die Veranstalter der Weltausstellung zu vertuschen, dass eine Seuche grassierte, um wenigstens die Hälfte der erwarteten Gäste an die Donau zu locken. Doch die Epidemie war nicht zu ignorieren; dreitausend Menschen starben innerhalb von vier Monaten in Wien, auf dem Reichsgebiet Österreich-Ungarns war eine halbe Million Tote zu beklagen. Die Krankenhäuser waren überfüllt. Georges stellte seine Waggons als Lazarettwagen zur Verfügung. Er selbst half bei der Versorgung der Kranken, so wie er es im Hôtel des Invalides gelernt hatte. Damals war Hubertine an seiner Seite gewesen. Er vermisste sie, war aber wegen der Ansteckungsgefahr zugleich froh, sie nicht in Wien zu wissen.

Georges überstand die Weltausstellung zwar gesundheitlich, wirtschaftlich hingegen war er dem Ende nah. Er fand eine Anstellung als Ingenieur bei einem Bergbauunternehmen in den Ardennen und verbrachte seine Zeit damit, die Statik von Flözen zu berechnen. In seinen freien Stunden schrieb er Briefe an Hubertine oder zeichnete Schlafwagen für Züge, die es niemals geben würde.

Zwei Jahre nach der Weltausstellung wurde Frankreich von einer Reisewelle erfasst. Die Oberschicht im Norden des Landes hatte entdeckt, dass sie mit dem Zug bequem nach Südfrankreich fahren konnte, um dort den Winter zu verbringen. Georges unterzeichnete einen Vertrag mit der Bahngesellschaft von Orléans, hängte dreißig Schlafwagen an deren Lokomotiven an und erhielt Anteile der Einnahmen. Damit ließen sich zwar seine Schulden nicht tilgen, doch ein Anfang war gemacht.

Dann kam Mortimer Pullman nach Europa.

KAPITEL 9

Orléans, 1875

Die Schlafwagen waren bei den Reisenden nach Südfrankreich so beliebt, dass Georges nach dem ersten Jahresvertrag einen weiteren abschließen konnte. Er errechnete, dass seine dreißig Waggons zehn Jahre lang fahren mussten, damit er die Schulden loswerden konnte, die ihm durch die Wirtschaftskrise erwachsen waren. Er drängte die Bahngesellschaft auf ein dauerhaftes Abkommen, erhielt jedoch nur Verträge mit kurzer Laufzeit und schließlich eine Absage. Als er nach dem Grund fragte, erfuhr er, dass er nicht länger der alleinige Anbieter von Schlafwagen war. Ein Unternehmer aus Amerika habe der Bahngesellschaft ebenfalls ein Angebot unterbreitet, und das sei günstiger als das von Monsieur Nagelmackers. Er müsse verstehen, dass man in Zeiten internationaler Krisen auf jeden Sou schauen müsse. Deshalb wolle man den nächsten Vertrag mit Mister Pullman abschließen. Aber, so die höflichen Worte des Bahndirektors, auch der werde nur einen Jahresvertrag vorgelegt bekommen. Danach könne Georges sein Glück ja noch einmal versuchen.

Pullman war in Europa! Georges hatte schon davon gehört, dass in England Schlafwagen eingesetzt wurden, dass aber Pullman dahintersteckte, hatte er nicht gewusst. Wieder einmal zeigte sich, dass es nicht genügte, die besten Züge der Welt zu bauen – man musste ständig einen

Blick auf die Nebengleise werfen, um nicht überholt zu werden.

Von Hubertine hatte Georges gelernt, die Fäuste zu ballen und den Kampf aufzunehmen. Er hatte Pullman schon einmal in die Schranken gewiesen, sogar in dessen eigenem Land. Er würde es auch in Frankreich schaffen.

So höflich, wie es ihm möglich war, bat er den Direktor der Bahngesellschaft von Orléans in einem Brief um ein Treffen, bei dem auch der Konkurrent aus Amerika anwesend sein sollte. Für die Bahngesellschaft könne es nur von Vorteil sein, schrieb Georges, wenn sich beide Firmen gegenseitig am Verhandlungstisch unterboten. Die Direktion sagte ihm das Treffen zu.

Pullman hatte keine Wahl: Wenn er im Geschäft bleiben wollte, musste er darauf eingehen. Da er sich gerade in Paris aufhielt, war die Fahrt nach Orléans für ihn ein Katzensprung. Er buchte einen Platz in einem Waggon der Internationalen Schlafwagengesellschaft.

Die Gegenspieler trafen am 19. August 1875 im Büro von Bahndirektor Charrier zusammen, in dem es nach Tabak, Leder, Holz und Hinterlist roch. Der Raum war mit teuren Möbeln, Bildern, Teppichen und Vorhängen ausgestattet. Auf dem wuchtigen Schreibtisch tickte ein Telegraphengerät. Charrier, ein Mann am oberen Ende dessen, was man mittleres Alter nannte, begrüßte Pullman, dann schüttelte er Georges die Hand und verneigte sich vor seiner Begleiterin, Mademoiselle Hubertine Berthier.

»Sie sind durch und durch Franzose«, begann Pullman das Gespräch und ließ sich in einen Sessel mit Lederbezug fallen. »Sie umgeben sich sogar bei Verhandlungen mit den hübschesten Vertreterinnen des schwachen Geschlechts.«

»Mister Pullman«, Hubertine ließ das »verehrter« aus,

»ich bin nicht als Sekretärin von Monsieur Nagelmackers hier, sondern als Beraterin.« Sie nahm ihren flachen Hut ab, legte die daran hängenden Bänder zusammen und reichte ihn dem Bahndirektor, der offenbar nicht damit gerechnet hatte, einer Dame zu Diensten sein zu müssen. Charrier hing den Hut an einen Haken neben die Zylinder der Männer und kehrte mit einer Kiste Zigarren zurück. Georges lehnte ab. Pullman griff zu. Ebenso Hubertine.

»Sind Sie eine Expertin? Für Züge?« Pullmans Blicke folgten Hubertines Bewegungen, als sie die Spitze der Zigarre abkniff und sich von Charrier Feuer geben ließ. Sie rauchte, ohne ein einziges Mal zu husten.

»Für die Rechte der Frauen«, sagte sie.

»Dann verstehe ich nicht, warum Sie hier sind.« Pullman ruckte in seinem Sessel umher. Seit Georges ihm das letzte Mal begegnet war, im Beisein von Präsident Lincoln vor zehn Jahren, war aus dem Unternehmer mit der kräftigen Statur ein beleibter Mann geworden. Sein ehemals schwarzes Haar war grau. Aber seine Augen funkelten wie damals, vielleicht sogar noch intensiver, als er Hubertine musterte.

Erst am Tag zuvor hatte Georges Hubertine wiedergesehen. Nun gut, das war nicht ganz richtig, denn gesehen hatte er sie in den vergangenen Monaten schon ab und zu – sie ihn aber nicht. Gab es in Paris eine Demonstration für das Frauenwahlrecht, stand Georges am Straßenrand, um ihr dabei zuzusehen, wie sie Plakate schwenkte. Verteilten Frauenvereine Flugblätter, ging Georges zu den darauf angekündigten Versammlungen und hörte Hubertines Reden aus der hintersten Reihe zu. Nie aber hatte er das Gespräch mit ihr gesucht, denn der Grund für ihre Trennung hatte nach wie vor Bestand. Doch als er hörte, dass er mit Mortimer Pullman zu verhandeln hatte, bot sich ihm endlich Gelegenheit, Hubertine an seine Seite zu holen. Also machte er sich auf den Weg zu ihrer Wohnung im 16. Arrondissement und berichtete ihr, dass sie die Rechte der Frauen auf Zugreisen verbessern könnte. Den Blumenstrauß und die Schachtel Pralinen wurde er zwar nicht los, nicht einmal die Tür öffnete sie. Doch am nächsten Tag, an diesem Morgen, stand sie am Bahnsteig und wartete auf ihn.

»Wir sind nicht zusammengekommen«, sagte Bahndirektor Charrier, »um über Frauenrechte zu reden, sondern weil wir über die besten Schlafwagen Frankreichs sprechen wollen.«

»Die besten der Welt«, verbesserte Pullman, »jedenfalls, wenn Sie von meinen reden.« Er zog kräftig an der Zigarre, legte den Kopf in den Nacken und blies Rauch gegen die Decke. »Ich bin hierhergekommen, weil Sie mich höflich darum baten. Allerdings verstehe ich nicht, was das Ganze soll. Niemand«, er wedelte unbestimmt in Georges' Richtung, »kann niedrigere Preise anbieten als ich. Niemand hat so viele Schlafwagen zur Verfügung. Ich habe ganz Nordamerika mit einem Schienennetz überzogen, mit zweihundert Zugverbindungen pro Tag. Meine Fabriken stellen drei neue Schlafwagen pro Woche her, ich habe es nicht mal nötig, die alten reparieren zu lassen. Ich nehme sie einfach auseinander und baue neue. Arbeitskräfte habe ich genug. Zweitausend Menschen sind bei mir angestellt.« Er runzelte die Stirn: »Ah, Mister Wiewar-der-Name, wie viele Angestellte, sagten Sie, sind bei Ihnen tätig?«

»Zwei«, antwortete Georges.

Pullman schaute betreten zu Boden und wiederholte die Zahl.

Charrier schaltete sich ein. »Kommen wir zum Kern der Sache. Monsieur Nagelmackers, wir haben bislang mit Ihnen zusammengearbeitet, aber nun macht uns Monsieur Pullman ein besseres Angebot. Wir sind hier auf Ihren Vorschlag hin zusammengekommen, weil Sie mir rieten, dieses Angebot noch einmal zu überdenken. Erklären Sie bitte, warum ich das tun sollte.«

Georges räusperte sich und schaute Pullman in die Augen. Es lag kein Anzeichen von Wiedererkennen darin. Georges hingegen konnte sich genau an den Moment erinnern, als er den Eisenbahnmogul zum ersten Mal getroffen hatte. »Ich passe mein Angebot an das von Mister Pullman an«, sagte er.

»Das ist zuvorkommend von Ihnen.« Direktor Charrier spitzte die Lippen, öffnete eine Mappe und studierte ein Blatt Papier. »Wenn ich es richtig sehe, haben die Waggons der Internationalen Schlafwagengesellschaft und die der Pullman Palace Car Company unterschiedliche Größen.«

»Nicht Größen«, Pullman streifte die Asche seiner Zigarre in einem Aschenbecher auf einem Stahlstab ab, »sondern Kapazitäten. In meine Wagen passen vierundzwanzig Passagiere hinein. Und in Ihre, Mister?«

»Zwölf«, erwiderte Georges.

»Sehen Sie, mein Freund?«, sagte Pullman. »Das ist Ihr Problem. Sie nutzen den Platz in Ihren Waggons nicht aus und müssen deshalb den Fahrpreis um fünfzig Prozent erhöhen. Bei uns in Amerika nennt man so etwas ein schlechtes Geschäft.« Er schaute auf seine Taschenuhr. »Sind wir dann fertig? Ich wollte mir noch die Kathedrale vom Heiligen Kreuz in Ihrer schönen Stadt ansehen.«

»Sainte-Croix?«, fragte Charrier im Plauderton. »Sie werden begeistert sein, Monsieur Pullman.«

Der Amerikaner und der Direktor erhoben sich. Pullman streckte eine Hand aus, doch bevor Charrier sie ergreifen und damit das Geschäft besiegeln konnte, mischte sich Georges noch einmal ein. »Wie steht es um die Ausstattung Ihrer Schlafwagen, Mister Pullman?«

Der Unternehmer lächelte überheblich. »Die Leute können darin sitzen, liegen, schwatzen und schlafen. Es gibt sogar eine Toilette. Alles, was man braucht, ist vorhanden.«

»Und wie viele Toiletten pro Wagen sind das?«, fragte Georges.

»Mehr als genug.« Pullman wurde spürbar ärgerlich.

»Soviel ich weiß, handelt es sich um einen einzigen Abort für den gesamten Zug. Stimmt das?«

Pullman nickte. »Ja, einer. Der reicht aus.«

Georges setzte nach. »Wie Sie behaupten, haben Sie vierundzwanzig Plätze im Waggon. Bei zwei Waggons pro Zug macht das achtundvierzig Passagiere. Und eine Toilette. Es heißt nicht umsonst Notdurft. Leiden Ihre Fahrgäste da nicht Not?«

Direktor Charrier schaute von einem zum anderen und zwischendurch auf das Blatt Papier in seiner Hand.

»Bei mir hat sich noch niemand beschwert«, versuchte Pullman abzulenken.

»Vielleicht liegt das daran«, sagte Georges, »dass man Sie in Ihren eigenen Schlafwagen selten antrifft. Sie reisen lieber im Wagen für Präsidenten, nicht wahr?«

In Pullmans Augen blitzte etwas auf. »Was soll die Impertinenz? Wollen Sie mich beleidigen? Da müssen Sie schon besser informiert sein. Mister! Sie kennen meine Züge nicht.«

Georges konnte nicht länger ruhig sitzen bleiben. Er stand auf. Er überragte Pullman um einen halben Kopf.

»Meinen Sie etwa jene Züge, in denen die Abteile nur durch Vorhänge voneinander getrennt sind? Die Züge, in denen man nachts mit dem Fuß seines Nebenmanns im Gesicht erwacht? Die Züge, in denen die Schaffner am Abend die Schuhe einsammeln und morgens wieder verteilen, weil sie sonst in der Dunkelheit gestohlen werden würden? Die Züge, in denen niemand etwas zu essen oder zu trinken bekommt, in denen es nicht mal Bettzeug gibt? In so einem Zug bin ich gefahren, aber ich wünschte, ich hätte es nicht getan.«

Erkenntnis verbreiterte Pullmans Gesicht. »Sie! Sie waren das damals mit Präsident Lincoln!« Der Unternehmer lachte. »Und jetzt glauben Sie, Sie hätten mir eine Falle gestellt!« Er lachte noch lauter. »Hören Sie! Ich verstehe, dass Sie schlecht auf mich zu sprechen sind, Mister. Sie haben vermutlich lange für Ihren kleinen Erfolg gearbeitet, und jetzt kommt ein Amerikaner daher, ein Selfmademan wie ich, und drängt Sie vom Markt. Sie sind beleidigt, das sehe ich ein. Wissen Sie, was? Ich will fair sein. Ich kaufe Ihnen Ihre Wagen mit allem Drum und Dran ab. Dann können Sie fast ohne Verlust aus dem Geschäft aussteigen.«

In diesem Moment wusste Georges, dass er Pullman am Haken hatte, andernfalls würde der Amerikaner ihm niemals ein solches Angebot unterbreiten. Pullman war ein General auf dem Schlachtfeld der Schienen, der wusste, dass man seine Feinde gründlich überrollen musste, damit sie nicht wieder aufstanden und einem in den Rücken fielen.

»Das halte ich für ein akzeptables Angebot«, versuchte Direktor Charrier zu vermitteln. »Schlagen Sie doch ein, Georges!«

Georges rieb sich den Hinterkopf. »Ein akzeptables

Angebot? Wenn es mir nur ums Geld gehen würde, vielleicht. Aber ich bin an mehr interessiert. Meine Eisenbahn ist kein Mittel, reich zu werden. Sie wird den Frieden nach Europa zurückzubringen.«

»Ah, ein Visionär!« Ein Aschezylinder fiel von Pullmans Zigarre auf den Boden. »Was wollen Sie noch mit der Bahn erreichen? Die Gleichberechtigung von Mann und Frau?« Er zwinkerte Hubertine zu.

Sie tupfte ihre zur Hälfte gerauchte Zigarre so vorsichtig aus, dass die Blätter später wieder angezündet werden konnten. Dann stand auch sie auf und rückte ihre Krinoline zurecht. »Monsieur le Directeur«, sagte sie zu Charrier. »Was Mister Pullman Ihnen verschweigt, ist nicht allein die unzulängliche Ausstattung seiner Züge. Wenig Komfort kann man vielleicht mit höheren Einnahmen wegdiskutieren. Aber gilt das auch für den Verfall der Sitten?«

»Was denn für Sitten?«, platzte es aus Pullman heraus.

»Wie Monsieur Nagelmackers schon berichtet hat, sind die Abteile in den Pullman-Waggons durch Vorhänge voneinander getrennt. Wussten Sie, dass es keine Bereiche für Frauen gibt, dass sie nur durch ein Stück Stoff von den Männern entfernt schlafen, dass sie sich herrichten müssen, während Neugierige Blicke durch die Vorhänge werfen können, und dass sie im Schlaf nicht vor Übergriffen von Wüstlingen geschützt sind? Ich beschwöre Sie im Namen der Internationalen Frauenrechtsbewegung, solche Zustände nicht in Frankreich zuzulassen!«

»Das ist doch Unsinn«, rief Pullman. »Wer in meinem Zug eine Frau will, der kann sich eine Dirne nehmen. Deshalb fahren die ja schließlich mit.« Er warf sich in die Brust. »Da staunen Sie, was? Für meine Fahrgäste ist mir kein Komfort zu kostspielig.«

»Dirnen im Zug?«, echote Charrier.

»Natürlich nur für alleinreisende Ehemänner«, wiegelte Pullman ab.

Als Georges am Abend nach Paris zurückkehrte, knisterte in seiner Rocktasche ein Zehnjahresvertrag der Bahngesellschaft von Orléans.

KAPITEL 10

Donnerstag, Oktober 1883, 19.45 Uhr
Von Paris nach Strasbourg

»Au! Mon dieu!« Blowitz schleuderte das Handtuch von sich und sprang auf. Er presste eine Hand gegen seinen Hals. Sein Gesicht war so rot wie ein Hummer. »Wollen Sie mich umbringen, Monsieur Nagelmackers?«

Georges hielt das Rasiermesser hoch. Der daran herunterlaufende Rasierschaum war an einer Stelle rot. Wo war er nur mit seinen Gedanken gewesen?

Der Journalist nahm die Finger vom Hals und schaute darauf. Seine Gesichtsfarbe wechselte von Hummer zu Hering. Er versuchte, sich abzustützen, fand aber keinen Halt und sank auf dem Diwan zusammen.

»Haben Sie ihn umgebracht?« Fürst Orjol sprang auf, beugte sich über Blowitz und fühlte dem Reglosen den Puls. »Nein. Er lebt.« Lag da ein Anflug von Bedauern in der Stimme des Russen?

»Scheint, als könne er kein Blut sehen.« Georges kniete sich neben Blowitz und untersuchte die Wunde an dessen Hals. Sie war kaum zu erkennen und würde sich binnen weniger Minuten schließen. Georges holte frisches Wasser, tunkte das Handtuch in die Schüssel und tupfte damit auf den Schnitt. Er wartete eine Weile, dann nahm er das Tuch fort. Die Kälte hatte die Blutung gestoppt. Er wrang das Tuch aus und legte es dem Reporter über die Stirn. Dann schüttelte er ihn sanft. »Monsieur Blowitz? Henri!«

»Er wird schon wieder zu sich kommen.« Orjol winkte ab. »Einstweilen kann er erleben, wie ruhig man in diesem exzellenten Zug schlafen kann.«

Georges holte seine Taschenuhr hervor und klappte den Deckel auf. Gleich acht. Um diese Zeit wurde zum ersten Mal das Diner serviert, und Blowitz würde es wohl verpassen. Schade, bei gutem Essen verstand man sich am besten. Aber daran war jetzt nicht mehr zu denken.

»Ich werde im Speisewagen erwartet«, sagte er. »Glauben Sie, wir können ihn hier liegen lassen?«

Orjol erwiderte, er sei sicher, dass Henri Opper de Blowitz so ausgeruht aufwachen werde wie nie zuvor in seinem Leben. »Er wird zu sich kommen und glauben, er sei im Himmel, denn nur dort schläft man wie auf Wolken. Aber wenn Sie beunruhigt sind, Georges, dann werde ich zwischen den Gängen des Menüs nach Monsieur Blowitz schauen.«

Georges bedankte sich für das Angebot, drehte das Licht so weit herunter, dass der Journalist sich nach dem Erwachen orientieren konnte, und hielt dem Russen die Tür auf. Gemeinsam machten sie sich auf den Weg zum Speisewagen. Insgeheim war er erleichtert, dass Blowitz bei der Premiere im Restaurant nicht dabei war. Der Reporter würde an dem Abendessen kein gutes Haar lassen und sicher eins in seiner Suppe finden.

Auf der Plattform zwischen Schlafwagen und Speisewagen empfing sie das Donnern der Stahlräder. Orjol hielt sich am Geländer fest und starrte zu Boden. Durch das Gitter konnte man die Schwellen unter dem Zug hindurchrasen sehen. Der Fahrtwind spielte mit dem dünnen Haar und dem lose herabhängenden Anzug des Russen.

»So etwas habe ich nie zuvor gesehen.« Orjol deutete nach unten.

Georges nickte. »Das hat es auch noch nie gegeben«, rief er zurück. Dass Passagiere den Zug durchqueren konnten, wann sie wollten, war seinem Erfindergeist zu verdanken. Er hatte ein System erdacht, um bei voller Fahrt von einem Waggon zum nächsten gehen zu können – beinahe ohne Risiko. Bis dahin waren Wagen nur durch eine Kupplung miteinander verbunden gewesen. Wie aber sollte das in einem Zug funktionieren, bei dem man in einem Teil essen und trinken, im anderen Teil schlafen, lesen und miteinander reden sollte? Georges hatte nach einer Lösung gesucht und sie gefunden.

Die Männer hangelten sich am Geländer entlang, bis sie die Tür des Speisewagens erreicht hatten. Kaum hatte sie sich hinter ihnen geschlossen, wurde es ruhiger. Von vorne war über Gesprächsfetzen hinweg das Klappern von Tellern und Besteck zu hören. Orjol deutete auf den roten Teppich zu seinen Füßen, und Georges erklärte ihm, dass im Speisewagen jeder Gast fürstlich empfangen werden sollte. »So, wie es Ihnen zusteht, Knjas Ludomir.« Der Russe quittierte die korrekte Nennung seines Titels und Vornamens mit einem Lächeln.

Der Weg führte an der Küche vorbei, durch den schmalen Raum, in dem das Geschirr untergebracht war. Pascal hantierte nervös mit Servietten und Besteck. Georges legte ihm eine Hand auf den Arm und raunte ihm ein paar beruhigende Worte zu. Dann bat er den Russen in den Speisesaal.

Der Waggon war insgesamt siebzehneinhalb Meter lang und mit Teakholz und Kristallglas ausgestattet. Kronleuchter mit jeweils vier Gasflammen erhellten das Restaurant, gespeist aus in den Boden eingelassenen Gasbehältern mit neunhundertfünfzig Litern Fassungsvermögen. Ohne die Gastanks zu wechseln, konnte das Restaurant sechsundzwanzig Stunden ununterbrochen beleuchtet werden. Eine eigens eingebaute Dampfheizung sorgte für Wärme, die Belüftung erfolgte durch unter den Sitzen versteckte Klappen. Eine Wohnung im 8. Arrondissement von Paris, dem teuersten Viertel seiner Zeit, wäre nicht so gemütlich gewesen.

Zufrieden stellte Georges fest, dass die fünf Tische für je vier Personen voll besetzt waren. Auf den strahlend weißen Tischtüchern aus mit Kettstich verziertem Damast blitzten Porzellan, Kristall und Silber. Vom Suppenteller bis zur Weinkaraffe hatte Georges alles eigenhändig entworfen und es in den besten Manufakturen Europas herstellen lassen. Die Stühle waren mit rotem Cordoba-Leder bezogen, das einen warmen Geruch verbreitete. Wie oft war er in den vergangenen Tagen durch diesen Wagen gegangen, um mit weißen Baumwollhandschuhen über die Oberflächen zu streichen, und hatte sich vorgestellt, wie es sein würde, wenn die Fahrgäste Platz nehmen. Würden sie staunen? Würden sie die Mühen erkennen, die in der Ausstattung des Waggons steckten? Oder würde alles natürlich wirken, unaufdringlich und schön? Das wäre Georges am liebsten. Er wollte nicht prahlen, er wollte das perfekte Reiseerlebnis auf Schienen, denn nur zufriedene Passagiere konnten sich zugetan sein.

Er zeigte Fürst Orjol den für ihn reservierten Platz. Der Russe setzte sich und begrüßte seine Tischgenossen. Georges blieb stehen und versicherte sich der Aufmerksamkeit aller Anwesenden, indem er den Schalter für die Beleuchtung drehte und die Lampen kurz aufflackern ließ. Die Gespräche verstummten.

»Messieurs«, begann er und wiederholte die Anrede in den Sprachen der Versammelten: »Gentlemen, Baylar, Gospoda, meine Herren! Ich begrüße Sie an Bord des Orient-Express, des ersten Zugs, der dreitausend Kilometer quer durch Europa fährt, um Konstantinopel zu erreichen. In den kommenden fünf Tagen führt unsere Route durch Frankreich, Deutschland, Österreich und Ungarn, Rumänien, Bulgarien und schließlich in die Hauptstadt des Osmanischen Reichs. Sie sind die ersten Menschen, die diese Reise erleben und das Ziel ausgeruht und erholt erreichen werden – und nicht, wie es sonst üblich ist, wie etwas, das man eine Woche lang im Garten liegen gelassen hat.«

Gelächter erklang, so wie er es für diese Stelle geplant hatte.

»Die Zeit der Postkutschen ist vorbei. Wir stehen am Beginn eines neuen Zeitalters, in dem die Reise selbst zum Erlebnis wird, einem Erlebnis voller Glanz, Bewegung, Sinnenwärme und Heiterkeit. Einem gemeinsamen Erlebnis. Vielleicht werden Sie am Ende der Fahrt sogar bedauern, am Ziel angekommen zu sein.« Er machte eine Pause. »Das Einzige, was in diesem Zug fehlt, sind Damen. Einige von Ihnen mussten ihre Gattinnen zurücklassen, mit schweren Herzen auf beiden Seiten. Auch mir erging es so.«

Für einen Augenblick erschien Hubertines Furiengesicht vor ihm, als er ihr beizubringen versuchte, dass sie nicht mitkommen konnte.

»Für all die Sorgen, die Ihre Frauen zu Hause ausstehen müssen, entschuldige ich mich. Ich allein bin dafür verantwortlich. Die Entscheidung, diesen Zug zu einem Zug voller Herren zu machen, ist mir nicht leichtgefallen. Aber ich muss darauf hinweisen, dass der Balkan gefährliches Terrain ist. Die Zeitungen berichten von Überfällen in Zügen, Passagiere werden an Bahnhöfen ausgeraubt, einmal ist sogar ein Zug in Brand gesteckt worden. Hinzu kommen politische Unruhen in Rumänien und Bulgarien. Messieurs, Sie werden mir zustimmen, dass wir unsere Frauen solchen Gefahren nicht aussetzen wollen. Stattdessen bitte ich Sie, sich als Pioniere zu verstehen, als unerschrockene Männer, die sich zu wehren wissen, sollte das nötig werden. Ich hoffe natürlich, dass alles ruhig verläuft und dass …«

»Die Türken sollen nur kommen«, rief einer der Franzosen an Tisch drei. Georges sah, wie der Generalsekretär des Osmanischen Reichs, Missak Effendi, an Tisch vier erstarrte.

Georges nickte dem Schreihals zu. »Ihre Courage sollte Schule machen, Monsieur Seguin. Bitte lassen Sie uns doch etwas davon da, wenn Sie in Wien aus dem Zug steigen. Denn weiterfahren über den Balkan wollten Sie ja nicht.«

Seguin murmelte etwas Unverständliches, doch Missak Effendi lächelte. Georges überspielte den peinlichen Moment mit dem Ruf: »Messieurs les voyageurs, le diner est servi.« Diesmal beließ er es bei Französisch, er war sicher, dass der Hunger die Passagiere jede Sprache der Welt verstehen ließ.

Zwei Kellner in Livree trugen mit weißen Glacéhandschuhen die Vorspeise auf: frische Austern. Georges versuchte sich einen Moment zu sammeln. Die Auseinandersetzung gerade, die Stichelei gegen die Osmanen, war womöglich erst der Anfang einer Folge von Streitereien. Er hatte sie vorausgesehen, als er aus den über dreihundert Bewerbern für die erste Fahrt des Orient-Express eine Handvoll Passagiere ausgesucht hatte. Potenzial für Streitereien gab es zur Genüge: zwischen den Vertretern Frankreichs und des Deutschen Reichs zum Beispiel, Todfeinden nicht erst seit dem Deutsch-Französischen Krieg vor zwölf Jahren. Zwischen Russland und dem Osmanischen Reich, beide hatten bis vor fünf Jahren einen Krieg ausgefochten, an dessen Ende die Osmanen die Herrschaft über den Balkan verloren hatten. Zwischen Großbritannien und Russland, die um den Zugang zum Mittelmeer rangen. Die Österreicher gegen die Ungarn, die Rumänen gegen die Osmanen, die Inder gegen die Briten, jeder gegen jeden. Die Welt war ein Pulverfass, und Hubertine hatte Georges mehr als einmal gefragt, ob er wahnsinnig sei, so viele verfeindete Mächte in einem Zug zu versammeln, der doch ein Zug des Friedens sein sollte. Aber wie, hatte er geantwortet, soll es Frieden geben in Europa, wenn sich die gegnerischen Parteien nicht an einen Tisch setzen? Einen Tisch in einem rollenden Restaurant.

Er wusste, er sah aus wie jemand, der darauf wartet, dass etwas geschieht. Er räusperte sich und strich den Anzug glatt. Dann ging er auf seinen Platz an Tisch zwei zu, um als Erstes an seiner eigenen Front Frieden zu stiften.

KAPITEL 11

Donnerstag, 4. Oktober
Von Paris nach Strasbourg

Sie war kein Tiger, sondern eine Tigerin – und sie hieß »Madame«. Das jedenfalls hatte Hubertine beschlossen und der Raubkatze gerade diesen Namen gegeben. Er passte zu ihr, denn sie war elegant, gefährlich und hochnäsig. Sie ignorierte Hubertine, die sich hinter dem Käfig ein Lager aus alten Decken hergerichtet hatte. Sie stammten aus einer Holzkiste mit dem Zeichen von Georges' Firma, den beiden aufrecht stehenden Löwen und dem flatternden Band mit dem Namen Compagnie Internationale des Wagons-Lits, der Internationalen Schlafwagengesellschaft. Nachdem sie es sich bequem gemacht hatte, fand sie, dass Madame es auch etwas angenehmer haben könnte, löste das Segeltuch von dem Käfig und zog es herunter. Erst starrte Madame sie eine Weile an, dann begann sie ihre Pranken zu lecken.

Die Nähe des Raubtiers war beängstigend, aufregend und beruhigend zugleich. Hubertine hoffte, dass niemand auf die Idee kommen werde, hinter den Tigerkäfig zu schauen. Allerdings fragte sie sich, wann und von wem Madame gefüttert werden würde.

»Was sind das nur für Männer, die Frauen in Käfige sperren?«, fragte sie die Raubkatze. Es erschien ihr ganz natürlich, mit der Tigerin zu sprechen. Madame schaute zwar nicht zu ihr herüber, denn sie war höchst konzentriert mit der Fellpflege beschäftigt, trotzdem hatte Hubertine das Gefühl, dass sie zuhörte. Zwar hatte sie Raubkatzen bislang nur auf Kupferstichen und Zeichnungen gesehen, aber da waren sie meist als blutrünstige Bestien dargestellt, die sich auf erschrockene Expeditionsteilnehmer mit Tropenhelmen und Schmetterlingsnetzen stürzten. Madame war anders. Sie schien an Menschen gewöhnt zu sein. Vielleicht kam sie gar nicht aus dem Dschungel, sondern vom Zirkus.

Als es dunkel zu werden begann, schlich Hubertine in den Schlafwagen hinüber, füllte im Waschraum eine emaillierte Blechkanne mit Wasser und brachte sie mitsamt einer Waschschüssel in den Gepäckwagen. Die Schüssel stellte sie vor dem Käfig ab und ließ Wasser hineinlaufen, dann schob sie das Gefäß bis an die Stäbe heran. »Mehr kann ich nicht für dich tun«, sagte sie. »Ich habe keinen Schlüssel für dein Gefängnis, und selbst wenn ich einen hätte, würde ich nicht wagen, ihn zu benutzen.«

Der Geruch des Wassers stieg in Madames Nase, die größer war als eine Männerfaust. Die Raubkatze kam näher, legte den Kopf schief und ließ die Zunge zwischen den Käfigstäben hindurchgleiten. Das schien mühsam zu sein, aber es funktionierte. Die Tigerin trank.

»Hoffentlich musst du nicht in den Zoo des Kalifen«, sagte Hubertine, während sie dabei zusah, wie sich die Schüssel leerte. Wasser spritzte auf und benetzte ihre Hose. »Ich werde mich für dich einsetzen, wenn ich mit dem Herrscher der Osmanen über Frauenrechte spreche. Das schließt deinen Fall mit ein.«

Die Schüssel war leer. Die Zunge schnellte noch einige Male über das Maul, dann stieß Madame ein Grollen aus.

Hubertine schreckte zurück. »He, ist das etwa der Dank für die Erfrischung?«

Im nächsten Moment hörte sie den Wind pfeifen, das Zeichen dafür, dass die Waggontür aufgezogen worden war. Hubertine duckte sich hinter den Käfig. Die plötzliche Bewegung erschreckte Madame, und sie brüllte. Die Zuneigung, die Hubertine gerade noch für das Tier empfunden hatte, verwandelte sich wieder in Furcht.

»Was zum Teufel ist denn hier los?«

Jemand kam näher.

Hubertine kauerte sich im Schatten zusammen und vergrub sich unter den Decken.

»Eine Raubkatze?«, sagte jemand auf Französisch. »Was zum Henker macht eine Raubkatze in diesem Zug? Nagelmackers muss verrückt geworden sein.« Eine Pause folgte. »Braves Kätzchen. Dank dir werden sie mir den Prix Dumas für außergewöhnliche Leistungen im Journalismus verleihen, denn ich werde mit dem Bleistift einen Zug entgleisen lassen.«

Schlagartig wurde Hubertine klar: Der Mann vor dem Käfig war Henri Opper de Blowitz, der Korrespondent von *The London Times*. Georges hatte es für wichtig gehalten, einen Reporter im Zug zu haben, der über die Reise berichtete. Hubertine hatte Georges davor gewarnt. Oft genug hatte sie mit der Presse zu tun gehabt, und niemals war etwas Gutes dabei herausgekommen. Georges hätte auf sie hören sollen.

Der Besucher entfernte sich. Der Wind pfiff durch die Waggontür und verstummte, dann herrschte wieder Stille, unterbrochen einzig von dem rasselnden Atem der Tigerin.

Hubertine schlug die Decken zurück und setzte sich auf. Sie lehnte mit dem Rücken gegen die Waggonwand, die zitternden Bretter massierten ihren Rücken. Ihr Nervenkostüm bebte. Blowitz wollte den Orient-Express in Verruf bringen, den Zug »mit dem Bleistift zum Entgleisen bringen«, wie er es ausgedrückt hatte. Georges war selbst schuld. Trotzdem verspürte sie keine Genugtuung. Er brauchte ihre Hilfe. Und die konnte sie ihm wohl kaum geben, indem sie sich hinter einem Tigerkäfig versteckte.

Hubertine stand auf und richtete die Fransen an den goldenen Epauletten ihrer Uniform. Sie schloss die oberen Knöpfe der Jacke und setzte den runden Hut auf. Dann warf sie einen letzten Blick auf Madame. »Jetzt ist die Zeit an mir, eine Raubkatze zu sein.«

KAPITEL 12

Donnerstag, 4. Oktober
Von Paris nach Strasbourg

Zwei Stühle an Georges' Tisch waren frei, der eine war für Blowitz reserviert, doch der würde auf sich warten lassen, auf dem anderen nahm er selbst Platz. Er nickte den beiden Männern zu, die bereits saßen.

Am Fenster saß Jules Verne und schlürfte mit der Nonchalance des Feinschmeckers die Austernschalen aus. Neben ihm schob Mortimer Pullman den Teller von sich. »Ich wusste gleich, als ich die Fahrkarte kaufte, dass Sie mich unterwegs umbringen wollen, Nagelmackers.« Er stemmte die Unterarme auf den Tisch. »Aber dass Sie glauben, ich wäre so dumm, mich gleich am ersten Abend vergiften zu lassen, ist eine Beleidigung. Versuchen Sie es doch mit einem Revolver oder einem Dolch, das ist ein ehrenhafter Tod, denn dagegen kann man sich wehren.« Pullman grinste schief.

Georges war überrascht gewesen, als er den Namen seines Rivalen auf der Liste der Interessenten für die erste Fahrt des Orient-Express gesehen hatte. Seit die Männer im Büro von Monsieur Charrier in Orléans aneinandergeraten waren, hatte Pullman mehrfach versucht, Georges und seine Internationale Schlafwagengesellschaft auszumanövrieren. Georges hatte alle Angriffe abgewehrt und – dank der ständigen Bedrohung durch Pullman – gelernt, immer einen Schritt vorauszuplanen. Auch dieses Mal.

Es hätte ihn nur eine Handbewegung gekostet, Pullman von der Liste zu streichen. Aber wäre das klug gewesen? Er hatte die Angelegenheit mit Hubertine besprochen, und sie war derselben Ansicht wie er: Es war besser, seinen Widersacher im Auge zu behalten, als ihm zu erlauben, hinterrücks anzugreifen. Georges hatte Pullman die Fahrkarte zusammen mit einem persönlichen Gruß geschickt. Jetzt saß ihm einer der reichsten und mächtigsten Männer Amerikas gegenüber und verschmähte das Essen im Zug.

»Wenn Sie Austern nicht mögen«, sagte Jules Verne, »müssen Sie die nicht zurückgehen lassen. Das wäre eine Schande.«

Pullman nickte gefällig und ließ den Schriftsteller den Teller zu sich hinüberziehen. Verne machte sich über das Gericht her. Auch Georges ließ sich die Vorspeise bringen.

»Diese Austern«, sagte Verne, »sind das Beste, was jemals in einem Zug serviert wurde.« Er tupfte sich den Mund mit der Serviette. »Ich werde Sie in meinem nächsten Roman erwähnen, wenn Sie nichts dagegen haben, Georges.«

»Solange Sie nicht die Idee von Mister Pullman aufgreifen und in Ihrem Werk die Passagiere damit vergiften.« Auf den ratlosen Blick Mortimer Pullmans hin stellte Georges die beiden Männer einander vor. »Monsieur Verne ist ein berühmter Schriftsteller, weit über Frankreichs Grenzen hinaus. Vielleicht haben Sie schon von seinem Roman *Zwanzigtausend Meilen unter dem Meer* gehört.«

Verne winkte ab.

»Ich lese keine Bücher«, sagte Pullman. »Für Zerstreuungen habe ich keine Zeit.«

Jules Verne klopfte dem Amerikaner auf die Schulter. »Richtig so. Lesen ist reine Zeitverschwendung. Es hält die Leute davon ab, mehr Bücher zu kaufen. Denn davon lebe ich schließlich.«

»Machen Sie sich über mich lustig?«, knurrte Pullman.

»Monsieur Verne fährt mit diesem Zug, um für seinen nächsten Roman zu recherchieren«, versuchte Georges zu vermitteln.

»Wenn Sie mich darin auftauchen lassen«, sagte Pullman drohend, »werde ich Sie verklagen und dafür sorgen, dass die Auflage eingestampft wird.«

»Oh, nein, nein«, sagte Verne mit einem schelmischen Lächeln unter seinem dichten Bart. »Seien Sie unbesorgt. Ein Roman braucht interessante Figuren, damit er nicht langweilig wird.«

»Monsieur Verne schreibt über die Zukunft«, erklärte Georges. »Er ist ein Visionär wie Sie, Mortimer. Er erkennt, dass technologische Entwicklung das Leben der Menschen in den kommenden Jahrzehnten verändern wird, und schreibt schon jetzt auf, was für Folgen das haben kann.« Er wandte sich Verne zu. »Habe ich das richtig dargestellt, Jules?«

Der Schriftsteller nickte und machte Georges ein Kompliment.

Pascal erschien und räumte die Teller ab. Kurz darauf tauchte sein Kollege Bernard auf und servierte eine Suppe aus karamellisierten Zwiebeln zu geröstetem Baguette. Diesmal ließ Pullman es sich schmecken. Georges stellte zufrieden fest, dass es still wurde im Waggon. Nur das Klimpern des Bestecks war zu hören und das Knistern des Brotes, wenn es gebrochen wurde. Gab es ein größeres Lob für die Küche als zufriedenes Schweigen während des Diners?

Nach der Suppe lehnte sich Pullman zurück. »Und Sie, Mister Verne, schreiben also über diesen Zug?« Er kniff die Augen zusammen. »Sie sind schlau, Georges. Sie haben einen Journalisten an Bord, der in den Zeitungen über unsere Reise berichten und damit für Ihren Zug werben wird, und einen Romancier, der ein Buch darüber verfassen wird.«

Georges faltete die Serviette zusammen und hob abwehrend die Hände. »Monsieur Verne ist mir nicht zu Diensten. Es war ganz allein seine Idee, eine Geschichte im Orient-Express anzusiedeln. Bitte, Jules! Erzählen Sie Mister Pullman, was Sie im Sinn haben.«

Verne kratzte sich den Bart. »Es geht tatsächlich um diesen wunderbaren Zug, den ersten Zug, der zwei Kontinente miteinander verbindet. Als ich davon hörte, wusste ich sofort: Auf dieser Reise lassen sich Abenteuer erleben. Natürlich nur in meinem Kopf, denn für unsere Sicherheit hat Monsieur Nagelmackers voll und ganz gesorgt, daran hege ich keinen Zweifel.«

»Was sollen das dann für Abenteuer sein?«, fragte Pullman.

»Es geht um einen Mord«, erklärte Verne, »einen Mord im Orient-Express.«

Pullmans Augen wurden groß.

»Schauen Sie«, fuhr Verne fort, »dieser Zug erfüllt die Anforderungen, die Molière an das klassische Drama gestellt hat: die Einheit des Ortes und die Einheit der Zeit. Kurz gesagt: Alle Charaktere des Stücks befinden sich zur selben Zeit am selben Ort. Die perfekte Voraussetzung für eine gute Geschichte. Zwischen den Figuren entstehen Spannungen, und dann geschieht etwas, das diese Spannungen offen zutage bringt: einer der Fahrgäste wird ermordet. Können Sie mir folgen?«

Pullman nickte. »Einer der anderen Fahrgäste ist demnach der Mörder, und nun muss verhindert werden, dass es weitere Opfer gibt.«

Verne wiegte den Kopf. »Das wäre eine Möglichkeit, doch ein einziger Toter genügt mir fürs Erste, ich bin nicht blutrünstig. Die Spannung soll dadurch entstehen, dass der Leser mit dem Helden herauszubekommen versucht, wer der Mörder ist und warum er die Tat begangen hat.«

Der Hauptgang wurde serviert: gebratenes Lammfilet auf einem Bett aus gegrilltem Gemüse und dazu wilder Reis. Georges erhob sich von seinem Platz, um die Ventilatoren herunterzuregeln. Kurz darauf erfüllte das von den dampfenden Tellern aufsteigende Aroma den Waggon.

»Fleisch, na endlich!« Pullman spießte ein Stück Filet mit der Gabel auf. »Ich dachte schon«, sagte er kauend, »Sie würden Ihre Fahrgäste verhungern lassen.« Der Eisenbahnbaron tippte mit der Gabel in Jules Vernes Richtung. »Diese Idee mit dem Mord im Zug ist bestechend. Und? Wollen Sie den Mord etwa eigenhändig begehen?«

»Oh, gewiss werden Abenteuer besser erlebt als gelesen«, entgegnete der Autor. »Aber so weit würde ich bei meiner Recherche nicht gehen. Es genügt mir, die Atmosphäre des Zuges so intensiv aufzunehmen, dass ich dem Leser das Gefühl geben kann, selbst mitzufahren. Zum Beispiel fallen mir gerade die originellsten Adjektive ein, um einen Fahrgast aus Amerika zu beschreiben.«

Pullman schien nachzudenken. Er schaute aus dem Fenster, doch zu sehen war nichts weiter als die Schwärze der Nacht. Georges folgte dem Blick und bemerkte, dass Pullman ihn in der Widerspiegelung der Scheibe ansah.

»Vielleicht müssen Sie gar nicht so lange warten, um einen echten Mord zu erleben«, sagte der Amerikaner schließlich.

»Wie meinen Sie das?«, fragte Verne.

»In diesem Zug gibt es genug Anlass für Streitereien. Der Franzose hasst den Deutschen, der Inder lebt unter der Herrschaft des Briten, der Russe macht dem Briten Konkurrenz, und über den Osmanen müssen wir gar nicht erst reden. Das Delikate daran ist, dass alle diese Leute eine Pistole mit sich führen.« Er lächelte. »Nicht wahr, Georges?«

»Aber doch nicht, um sich gegenseitig umzubringen«, warf Georges ein, »sondern um sich auf dem Balkan gegebenenfalls zur Wehr setzen zu können.«

»Eine Waffe ist eine Waffe«, beharrte Pullman. »Sie können sie aus allen möglichen Gründen einsetzen. Natürlich auch zum Schutz vor Überfällen.«

Das Dessert wurde serviert, eine Schokoladentarte mit einer Kugel Vanilleeis. Georges zog mit dem Löffel ein Muster aus geschmolzenem Eis über den Teller. Pullman hatte ihm eine Sorge eingeflüstert. Natürlich war das nur ein Kniff, um Georges nervös zu machen, aber er funktionierte hervorragend.

KAPITEL 13

Donnerstag, 4. Oktober
Von Paris nach Strasbourg

»Monsieur«, rief Hubertine hinter Blowitz her und versuchte dabei ein wenig wie ein Mann zu klingen. »Kann ich Ihnen helfen?« Sie war dem Journalisten aus dem Gepäckraum gefolgt und hatte ihn im Schlafwagen eingeholt.

Blowitz blieb stehen und drehte sich zu ihr um. »Wir haben ein Raubtier an Bord«, rief er atemlos. »Dahinten im Gepäckwagen haust ein lebendiger Tiger.«

»Das muss ein Irrtum sein.« Hubertine versuchte, so ruhig wie möglich zu klingen. Tatsächlich schlug ihr das Herz bis zum Hals. »In diesem Zug gibt es nur Pferdestärken. Davon aber recht viele.«

»Wollen Sie etwa behaupten, ich sage die Unwahrheit?«, brauste Blowitz auf. »Unerhört! Schauen Sie doch selbst nach! Ich weiß jedenfalls, was ich gesehen habe. Und nun werde ich die Passagiere an Bord dieses Zuges darüber informieren. Das ist meine Aufgabe, schließlich bin ich Journalist.« Er strich mit einer Hand über sein schütteres Haar. »Mal sehen, ob noch jemand mit diesem rollenden Urwald weiterfahren will.«

Hubertine hatte schon genug Diskussionen mit Männern geführt, um zu erkennen, dass Blowitz den Punkt überschritten hatte, um auf sein Gegenüber einzugehen. Er war nicht mehr zu bremsen, jedenfalls nicht mit Argumenten oder Ausflüchten. Sie nahm den Hut vom Kopf und schüttelte das Haar aus.

Blowitz stutzte. »Sie sind eine Frau?«

»Zugbegleiterin Berthier zu Ihren Diensten, Monsieur.«

»Aber in diesem Zug sind Frauen verboten.«

Hinter Blowitz führte eine Tür in eins der Abteile. »Erlauben Sie?« Sie drängte sich an ihm vorbei und probierte die Klinke. Die Tür schwang auf. Dahinter war es dunkel, aber das Licht, das vom Gang in das Compartiment fiel, genügte, um festzustellen, dass das Abteil leer war. Sie hielt die Tür auf und winkte Blowitz einzutreten. »Wenn Sie meine Geschichte hören wollen, kommen Sie herein.« So lautlos wie möglich zog sie den Schlüssel aus dem Schloss.

Blowitz zögerte, doch dann siegte die Neugier, und er war mit einem Schritt in dem Abteil.

Hubertine zog die Tür von außen zu.

»He, was soll das?« Die Stimme des Journalisten kam gedämpft durch das Holz. Statt nach der Klinke zu tasten, klopfte er. Das gab Hubertine Zeit, den Schlüssel ins Schloss zu stecken und ihn umzudrehen.

Die Klinke aus schwarzem Schmiedeeisen bewegte sich, als Blowitz daran ruckelte. »Aufmachen!« Er hämmerte gegen die Tür.

Lange würde er bestimmt nicht dadrin bleiben. Aber vielleicht lange genug, um das Problem aus dem Weg zu schaffen – das Problem namens Madame.

Die Tigerin lag auf dem Käfigboden, den Kopf erhoben, den Blick aufmerksam auf den Menschen gerichtet, der vor ihr hockte.

»Wir beide werden jetzt ein Kunststück vollbringen«, sagte Hubertine leise. »Ein Kunststück, verstehst du? Wie im Zirkus. Du kommst doch aus dem Zirkus, oder? Ich werde versuchen, dich hier im Waggon zu verstecken. Und du musst nichts weiter tun, als stillzuhalten. Tu einfach so, als gäbe es dich gar nicht.«

Das war vermutlich leichter gesagt als getan. Madame brachte wohl an die drei Zentner auf die Waage und roch wie ein Wald nach tagelangem Regen. Trotz allem musste es gelingen, die Tigerin verschwinden zu lassen, bevor Blowitz eine Meute aufgebrachter Passagiere hierherführte.

Hubertine schaute sich um. Die Frachttüren an der Flanke des Waggons waren geschlossen, dahinter war nichts als die Dunkelheit der Champagne. Sie probierte die rückwärtige Tür des Waggons, öffnete sie und stand am Ende des Zugs. Der Fahrtwind blies ihr die Haare ins Gesicht. Hier gab es eine Plattform, aber für den Käfig war sie zu schmal. Sie schloss die Tür wieder und eilte, von Madames Blicken verfolgt, die Reihen der Koffer ab. Konnte sie die Gepäckstücke aus den Halterungen nehmen, den Käfig dorthin ziehen und die Koffer drumherum stapeln? Ja, das wäre möglich, wenn sie eine Stunde Zeit und genug Kraft hätte.

Hubertine ballte die Fäuste und öffnete sie wieder, drehte sich im Kreis. Der Schrankkoffer war groß genug, um den Käfig dahinter zu verbergen. Sie musste bloß den Käfig in die Lücke befördern, den Koffer umstürzen, das Segeltuch über beides ausbreiten, und schon wäre Madame verschwunden.

Der Käfig hatte keine Rollen, sondern lediglich Griffe an der Oberseite, durch die schob man vermutlich Stangen, mit denen sich der Käfig tragen ließ. Mehrere Männer waren dazu notwendig. Hubertine blieb nur, den Käfig drei Mannslängen weit über den Boden zu ziehen.

»Bleib einfach in deiner Ecke, Madame.« Sie schlang ihre Finger um die Eisenstäbe. Die Ohren der Tigerin zuckten, ihre Augen wurden größer. »Wir machen eine kleine Reise.« Sie zog an dem Gestänge. Der Käfig bewegte sich keinen Zoll. Wie schwer war dieses Tier? Noch einmal zog sie an den Stangen, stemmte die Absätze ihrer Schuhe gegen den Waggonboden. Mit einem scharrenden Geräusch rutschte der Käfig ein kleines

Stück weit nach vorn. Ein Grollen stieg aus Madames Kehle auf.

Sofort ließ Hubertine die Stäbe los. »Bleib ruhig. Wir sind Komplizinnen.« Sie rieb sich die Hände. Die Haut war rot, und die Finger waren steif. Trotzdem versuchte sie es wieder, hielt dabei den Atem an, um alle Kraft in Arme und Schultern zu legen. Der Käfig rutschte ein Stück weiter. Madame kam auf die Beine und tappte zu ihr hinüber.

Hubertine musste die Stäbe wieder loslassen, wenn sie nicht riskieren wollte, dass ihr die Tigerin zu nahe kam. »Geh nach hinten«, zischte sie und wedelte mit den Fingern, doch das schien die Raubkatze nur noch mehr aufzubringen. Sie duckte sich.

Über dem Winkel, in dem Hubertine sich versteckt gehalten hatte, hingen Seile an der Wand, an ihren Enden waren eiserne Haken befestigt. Es gelang ihr, einen der Haken an einen der Käfigstäbe zu klinken. Sie legte sich das Seil über die Schulter und zog, erreichte aber nur, dass der gedrehte Hanf so stark in die Uniform schnitt, dass die rechte Epaulette abriss. Dann eben andersherum! Sie drehte sich, sah Madame nun direkt in die Augen und lehnte sich gegen das straff gespannte Seil. Der Käfig kam in Bewegung, ruckelte ein Stück vorwärts, blieb stehen, ruckelte wieder. Das Geräusch, das zwischen Hubertines zusammengepressten Zähnen hervordrang, stand dem Grollen der Tigerin in nichts nach. Etwas krachte und schepperte. Im nächsten Moment saß sie auf dem Hosenboden mit dem schlaffen Seil in der Hand und starrte auf die offen stehende Käfigtür.

KAPITEL 14

Donnerstag, 4. Oktober
Von Paris nach Strasbourg

»Wenn das Kaffee ist«, sagte Mortimer Pullman und hielt dem Kellner seine Tasse entgegen, »bringen Sie mir bitte Tee. Wenn es hingegen Tee sein sollte, bringen Sie mir Kaffee.« Der Kellner nahm die Tasse entgegen und warf Georges einen ratlosen Blick zu.

»Servieren Sie dem Monsieur einen Cognac, Bernard.« Georges hoffte, die Geschmacksnerven des Amerikaners mit dem erstklassigen Dobbé Hors d'Age beruhigen zu können. Während des gesamten Menüs hatte Pullman nicht nachgelassen zu mäkeln.

Am Ende des Waggons wurde die Tür aufgerissen, und Blowitz stürmte herein. Er sah aus, als sei er dem Leibhaftigen begegnet. Seine Augen waren aufgerissen, seine Wangen waren blass, und ihm stand der Schweiß auf der Stirn. Immerhin war er perfekt rasiert.

»Ein Tiger!«, rief der Reporter. »An Bord dieses Zuges befindet sich ein lebendiger Tiger!«

Die Gespräche verstummten. Mit einem Mal wünschte Georges, den Waggon nicht schallgedämmt zu haben, denn die Stille, die sich nun darin ausbreitete, konnte einem den Appetit verderben. Er stand auf. »Henri! Geht es Ihnen wieder gut?«

»Dieser Zug ist eine rollende Folterkammer.« Blowitz hob eine zitternde Hand und berührte mit den Fingerspitzen seine feuchte Stirn. »Erst hat man versucht, mir die Kehle durchzuschneiden. Dann stand ich einem lebendigen Tiger gegenüber und konnte dem Untier nur mit knapper Not entkommen. Schließlich wurde ich von einem Mann, der eine Frau ist, in einem Abteil eingesperrt.«

Tuscheln war zu hören. Fürst Orjol hüstelte in die Faust.

Georges legte Blowitz eine Hand auf die Schulter. »Henri! Sie sind erregt. Sie waren unpässlich.«

»Unsinn«, protestierte Blowitz. »Das habe ich vorgetäuscht, um mich ungestört im Zug umsehen zu können. Meine Finesse hat sich bezahlt gemacht.«

Blowitz war ein seltsamer Mensch. Auf der einen Seite war er gerissen und hatte Georges mit seiner Schauspielerei getäuscht. Auf der anderen Seite redete er wirres Zeug. Georges musste keine Mühe darauf verwenden, ihm zu widersprechen. Blowitz diskreditierte sich selbst.

»Wenn man Sie in eine Kabine gesperrt hat«, fragte Jules Verne, »wie sind Sie daraus entkommen? Ich frage aus beruflichem Interesse.«

»Ich habe um Hilfe gerufen. Ein Zugbegleiter hörte mich und hat mich befreit.«

»Und dieser Zugbegleiter war ein als Frau verkleideter Mann?«, kam es von Doktor von Diehl an Tisch eins. Seine Augenbrauen rutschten nach oben.

»Nein. Es war eine Frau, die sich als Mann ausgab. Und sie hat mich auch nicht befreit, sondern eingesperrt.«

»Aber gerade sagten Sie doch …« Weiter kam der Deutsche nicht.

»Darum geht es doch überhaupt nicht«, polterte Blowitz. »Was ich Ihnen erzähle, betrifft Sie alle: Wir reisen mit einem ausgewachsenen Tiger im Zug. Einem Raubtier. Wir sind in Gefahr.«

Gerade wollte Georges erklären, dass der Tiger in einem Käfig untergebracht sei und es keinen Grund zur Beunruhigung gebe, da stand Sayadschi Rao III. von seinem Platz auf. Der Maharadscha saß zusammen mit Sir Laycock, von Diehl und Orjol zusammen. Für das Diner hatte er seine weiße Gala-Uniform abgelegt und war in einen dunklen Zweireiher gestiegen. »Alles in Ordnung. Der Tiger gehört mir.« Die Stimme des Inders donnerte durch den Speisewagen. »Er ist ein … wie sagt man auf Französisch? … ein Geschenk Ihrer Majestät, Königin Victoria.«

»Da sehen Sie es, Henri«, sagte Georges. »Es ist alles in Ordnung. Niemand hat eine Raubkatze in den Zug geschmuggelt, damit sie die Passagiere frisst.«

»Aber das wäre eine interessante Methode, jemanden beiseitezuschaffen. Und den Leichnam gleich mit.« Jules Verne holte einen Bleistift hervor und kritzelte etwas auf seine Serviette.

»Steckt nicht vielleicht etwas anderes dahinter?«, fragte Monsieur Grimprel vom Finanzministerium an Tisch drei. »Ist es nicht in Wirklichkeit so, dass Monsieur Nagelmackers uns auch noch den Luxus einer Tigerjagd ermöglichen will, vielleicht, wenn wir auf dem Balkan sind?«

»So muss es sein«, schlussfolgerte Verne. »Georges hat uns alle gebeten, eine Schusswaffe mitzunehmen. Angeblich, um uns unterwegs gegen Räuberbanden zu verteidigen. Aber tatsächlich«, er kniff Grimprel ein Auge zu, »damit wir auf die Jagd gehen können.«

»Geben Sie es zu, Georges!«, sagte Grimprel im Verschwörerton. »Alle Achtung, mein Junge. Sie haben wirklich an alles gedacht.«

»Niemand schießt auf meinen Tiger«, rief Rao III.

Bevor Georges das Missverständnis aufklären konnte, hatte sich schon Ludomir Orjol von seinem Platz erhoben. »Was erlauben Sie sich?«, rief er dem Inder entgegen. »Ich bin ein Fürst des größten Reichs der Welt und unterstehe nur dem Befehl seiner Exzellenz, Zar Alexander III. Wenn ich beschließe, einen Tiger jagen zu wollen, dann lasse ich mir das von niemandem verbieten.«

Nun stand auch Missak Effendi auf. Der osmanische Sekretär hatte ein Muttermal über dem Mund, das sich mit jedem Wort bewegte, als er Orjol zurief, ein solches Verhalten sei typisch für jemanden aus Russland. »Sie und Ihr Zar sind starrsinnige Kriegstreiber, die andere Nationen nicht in Frieden leben lassen können.«

»Wir haben Krieg gegen die Osmanen geführt, um den Balkan vom Joch des Kalifen zu befreien«, gab der Russe zurück. »Und das ist uns gelungen. Frieden? Das Wort kommt in der osmanischen Sprache überhaupt nicht vor.«

»Messieurs!«, rief Georges. »Wir wollen doch nicht streiten. Dies ist ein Zug, der die Menschen verbinden soll.« Aber offenbar sind die Weichen noch nicht richtig gestellt, dachte er bei sich.

»Fürst Ludomir hat schon recht«, mischte sich jetzt der Brite ein. »Es war überfällig, die Osmanen vom Balkan zu vertreiben. Allerdings ist damit der Teufel mit dem Beelzebub ausgetrieben worden. Wer versucht denn jetzt, den Balkan unter seine Knute zu zwingen? Der Zar, und niemand anderes.«

Bevor Georges sich versah, mischten sich auch der Preuße und der Franzose ein, beide Vertreter von Nationen, die es ebenfalls auf ein Stück Südosteuropa abgesehen hatten und sich nicht erst seit dem Deutsch-Französischen Krieg spinnefeind waren. Georges fing einen Blick von Pullman auf. Der Amerikaner lehnte sich in seinem Stuhl zurück, verhakte die Daumen in der Weste und ließ sich die Not seines Rivalen schmecken.

Georges beschloss, das Schlachtfeld, in das sich der Speisewagen verwandelt hatte, zu verlassen und im Gepäckwagen nach dem Rechten zu sehen. Schließlich war Blowitz dort gewesen und hatte den Tiger entdeckt.

Er durchquerte den hinteren Schlafwagen. Vor den Fenstern huschten Lichter vorbei. Der Zug fuhr durch einen Bahnhof, hielt aber nicht an. Georges holte die Uhr aus der Westentasche. Es war einundzwanzig Uhr. Im Speisewagen würde gleich das Essen für die andere Hälfte der Passagiere aufgetragen werden. Dann fuhr der Zug durch die Nacht und würde um sechs Uhr Strasbourg erreichen. Während er durch den Gang eilte, errechnete er, dass sie dieses Ziel mit leichter Verspätung anfahren würden. Für Strasbourg war das kein großes Problem, denn dort würde niemand zusteigen. In Wien lag der Fall anders. Dort durfte er sich keine Verspätung leisten, um nicht zum Gespött derjenigen zu werden, die den Orient-Express erwarteten, denn der Fahrgast, den er dort aufnehmen würde, war niemand Geringeres als der österreichisch-ungarische Bahndirektor Wilhelm von Flattich. Und der würde – wie Georges – ständig auf seine Uhr schauen, um festzustellen, ob der so genannte Wunderzug überhaupt die Mindestanforderung an die Eisenbahn erfüllte: Pünktlichkeit.

Er zog die hintere Tür des Schlafwagens auf, überquerte in der Finsternis die Außenplattform, tastete nach der Klinke der Gepäckwagentür und öffnete sie. Zuerst glaubte er, das Fauchen sei dem Wind zuzuschreiben. Dann sah er, dass Licht im Gepäckwagen brannte, eine vereinzelte Gaslampe hing von der Decke und schaukelte leicht. In ihrem Schein saß eine Frau auf dem Boden.

Sie trug die ramponierte Uniform eines Zugbegleiters und starrte den Tiger an, der gerade aus seinem Käfig kam.

Georges schluckte seine Überraschung herunter. »Hubertine«, rief er. Der Tiger reagierte zuerst. Die Raubkatze duckte sich, fletschte die Zähne und wich zurück. Georges fasste Hubertine am Arm und zog sie mit sich, durch den Waggon, durch die Tür. Er schlug sie hinter sich zu.

Für einen Moment verharrte er in Wind und Nacht und erwartete, dass sich der Tiger gegen die Tür warf. Als nichts geschah, schien es ihm, als sei das Raubtier überhaupt nicht da, als wären die letzten Sekunden nur ein Traum gewesen.

Die Frau in seinen Armen war Wirklichkeit.

»Was tust du hier?« Der Fahrtwind wehte ihr Haar gegen sein Gesicht und ihren Geruch in seine Nase. Er fühlte den Stoff der Uniform unter seinen Fingern. Der Zugbegleiter mit den schmalen Schultern, der ihm vorhin begegnet war … er hatte ihn für Pascal gehalten.

»Was ich hier tue?«, rief sie gegen den Wind an. »Ich versuche, dich vor einer Katastrophe zu bewahren.«

Georges' Abteil war eine winzige Einzelkabine. Sie war voller Aktenordner und Papiere, Bleistifte rollten auf dem Boden herum, Risszeichnungen waren mit Heftzwecken an den Polstern des Diwans befestigt.

»Und du hast wirklich geglaubt, du könntest in Konstantinopel einfach aussteigen, zum Kalifen gehen und ihm vorschreiben, was er in seinem Land zu verändern habe?« Georges lachte und schüttelte den Kopf. »Die Fahrt wird für dich in Strasbourg enden. In genau«, er holte seine Uhr hervor und klappte sie auf, »acht Stunden.«

Sie zog die Nase kraus. »Und ich dachte, du glaubst an den Kampf für die Rechte der Frauen. In Wirklichkeit bist du halt auch nur ein Mann wie alle anderen.«

Die Worte trafen ihn mehr, als er sich eingestehen wollte. »Du hättest mir in Paris sagen können, was du vorhast«, brachte er hervor.

»Hättest du mich dann mitfahren lassen?«, fragte sie. »Georges, du willst deinen Zug für den Frieden rollen lassen. Aber solange es Menschen gibt, die von anderen unterdrückt werden, kann es keinen Frieden geben. Du hast mir geholfen, die Zustände in Belgien und Frankreich zu verbessern, hilf mir jetzt auch, dort zu kämpfen, wo es am nötigsten ist: bei den Patriarchen des Orients. Dort hat man noch nie von Emanzipation gehört. Ich könnte eine Saat ausbringen, die langsam wachsen und Früchte tragen kann.«

Ihre Begeisterung und ihr Starrsinn hatten ihn schon damals beeindruckt, als sie in der kleinen belgischen Stadt eine Rede gehalten hatte. Aber der Orient-Express war sein Lebenswerk, und er konnte nicht noch mehr Unruhe vertragen. »Dies ist kein Zug für Frauenrechte. Ich versuche, die Männer aus den verschiedenen Nationen Europas zusammenzubringen. Erst wenn das gelungen ist, können wir überlegen, ob der Orient-Express auch zukunftsweisend für die Belange der Frauen sein kann. Beides auf einer einzigen Reise zu versuchen ist mehr Last, als der Zug tragen kann. Es tut mir leid, Hubertine. Du musst in Strasbourg aussteigen.«

»Dann wirst du mich eigenhändig aus dem Waggon tragen müssen.« Sie presste die Lippen zusammen und starrte auf den Boden, dann hob sie den Blick und fuhr fort: »Du brauchst meine Hilfe, Georges. In deinem Zug passieren möglicherweise Dinge, von denen du nichts ahnst. Es war jemand im Gepäckwagen.«

»Dass Blowitz dort herumgeschnüffelt hat, weiß ich bereits«, erwiderte er ungeduldig. »Er ist ins Diner geplatzt und hat für einen solchen Schrecken gesorgt, dass die geschmolzene Schokolade erstarrt ist.«

»Blowitz meine ich nicht. Vor ihm war noch jemand da und hat sich an einem der Koffer zu schaffen gemacht.«

»Das ist nichts Ungewöhnliches. Der Wagen steht jedem offen«, erklärte er. »Die Fahrgäste waren dazu angehalten, ihr Handgepäck separat zu befördern, damit niemand seinen Koffer unter den vielen anderen suchen muss, um an Garderobe oder Toilettenartikel zu gelangen. Aber Passagiere halten sich nicht immer an die Regeln. Es ist ganz normal, dass jemand etwas vergessen hat, sein Jackett oder seine Zigarren.«

»Oder seinen Dolch.« Hubertine berichtete, dass der Unbekannte die Waffen in dem Schrankkoffer inspiziert und den Dolch mitgenommen hatte.

»Ich kenne diesen Koffer«, sagte er. »Darin sind die Geschenke für den Kalifen.« Er erinnerte sich daran, dass er das Werkzeug und die Zugersatzteile in Paris hatte zurücklassen müssen, um das Gepäckstück einladen zu können. »Er gehört Missak Effendi. Du sagst, der Mann hatte einen Schlüssel? Dann wird es der osmanische Generalsekretär selbst gewesen sein. Du siehst: Es geht alles mit rechten Dingen zu.«

»Wofür braucht der Mann im Zug einen Dolch?«, fragte sie.

Georges fielen mehrere Erklärungen ein, aber sie waren alle wenig überzeugend. Mortimer Pullmans hämische Worte stiegen ihm in den Sinn: »Es gibt viele Gründe für Konflikte in diesem Zug.« Vielleicht hatte der Amerikaner recht, vielleicht war Georges blind gegenüber der Realität, und die Situation, die er geschaffen hatte, war nicht dazu geeignet, Frieden zwischen den Nationen zu stiften. Hatte er nicht den Speisewagen verlassen, als sich die Gäste wegen ihrer Differenzen in den Haaren lagen?

Er versuchte seine Ratlosigkeit zu überspielen. »Ich werde mit Missak Effendi sprechen«, sagte er. »Gleich morgen früh, nachdem du ausgestiegen bist.«

TAG 2

KAPITEL 15

Freitag, 5. Oktober
Strasbourg

Als der Zug um sechs Uhr morgens in Strasbourg einlief, schlief Hubertine noch. Während Georges sich ankleidete, lag sie auf dem Bett, das er ihr überlassen hatte. Er hatte auf dem Boden übernachtet, umrahmt von Papieren. Seine Pläne waren in der Kabine verstreut, sie aber war der Mittelpunkt des Abteils – und wohl auch seiner Welt. Es würde ihm schwerfallen, sie an der Station hier zurückzulassen.

Er streckte eine Hand aus, um sie zu wecken. Sein Herz befand sich in freiem Fall. Der Zug hatte eine Stunde Aufenthalt, um Wasser, Gas und Kohlen nachzuladen, in dieser Zeit konnten die Passagiere ein wenig frische Luft schnappen und sich die Beine vertreten. Es würde nicht schaden, Hubertine noch ein wenig schlafen zu lassen. Statt sie wachzurütteln, strich er ihr eine Haarsträhne aus der Stirn. Dann verließ er das Abteil und schloss es von außen ab – mit schlechtem Gewissen und der Gewissheit, dass Hubertine es ihm übel nehmen würde, falls sie es bemerkte; aber auch mit dem guten Gefühl, Herr der Lage zu sein.

Im Gang begrüßten ihn die ersten Passagiere. Viele waren bereits auf den Beinen, um einen Blick auf Strasbourg zu werfen. Der Bahnhof lag in der Nähe der berühmten Kathedrale. Georges hoffte, dass alle rechtzeitig zurückkehrten, denn er konnte sich keine Verspätung leisten.

Er stieg aus. Die kühle Morgenluft war erfrischend. In einer Hand hielt er die Taschenuhr, in der anderen den Fahrplan. Er stellte sich auf dem Bahnsteig unter eine Laterne und faltete das Papier auseinander. Die nächsten Ziele waren Stuttgart, Ulm und München, darauf folgten Simbach, an der Grenze zu Österreich-Ungarn, Wels und, um 23.15 Uhr, Wien. Georges rechnete die zu fahrenden Kilometer zusammen, teilte sie durch die Höchstgeschwindigkeit des Zugs und fügte jeweils eine halbe Stunde für die Stopps an den Bahnhöfen hinzu.

Die Zeit reichte nicht aus. Der Zug würde dreißig Minuten zu spät in Wien einlaufen, und das auch nur, wenn nichts Unvorhergesehenes geschah. Überraschungen gab es aber schon jetzt jede Menge: einen blinden Passagier, einen ausgebrochenen Tiger und einen Mann mit einem Dolch.

Georges faltete den Plan zusammen und steckte ihn mitsamt der Uhr in die Westentasche. Mit energischen Schritten ging er zur Lok, um dafür zu sorgen, dass der Zug pünktlich in Wien ankam.

Er fand Adolphe-Victor und Clément beim Verladen der Kohlen. Der Lokführer und der Heizer halfen zwei Arbeitern dabei, Säcke von einem Pferdewagen zu tragen und den Inhalt in den Tender zu schütten. Es rumpelte und staubte. Die Gesichter der Männer waren so schwarz, dass sie selbst wie Kohlenstücke aussahen.

Georges winkte Adolphe-Victor zu sich heran. Der Lokführer trug ein blau-grau gestreiftes Hemd, eine Ballonmütze in denselben Farben, ein rotes Halstuch und eine Lederschürze mit Brandlöchern darin. Er wischte sich über das rußverschmierte Gesicht. »Eine halbe Stunde Verspätung lässt sich nicht so leicht rausholen«, sagte er und stemmte eine Faust in die gepolsterte Hüfte. »An den Bahnhöfen müssen wir eher mit längeren Wartezeiten rechnen als mit kürzeren. Es gibt allerdings die Möglichkeit, in Stuttgart und München überhaupt nicht zu halten. Dadurch würden wir eine Stunde gewinnen.«

»Das kommt nicht infrage«, erwiderte Georges. »An diesen Bahnhöfen werden sich die Einheimischen versammeln, um den Zug zu bestaunen. Siehst du?« Er deutete auf den Bahnsteig, wo sich schon zu dieser frühen Morgenstunde eine Traube Schaulustiger zusammengefunden hatte. Kinder streckten ihre Hände aus und strichen über den Lack der Wagen. Männer standen mit verschränkten Armen beieinander und diskutierten. Ein Fotograf stellte ein Stativ auf. »An diesen Leuten einfach vorbeizufahren würde sie enttäuschen. Können wir nicht schneller fahren?«

Der Lokführer schob seine Mütze in den Nacken und rieb sich mit dem Handrücken die Stirn. »Natürlich kann die Fünfnullfünf schneller fahren als sechzig Stundenkilometer. Unsere Lok ist ein Arbeitspferd, sie würde das vermutlich sogar einen Tag lang durchhalten. Sorgen bereiten mir die Waggons. Sie sind lang und schwer, und die Drehgestelle sind aus vielen Einzelteilen zusammengesetzt – je mehr Reibung sie ausgesetzt sind, umso schneller verschleißen sie.«

Georges hatte die Aufhängungen in Amerika unter den Zügen der Pullman Company gesehen und sie für seine Zwecke angepasst. Er wog die Risiken gegeneinander ab. »Die Verantwortung liegt bei mir«, sagte er und klopfte dem Lokführer eine Wolke Kohlenstaub aus der Schulter. »Sorg du dafür, dass wir schneller vorwärtskommen. Sagen wir …«, er überschlug die Zahlen im Kopf, »… fünfundsechzig Kilometer in der Stunde.«

Adolphe-Victor zog den Schirm der Ballonmütze wieder tiefer in die Stirn. »Das ist deine Entscheidung, Georges.« Der Lokomotivführer verschwand mit dem schwankenden Gang, der seinem Berufsstand eigen war.

Bevor er zum Frühstück in den Speisewagen ging, kontrollierte Georges die Tür zum hinteren Gepäckwagen. Damit niemand unvorbereitet auf den Tiger traf, hatte er sie in der Nacht mit einem zusätzlichen Schloss gesichert, das unversehrt war. Die Ladetore des Waggons waren ohnehin verschlossen, damit an den Bahnhöfen niemand Frachtgut stehlen konnte. Der Tiger war also vorerst sicher verwahrt. Mit Maharadscha Sajadschi Rao III. war vereinbart worden, dass Kiran, sein Diener, die Fütterung vorerst durch eine Lüftungsklappe neben der Tür vornehmen würde, und das hatte auch schon zweimal funktioniert. Zumindest hatten sie die entsprechenden Geräusche aus dem Inneren des Waggons vernommen, und danach war der Tiger ruhig gewesen, so wie jetzt. Nun hoffte Georges, dass die Raubkatze den Gepäckwagen nicht verwüstete. Irgendwann musste sie wieder in den Käfig zurück. Aber nicht jetzt, nicht in Strasbourg. Wenn das Tier am Bahnhof ausbrach, würde die Stadt kopfstehen.

Er fand Pascal, der damit beschäftigt war, Vogeldreck von den Fenstern zu wischen, und schärfte ihm ein, niemanden in die Nähe des Gepäckwagens zu lassen, bis der Zug weiterfuhr.

Nun war es Zeit, Hubertine zu verabschieden. Georges zwängte sich durch die dichter werdende Menge von Schaulustigen, schnappte bewundernde Worte über den Zug auf und hörte, wie der Lokomotive eine Höchstgeschwindigkeit von hundert Stundenkilometern angedichtet wurde. Am Fahrkartenschalter in der Bahnhofshalle erkundigte er sich nach dem nächsten Zug Richtung Paris und erstand ein Billett für eine Person, einfache Fahrt. Mit dem Schein in der einen und einer Tüte warmer Croissants in der anderen Hand lief er zurück zum Zug, sprang die Stufen zum hinteren Schlafwagen hoch und erreichte, ein bisschen atemlos, sein Abteil.

Er wollte es aufschließen, doch die Tür ließ sich einfach öffnen. Hatte er nicht abgeschlossen? »Der nächste Zug geht in eineinhalb Stunden«, sagte er. »Du hast genug Zeit, um …«

Wo Hubertine geschlafen hatte, war der Abdruck ihres Körpers noch in den Kissen zu erkennen. Das Abteil war leer.

*

Der Zettel in ihrer Hand zitterte leicht, als sie durch den Schlafwagen ging. Die Liste der Fahrgäste hatte sie in Georges' Kabine gefunden, ebenso den Generalschlüssel, den er, wie sie wusste, in einem Fach unter dem kleinen Klapptisch aufbewahrte.

Fünfzehn, sechzehn, siebzehn. Sie lief an den goldenen Ziffern auf den Kabinentüren entlang. Vor Abteil achtzehn blieb sie stehen und klopfte dreimal. Als sich niemand meldete, vergewisserte sie sich, allein im Gang zu sein, dann drückte sie die Klinke hinunter. Abgeschlossen. Schließlich probierte sie den Generalschlüssel, er passte, und sie sperrte auf. Mit flatterndem Puls huschte sie ins Abteil und zog die Tür hinter sich zu.

Durch die geschlossenen Vorhänge fiel gedämpftes Licht in den Raum. Sie zog den Velours ein wenig auseinander und erkannte, dass sie in einer Dreibettkabine stand. Die Schlafstätten waren zerwühlt, es roch nach Männern, Zigarren und Leder. Laut der Passagierliste waren in diesem Abteil der britische Abgeordnete Sir Edmond Laycock, der amerikanische Geschäftsmann Mortimer Pullman und der osmanische Generalsekretär Missak Effendi untergebracht. Wie Georges berichtet hatte, besaß nur der Osmane einen Schlüssel zum Schrankkoffer, in dem die Geschenke für seinen Herrn, den Kalifen, befördert wurden. Demnach müsste der Dolch im Abteil sein, zum Frühstück oder auf einen Spaziergang würde er die Klinge gewiss nicht mitgenommen haben.

Jedenfalls hoffte Hubertine das.

An den Haken neben der Tür hingen drei Mäntel. Sie tastete die Wollstoffe ab, fand aber statt der Klinge nur einen vergoldeten Zigarrenschneider und zwischen den Kleidungsstücken einen Spazierstock mit silbernem Knauf. Auf der Gepäckablage waren drei Koffer gestapelt. An ihrem Äußeren war nicht zu erkennen, welcher davon dem Osmanen gehörte. Hubertine zog den oberen herunter. Er war leicht und nicht verschlossen. Zusammengefaltete Hemden lagen darin, eine Hose, Handschuhe aus gelbem Leder, ein Etui mit Toilettenartikeln und eine Pariser Zeitung. Sie tastete zwischen den Lagen des Gepäcks herum, spürte aber nichts, was auf einen Dolch schließen ließ, stattdessen stieß sie auf einen Stapel Besuchskarten, die den Eigentümer des Koffers als Sir Edmond Laycock, Esquire, London, vorstellten.

Sie versuchte, die Ordnung darin so gut wie möglich wiederherzustellen, und nahm sich den nächsten vor. Diesmal sah sie sofort, dass sie den richtigen erwischt hatte, denn obenauf lag eine Weste mit bunten Seidenstickereien. Kein europäischer Mann trug so etwas. Der Koffer musste Missak Effendi gehören.

Sie hockte sich auf den Boden und lehnte sich mit dem Rücken gegen die Tür. Den Koffer nahm sie auf die Knie und durchsuchte ihn: Hosen, Fliegen, Reisedokumente, ein Geldgürtel voller Scheine einer fremden farbenfrohen Währung mit seltsamen Schriftzeichen darauf. Der Dolch war nicht darunter.

Sie lehnte den Hinterkopf gegen die Tür. Vielleicht hatte sie sich geirrt. Vielleicht hatte der Osmane den Dolch aus einem anderen Grund aus dem Schrankkoffer geholt. Vielleicht wollte er ihn einem Fahrgast zeigen. War es möglich, ein Geschenk für den Kalifen zu verkaufen? Immerhin reiste Missak Effendi zusammen mit Mortimer Pullman in derselben Kabine. Der amerikanische Geschäftsmann hatte bestimmt genug Geld, um eine Prunkwaffe zu bezahlen. In Amerika, so hatte Hubertine gehört, war man an überladenen Schmuckstücken besonders interessiert.

Pullmans Koffer war der letzte auf der Ablage. Hubertine kam auf die Beine, zog ihn hervor und schob den des Osmanen an seinen Platz zurück. Auch Pullmans Koffer war nicht verschlossen. Ein ähnlicher Geruch wie aus den anderen beiden strömte daraus hervor, nach Tabak und Leder, Rasierwasser und frischer Wäsche. Ein Dolch fand sich auch hier nicht, dafür ein Stapel Dollarnoten, der in einem Fach mit einem Gummizug klemmte. Geld hatte auch im Koffer des Osmanen gesteckt. Doch an dieses Bündel war zusätzlich eine Notiz geklammert, ein ausgerissener Zettel mit einem einzigen Wort darauf: Blowitz.

Die Erkenntnis traf sie wie ein Schlag. Pullman wollte dem Reporter Geld zahlen, und wofür, war einfach zu erraten.

Im ersten Moment spielte Hubertine mit dem Gedanken, das Geld aus dem Fenster zu werfen, um zu verhindern, dass der Amerikaner den Journalisten bestechen konnte. Im nächsten Augenblick klopfte es von außen an der Tür. Dann hörte sie, wie sich ein Schlüssel im Schloss drehte.

KAPITEL 16

Freitag, 5. Oktober
Von Strasbourg nach Wien

Georges starrte auf das Bett, in dem bis vor Kurzem noch Hubertine gelegen hatte. Dann sah er sich in seinem Abteil um. Den Zugbegleitern hatte er eingeschärft, um keinen Preis in seine Kabine zu gehen und dort aufzuräumen. Jeder Fetzen Papier, der darin herumlag, mochte für die Zukunft des Orient-Express von Bedeutung sein. Deshalb war er auch sicher, dass niemand anders als Hubertine den Generalschlüssel an sich genommen haben konnte, denn in dem Geheimfach unter dem Klapptisch steckte er nicht mehr.

Mit einem Satz war Georges auf dem Gang. Der Waschraum! Vielleicht machte sie sich dort frisch. Er klopfte an die Tür zur Toilette, doch eine Männerstimme bat ihn um Geduld. Dasselbe in der Waschkabine am anderen Ende des Wagens. Er lief durch den Zug. Sie war nicht im ersten Schlafwagen, nicht im Speisewagen, nicht im zweiten Schlafwagen und auch nicht im vorderen Gepäckwagen, wo die Hängematten des Personals von der Waggondecke baumelten. Versuchte sie, sich in einer der Kabinen zu verstecken? Aber darin wechselten die Zugbegleiter gerade das Bettzeug. Folglich musste sie den Zug verlassen haben. Doch logische Schlussfolgerungen und Hubertines Starrsinn waren so weit voneinander entfernt wie der Nordpol vom Südpol. Und Georges ahnte, dass sie sich so leicht nicht geschlagen geben würde.

Pascal kam ihm entgegen, den Eimer mit Wischwasser in der Hand. »Rasch!«, rief Georges, »ich brauche deinen Schlüssel für die Kabinen.« Jeder Zugbegleiter hatte einen solchen Schlüssel, um die Abteile sauber zu halten, wenn die Passagiere unterwegs waren. Pascal hakte einen Schlüsselring von seinem Gürtel ab und nestelte daran herum. Georges riss ihm den Bund aus den Händen. »Erinnere mich daran, dass ich ihn dir wiedergebe«, rief er und lief zur nächstgelegenen Tür des Schlafwagens.

Draußen auf dem Bahnsteig brüllte jemand. Georges stocherte im Türschloss herum. »Hilfe!«, schrie eine Frau. »Die haben Pistolen!«

Georges spähte aus dem Fenster. Auf dem Bahnsteig entdeckte er vier Männer, die tatsächlich Schusswaffen in der Hand hielten. Sie umringten einen weiteren Mann, der an seiner weißen Uniform deutlich zu erkennen war: Maharadscha Sayadschi Rao III. Fluchend stürmte Georges aus dem Zug.

Dieser Inder würde doch nicht schon wieder ... Da erkannte er, dass es sich bei den Bewaffneten um Fahrgäste des Orient-Express handelte: Jules Verne, Edmond Laycock, Ludomir Orjol und Volker von Diehl. Alle hatten Pistolen und richteten sie in die Luft. Verne tastete am Sicherungshebel herum.

»Stecken Sie die Waffen weg!« Georges hatte Mühe, höflich zu bleiben. Seine Passagiere führten sich auf wie Schulbuben. »Dies ist ein Bahnhof und keine Schießbude.«

»Natürlich ist es ein Bahnhof«, sagte Sayadschi Rao III. »Deshalb bestehe ich darauf, dass mir Salut geschossen wird.«

Das hatte Georges befürchtet, trotzdem glaubte er für einen Moment, den Mann wegen seines Akzents nicht richtig verstanden zu haben. Doch das Lächeln des Maharadscha sprach eine deutliche Sprache. »Diese Männer haben sich freundlicherweise bereit erklärt, die Salutschüsse mit ihren Pistolen abzufeuern.« Er nickte ihnen zu, dann schaute er Georges durchdringend an. »Würden Sie sich anschließen, Monsieur

Nagelmackers? Machen Sie mir die Freude. Sie wissen sicher von Sir Laycock, dass mir zwölf Schuss zustehen.«

Georges fing einen Blick des britischen Ministers für öffentliche Arbeiten auf, der ihn bei der Abfahrt in Paris über das Prozedere aufgeklärt hatte. »Hören Sie, Maharadscha!«, begann Georges. Wie sprach man einen indischen Fürsten eigentlich an, vor allem, wenn man ihm etwas ausreden wollte, was er als Ehrbezeugung seiner Person ansah?

»Warum zögern Sie?«, fragte Sayadschi Rao III. »Haben Sie keine Waffe?«

»Der Salut ist in einer Stadt wie Strasbourg eine gefährliche Angelegenheit, denn sie liegt in der Nähe der Grenze«, erklärte Georges so ruhig, wie es ihm möglich war. »Frankreich und das Deutsche Reich unterhalten nicht die besten Beziehungen. Eine Salve von den Passagieren eines französischen Zugs könnte leicht missverstanden werden.«

Sayadschi Rao lachte so laut, dass er sich den Bauch halten musste. »Sie fürchten, wir könnten einen Krieg auslösen? Mit ein bisschen Pengpeng aus winzigen Pistolen?«

»Kriege sind schon aus geringeren Gründen vom Zaun gebrochen worden.« Hinter dem Maharadscha war Missak Effendi aufgetaucht. Der osmanische Diplomat trug zu seinem Pariser Anzug einen roten Fes mit Quaste. Er verstand es, die Tradition des Orients mit der Eleganz des Okzidents zu mischen.

»Haben Sie auch Ihre Pistole mitgebracht?«, fragte Sayadschi Rao begierig.

Missak Effendi hielt einen grau glasierten Tonkrug in die Höhe, auf den jemand Störche, Blumen und Weintrauben gemalt hatte. Der Krug war mit einem Korken verschlossen. »Nur etwas Charakteristisches aus dieser Stadt für die Sammlung des Kalifen. Überdies«, fuhr der Osmane fort, »trage ich niemals Waffen. Ich glaube an die Friedfertigkeit des Menschen.«

In diesem Moment fiel Georges Hubertines Beobachtung ein. Sie wollte gesehen haben, wie Missak einen Dolch aus dem Schrankkoffer hervorgeholt hatte. Entweder hatte sich Hubertine getäuscht, oder der Osmane war ein Lügner, wenn er behauptete, er sei die Friedfertigkeit in Person.

Es gab nur einen Weg, um das herauszufinden.

Da der Maharadscha damit beschäftigt war, den Krug Missak Effendis zu bewundern, ließ Georges die Männer stehen und lief zurück zu Schlafwagen eins. Dort steckte noch immer der Schlüssel in der Tür, die er hatte aufsperren wollen, um nach Hubertine zu sehen. Er zog ihn ab und lief den Gang hinunter. Wo Missak Effendi untergebracht war, wusste Georges auswendig: Abteil achtzehn. Darin reisten auch Laycock und Pullman. Der Brite war auf dem Bahnsteig bei den anderen, Pullman konnte in dem Abteil sein. Georges klopfte leise an.

Niemand antwortete. Er versuchte es wieder, auch diesmal erfolgte keine Reaktion. Das Abteil schien leer zu sein. Bevor Georges aufschloss, warf er noch einen Blick durch das Fenster. Auf dem Bahnsteig postierte der Maharadscha die Mitglieder seiner Ehrengarde in Reih und Glied. Viele Menschen schauten dem Spektakel zu, der Fotograf trug das Stativ mit der Balgenkamera herbei. Auch Missak Effendi beobachtete mit teils amüsiertem, teils abschätzigem Blick, was sich zutrug.

Die Gelegenheit war günstig. Georges drehte den Schlüssel und zog die Tür auf. Mit einer schnellen Bewegung war er in der Kabine und warf die Tür hinter sich zu. Etwas traf ihn hart am Kopf. Der Boden des Abteils raste auf ihn zu. Das Letzte, was er durch das schmerzhafte Schrillen in seinen Ohren hörte, war das Knallen von Schüssen und den Schrei einer Frau.

KAPITEL 17

Freitag, 5. Oktober
Von Strasbourg nach Wien

Der Zug fuhr durch eine liebliche Landschaft im goldenen Spätsommerlicht. Beiderseits der Schienen wechselten Rasenflächen mit Gruppen von Walnussbäumen. Aus dem Schornstein der Lokomotive stieg Dampf auf, so weiß wie die Schäfchenwolken am hellblauen Himmel. Der Orient-Express glitt zwischen sanften Hügeln hindurch wie ein großer Fisch durch den Ozean. Er war Teil der Umgebung. An jedem Bahnhof winkten Menschen mit Fähnchen und schwenkten Hüte. Alle lachten und jubelten, und auf wundersame Weise übertrug sich die Hochstimmung auf die Atmosphäre in dem fahrenden Zug. Georges stand im Führerhaus der Lokomotive, streckte den Kopf in den Wind und ließ sein Gesicht von der warmen Luft massieren. Weiter vorn war ein Schlagbaum zu sehen, die rot-weiße Markierung einer Landesgrenze. Waren sie schon in Österreich? Warum wurde der Zug nicht langsamer? Neben Georges schaufelte Adolphe-Victor Kohlen. Immer schneller raste der Orient-Express auf den Schlagbaum zu. Georges wollte dem Lokführer eine Warnung zurufen, doch seine Kehle war wie zugeschnürt. Die Grenze war jetzt ganz nah. An einem Pfosten hing ein Schild, darauf stand: France. »Anhalten!«, brüllte Georges. »Wir fahren in die falsche Richtung.«

»Anhalten!« Er schlug die Augen auf. Über ihm hing wie ein

Mond das von blondem Haar umrahmte Gesicht Hubertines. In ihren Augen lag Besorgnis. Und noch etwas. Schuldbewusstsein.

Er musste geschlafen haben. Aber er erinnerte sich nicht daran, in sein Abteil zurückgekehrt zu sein. Er wollte aufstehen, doch ein Schmerz in seinem Kopf und die Hand Hubertines an seiner Brust belehrten ihn eines Besseren. Er tastete nach seinem Haar, fühlte Stoff. Ein Seidentuch? Ein Verband!

»Du bist niedergeschlagen worden«, sagte Hubertine mit leiser Stimme. »Ich habe dich mithilfe von Pascal und Monsieur Grimprel hierhergebracht.«

»Niedergeschlagen?« Mit einem Mal war Georges hellwach. Die Erinnerung kehrte zurück. Er war auf dem Bahnhof von Strasbourg in das Abteil von Pullman, Missak und Laycock eingedrungen, um nach dem Dolch zu suchen.

»Es war ein Versehen.« Hubertine zögerte. Dann beichtete sie ihm, dass sie selbst zugeschlagen hatte, »mit einem Stock mit Silberknauf. Ich war in dem Abteil, um den Dolch zu finden, von dem ich dir erzählt hatte«, fügte sie schnell an. »Als sich die Tür öffnete, dachte ich, es sei Missak Effendi und dass es mir an den Kragen geht, wenn er mich erwischt. Und auf einmal lagst du vor mir auf dem Boden.«

Georges befühlte wieder seinen Schädel, über seinem linken Ohr spürte er einen brennenden Schmerz. Er sog scharf die Luft ein. Laycocks Stock. Der Brite hatte ihm den Silberknauf in Paris auf die Hand gelegt, als Georges versucht hatte, die Salutschüsse zu verhindern. Ein massives Stück Metall. Er blinzelte. Auf dem linken Auge konnte er nur verschwommen sehen.

Es kostete ihn etwas Mühe, die Gedanken zu ordnen. Die Erleichterung darüber, dass der Zug nur in seinem Traum in die falsche Richtung gefahren war, wich der Empörung. Was hatte Hubertine ihm da gerade erzählt! »Warum bist du überhaupt noch im Zug?«, fuhr er sie an. »Ich hatte dich doch gebeten, in

Strasbourg auszusteigen. Ich …« Sein Puls beschleunigte sich, in seinem Kopf pochte es. Er verzog das Gesicht.

»Lass mal sehen!« Sie beugte sich über ihn und nestelte an dem Verband. Ihr Kleid drückte sich in Höhe ihres Bauchnabels gegen seine Wange. Nach einer Weile löste sie sich von ihm. »Georges, der Überfall – das war keine Absicht.«

Er staunte. »Hätte denn Absicht im Bereich des Möglichen liegen können?«

Sie ging nicht darauf ein. »Wenn du mich ausreden lassen würdest, könnten wir vielleicht mal dazu kommen, was ich in diesem Abteil gefunden habe.«

»Den Dolch?«, fragte er.

»Leider nicht«, antwortete sie, »aber etwas anderes. Im Koffer von Mortimer Pullman liegt ein Stapel Hundertdollarnoten, dazu ein Zettel mit Blowitz' Namen darauf.«

Das Pochen wurde stärker. Georges setzte sich auf. Den Schwindel, der ihn erfasste, ignorierte er. »Blowitz bekommt Geld von Pullman? Das kann nur eins bedeuten.«

»Der Amerikaner bezahlt dafür, dass der Orient-Express schlechte Presse bekommt.« Hubertine rieb sich den Nasenrücken. »Eigentlich ist das keine Überraschung.«

Georges fühlte sich niedergeschlagen – zum zweiten Mal in kurzer Zeit. »Was können wir dagegen unternehmen?«

»Erst mal halten wir fest, dass du von uns beiden sprichst und nicht allein von dir. Nun zum Zweitwichtigsten: Wir verhindern, dass Pullman Blowitz bezahlen kann.«

»Du willst Pullman das Geld stehlen?«

»Nur ausleihen. Pullman wird erst wieder an Geld kommen, wenn wir in einer Woche zurückgekehrt sind. Bis dahin wird Blowitz bemerkt haben, dass er seinem Geschäftspartner nicht trauen kann.«

»Das kommt nicht infrage.« Georges erhob sich. »Ich bestehle niemanden, am allerwenigsten Mortimer Pullman. Er glaubt, mit Geld jedes Ziel erreichen zu können. Diese Denkweise werde ich mir nicht zu eigen machen.«

»Auch nicht, wenn du damit deinen Zug retten könntest?« Hubertines Stimme war lauter geworden. Das war sonst nicht ihre Art. Mit einem Mal erkannte Georges den Grund dafür.

»Du hast das Geld schon an dich genommen«, stellte er fest. Sie wandte sich zum Fenster, vermutlich weil er sonst die Wahrheit in ihren Gesichtszügen hätte erkennen können. »Es war das Naheliegende. Abgesehen von dir auf dem Fußboden.«

»Wo ist es? Wir müssen es zurückbringen.«

Sie fuhr wieder zu ihm herum. »Überleg doch mal, Georges! Du könntest Blowitz das Geld doch selbst geben. Mit den besten Empfehlungen der Internationalen Schlafwagengesellschaft. Dann schreibt er seinen Artikel in deinem Sinn.«

Hubertines Worte trafen Georges mehr als die Tatsache, dass sie das Geld mitgenommen hatte, gestohlen, geliehen oder was auch immer. »Ich besteche niemanden«, sagte er. »Das habe ich nicht nötig.«

»Georges, wach auf!« Ihre Hände legten sich auf seine Schultern. Ihr Gesicht beugte sich zu ihm herab. »Du bist mit deinem Zug schon so oft auf der Strecke geblieben, und jedes Mal konntest du dich nur mit viel Glück wieder aufrappeln. Wenn du jetzt scheiterst, wird dir das nicht noch einmal gelingen. Dieser Zug wird weiterfahren, er wird Grenzen überqueren und Nationen verbinden. Deine Vision ist dabei, Wirklichkeit zu werden. Die Frage ist, unter wessen Federstrich: unter deinem oder unter jenem von Mortimer Pullman?«

Georges stand auf und ging zum Fenster. Die Landschaft, die vorüberzog, war der aus seinem Traum ähnlich. Es stimmte: Er war der Träumer, Hubertine war die Kämpferin. In seinen Augen trug sie einen aussichtslosen Kampf aus, deshalb waren ihr viele Mittel recht.

Blowitz bestechen? Er blies den Gedanken zu einem Ballon in seinem Kopf auf, drehte ihn und betrachtete ihn von allen Seiten. Dann ließ er ihn platzen. »Wenn ich Blowitz nicht von meinem Zug überzeugen kann, dann auch nicht diejenigen, die nach ihm kommen. Es wird immer wieder Passagiere geben, die glauben, nichts sei gut genug für sie. Doch diese Leute werden missmutig in Paris zusteigen und zufrieden und ausgeruht in Konstantinopel ankommen. Dieser Zug wird nicht nur Europa verändern, sondern ebenso seine Fahrgäste. Das gilt auch für Henri Opper de Blowitz. Ich trete gegen Pullman und sein Geld an mit meiner Vision, und ich wette, dass Blowitz am Ende der Fahrt so begeistert sein wird, dass er Pullmans Dollars zurückweist. Weil er gar nicht anders kann, als einen frenetischen Artikel über den Orient-Express zu schreiben. Der Zug ist ein Wunder. Und er wird Wunder bewirken.«

»Du glaubst wirklich, Blowitz würde auf das Geld verzichten, um die Wahrheit zu schreiben?« Hubertine schaute ihn mit einer Mischung aus Unverständnis und Bewunderung an. »Du bist verrückt, Georges.«

Er streckte eine Hand aus. »Gib mir die Scheine. Ich lege sie zurück in Pullmans Koffer. Ach ja: Und den Generalschlüssel, den du dir ausgeliehen hast«, bei den letzten beiden Worten bedachte er sie mit einem strengen Blick, »hätte ich auch gern zurück.«

»Du meinst den Schlüssel, den ich benötigt habe, weil ich in deinem Abteil eingesperrt war?«, erwiderte Hubertine mit Trotz in der Stimme. Sie zog den Schlüssel aus einer Tasche ihrer Samtjacke, dann griff sie zwischen die Kissen und holte das Bündel Geldscheine hervor. Der Zettel mit Blowitz' Namen war noch daran befestigt. Georges warf einen Blick darauf und wollte die Dollarnoten in seiner Westentasche verschwinden lassen, doch darin steckten noch der Fahrplan und seine Uhr. Er holte beides hervor, klappte die Uhr auf und erstarrte. Es war 9.17 Uhr. »Wie lange war ich ohne Bewusstsein?«

»Nicht sehr lange«, sagte Hubertine vage.

»Wie lange?«

»Zwei Stunden, vielleicht etwas länger.«

Er faltete den Plan auseinander. »Wie heißt die nächste Station?« Er verglich die Liste mit der Uhrzeit. »Ulm.« Das Wort klang wie der dumpfe Fluch eines Betrunkenen. Schwindel ergriff ihn, er musste sich festhalten. »Dann wollen wir hoffen, dass Pullman sein Geld noch nicht vermisst.« Er steckte die Geldscheine und den Schlüssel ein.

»Wenn er und seine Abteilgenossen beim Frühstück sitzen, werde ich mein Glück versuchen. Woran erkenne ich Pullmans Koffer?«

KAPITEL 18

Freitag, 5. Oktober
Von Strasbourg nach Wien

Der Zug schaukelte durch eine Kurve, die Fliehkraft drückte Georges gegen das Fenster. Normalerweise lief er so sicher durch die Gänge wie über eine Straße, sein Schwanken musste mit Hubertines Schlag auf seinen Kopf zu tun haben. Er öffnete die Tür zur Plattform und wechselte zum Speisewagen hinüber.

»Georges? Alles in Ordnung?« Félix, der Koch aus der Gascogne, schaute aus der winzigen Küche hervor. Seine Schürze aus weißem Zwillich wies die Spuren eines glorreichen Kampfes mit drei verschiedenen Soßen auf. Besorgnis lag in seinem Blick.

»Natürlich ist alles in Ordnung. Was soll denn nicht …?« Georges tastete über seinen Kopf. Der Verband. Damit würde er im Speisewagen Aufsehen erregen. »Kannst du bitte nachschauen, ob Mister Pullman, Missak Effendi und Sir Laycock beim Essen sitzen?«

Félix verschwand und kehrte sofort zurück. »Sie sind da. Bis auf Mister Pullman sehen alle recht zufrieden aus.«

»Ist das Déjeuner schon aufgetragen?« Georges warf einen Blick in die Küche. Er hatte sie gemeinsam mit Félix entworfen und nur deshalb im Waggon unterbringen können, weil der Gascogner so hager war, dass er in den handtuchgroßen Raum hineinpasste und trotzdem noch Wunder darin vollbringen konnte.

»Man sitzt bereits beim dritten Café«, verriet der Koch.

»Biete noch Brioche an. Sorg dafür, dass die Leute noch ein paar Minuten sitzen bleiben.« Georges lief zurück in den Schlafwagen und öffnete mit dem Generalschlüssel die Tür von Abteil Nummer achtzehn. Er zog die Vorhänge auf. Das Tageslicht offenbarte, dass die Compartiments bereits aufgeräumt worden waren. Die Betten waren zu Diwanen zusammengeklappt. Die Bettwäsche war weggeräumt, am Abend würde es frische geben. Die Koffer lagen übereinandergestapelt in der Ablage.

Hubertine hatte ihm Pullmans Koffer beschrieben. Er lag zuunterst, es war der dunkelrote mit Beschlägen an den Ecken, dessen Bauch sich auf einer Seite ebenso hervorwölbte wie der seines Besitzers. Georges nahm ihn an sich, ließ die Geldscheine darin verschwinden und stellte ihn zurück. Das Pochen in seinem Schädel nahm Fahrt auf, weil er vor Aufregung die Luft angehalten hatte. Bloß schnell raus hier!

Er zog die Tür auf und fuhr zurück. Vor ihm stand Missak Effendi mit dem Schlüssel in der Hand. Der Osmane schien ebenso überrascht zu sein wie Georges.

»Missak Effendi.« Er setzte ein Lächeln auf, »in Ihrer Kabine ist alles in Ordnung. Ich habe mich persönlich davon überzeugt. Genießen Sie weiterhin die Fahrt.«

Der Osmane trat einen Schritt zur Seite, um Georges vorbeizulassen. »Was sollte denn nicht in Ordnung sein? Ich habe keinerlei Störungen bemerkt.«

»Das waren Sie gar nicht?«, fragte Georges. »Dann muss es wohl einer Ihrer Mitreisenden gewesen sein, Mister Pullman oder Sir Laycock. Jemand hat Gasgeruch im Abteil achtzehn gemeldet. Falscher Alarm.«

»Müssen Sie denn nicht erst die Passagiere fragen, bevor sie ein Compartiment betreten?«

»Nicht, wenn Gefahr im Verzug ist.« Die Fahrt verlangsamte

sich. Georges deutete aus dem Fenster. »Schauen Sie! Wir erreichen Ulm. Wenn Sie dem Kalifen auch von hier etwas mitbringen wollen, empfehle ich eine Nachbildung des Ulmer Spatzen, das ist das Wahrzeichen der Stadt. Wenn Sie mich bitte entschuldigen würden? Ich muss auf den Bahnsteig, um nach dem Rechten zu sehen.«

Er spürte die Blicke des Osmanen in seinem Rücken, als er den Waggon verließ und die Stufen hinunter auf den Bahnsteig sprang. Das Geld war sicher in Pullmans Koffer verstaut. Vielleicht hatte Missak Verdacht geschöpft, aber das spielte keine Rolle. Es war ja nichts aus dem Abteil gestohlen worden. Im Gegenteil.

Georges hielt auf das Empfangsgebäude des Ulmer Bahnhofs zu, das von einem Uhrturm überragt wurde. Die Uhr zeigte 13.15 an. Hier herrschte nicht so viel Betrieb wie in Strasbourg. Die Menschen gingen ihren Beschäftigungen nach, am Fahrkartenschalter standen Männer mit Lederkoffern Schlange, ein Blumenverkäufer lief durch die Halle und pries seine Rosen an, ein Postbeamter in Uniform wühlte in einem Postsack.

Georges fragte sich mit seinen dürftigen Deutschkenntnissen zum Telegraphenbüro durch und stand kurz darauf einem kleinen Mann mit Mittelscheitel und Zwirbelbart gegenüber. Der Beamte trug eine dunkelblaue Uniform nach dem Schnitt der preußischen Waffenröcke, neben der Reihe goldfarbener Knöpfe war der kaiserliche Adler aufgenäht. Am Kragenspiegel wies der Buchstabe T den Mann als das aus, was er war.

»Ich möchte ein Telegramm aufgeben, bitte«, sagte Georges und hoffte, dass die Worte die richtigen waren.

Der Mann maß ihn mit misstrauischen Blicken. »Sind Sie etwa Franzmann?«

»Belgier.« Georges schob dem Beamten seinen Pass zu. Die Art, mit der er nach dem Dokument griff, erinnerte Georges an einen Polizisten, der einen Dieb am Schlafittchen packte. Der Beamte prüfte jede Seite. Georges fragte sich, ob er überhaupt etwas von dem verstand, was er da las. Ein Blick auf die Wanduhr verriet, dass die Zeit im Deutschen Reich um keinen Deut langsamer verging als anderswo.

Schließlich erhielt Georges seinen Pass zurück, mitsamt einem Blatt Papier und einem Bleistift mit gefährlich wirkender Spitze. Der Telegraphenmeister tippte auf die Linien des Blatts. »Der Text kommt hierhin, der Empfangsort dahin. Pro Wort kostet das zehn Pfennig im Inland und zwanzig für Nachrichten ins Ausland.«

Georges beugte sich über den Zettel. »Tiger im Zug«, schrieb er auf Französisch. Der Empfänger beherrschte die Sprache, der Beamte hoffentlich nicht. »Erbitte Tierfänger im Westbahnhof Wien. Ankunft heute 22 Uhr. Gruß G. N.« Dann schob er dem Mann hinter dem Schalter das Blatt zu. »Bitte sofort an den Westbahnhof in Wien senden, der Empfänger ist Herr von Flattich.«

Der Beamte kritzelte auf dem Papier herum, nannte den Preis, und Georges zahlte. Er trug Banknoten in den Währungen aller Länder, die der Orient-Express durchfuhr, bei sich. »Wann kommt das an?«, fragte er.

Der Telegraphenmeister hielt sich das Blatt dicht vor die Nase und bewegte lautlos die Lippen, während er las.

Ein schriller Pfiff ertönte. Georges schaute auf die Uhr an der Wand. Der Zug sollte doch eine halbe Stunde Aufenthalt haben! Da erinnerte er sich daran, dass er selbst Adolphe-Victor gebeten hatte, früher loszufahren.

»Ich muss meinen Zug erreichen«, stieß er hervor. »Können Sie das Telegramm bitte korrekt übermitteln?«

»Korrekt? Was glauben Sie, wo Sie sind? In Paris?« Der Beamte wedelte Georges mit einer Hand weg von seinem Schalter. »Verschwinden Sie schon!« Georges schluckte eine Erwiderung hinunter und rannte zum Zug zurück. In seinem Abteil erwartete ihn Hubertine. Er berichtete ihr, dass die Dollarnoten wieder in Pullmans Koffer lagen, Missak Effendi ihn allerdings ertappt habe, als er das Compartment verlassen wollte.

»Ausgerechnet er!«, sagte Hubertine. »Wie hat er reagiert?«

»Arglos, würde ich sagen. Ich glaube, wir sehen Gespenster.«

»Du solltest Gespenster, die mit Dolchen durch einen Zug laufen, nicht unterschätzen.«

»In Strasbourg auf dem Bahnsteig war Missak Effendi derjenige, der keine Schusswaffe trug, während alle anderen ihre Pistolen für einen Salut abgefeuert haben. Er hat ausdrücklich gesagt, dass er so etwas ablehne.«

Im nächsten Moment krachte ein Schuss. Hubertine flog in Georges' Arme.

»Was, um Himmels willen, ist nun schon wieder los?«, rief er.

Sie löste sich von ihm, von draußen waren Rufe zu hören, gefolgt von schnellen Schritten.

Um einen Salut für den Maharadscha konnte es sich nicht handeln, da der Zug bereits abgefahren war. Oder hatte die selbst ernannte Ehrengarde um Sir Laycock eine neue Variante der Ehrbezeugung für Sajadschi Rao III. ersonnen und feuerte die Waffen nun im Orient-Express ab?

»Warte hier!« Georges öffnete die Tür einen Spalt breit. In dem Moment lief Bernard an ihm vorbei, er folgte ihm. Türen wurden aufgerissen, Passagiere steckten die Köpfe in den Gang. »Alles in Ordnung«, rief Georges ihnen zu und rannte dorthin, woher der Lärm gekommen war, ans entfernte Ende des Schlafwagens.

Die Tür zu einem Abteil stand offen. Davor drängten sich mehrere Männer. Rufe in mehreren Sprachen erklangen. »Er hat ihn umgebracht!«, konnte Georges verstehen und: »Einfach erschossen!«

»Lassen Sie mich durch!« Er setzte seine Arme wie Stemmeisen ein, wühlte sich durch Tweedjacketts, Fracksakkos und Westen, bis er in der Tür des Abteils stand. Ein Mann lag auf dem Boden. Es war Monsieur Grimprel. Über ihm stand Jules Verne – mit einer Pistole in der Hand.

KAPITEL 19

Freitag, 5. Oktober
Von Strasbourg nach Wien

Das Fenster des Abteils war heruntergeschoben, und der Wind spielte mit den Gardinen. Georges streckte eine Hand aus. »Monsieur Verne, geben Sie mir die Waffe!«
»Hören Sie, Georges …«, begann der Schriftsteller.
»Die Pistole!«, sagte Georges. »Sofort!«
Verne legte ihm die Waffe in die Hand. Der Lauf war noch warm.
Georges ging vor Grimprel in die Knie und legte dem Franzosen einen Finger an die Halsschlagader, um nach seinem Puls zu tasten. Da schlug der Finanzbeamte die Augen auf. »Kann ich wieder aufstehen?«
»Ja, ja«, sagte Verne und stemmte die Fäuste in die Hüften. »Die Situation ist ohnehin verdorben.« Er klang verärgert. »Vor dem nächsten Versuch muss ich bessere Bedingungen schaffen.«
Grimprel setzte sich auf und strich sein Haar zurück. »Kein Grund zur Besorgnis, Georges. Es geht mir gut. Ihnen offensichtlich auch wieder.« Er lächelte.
Von der Tür her waren Ausrufe der Erleichterung zu hören, aber auch des Missmuts. Jemand sagte auf Englisch, er fühle sich an der Nase herumgeführt.
Georges versicherte sich, dass Grimprel bei bester Gesundheit war. Dann bedankte er sich bei den Herbeigeeilten für die Umsicht, setzte noch hinzu, dass sich alle in einem Zug vol-

ler wachsamer Männer sicher fühlen könnten, und schloss die Tür von innen. Er lehnte sich dagegen und funkelte Verne und Grimprel an. »Was haben Sie sich dabei gedacht? Was soll das Schmierentheater?«

Grimprel stand auf und öffnete den Mund, doch Verne kam ihm zuvor. »Was das Theater soll? Ich habe Anlass, Ihnen dieselbe Frage zu stellen, Georges. Sie wissen doch, dass ich für einen Roman recherchiere. Also lassen Sie mich meine Arbeit tun. Schließlich sage ich Ihnen ja auch nicht, wie Sie den Orient-Express zu führen haben.« Unter seinem Bart war zu sehen, dass er die Lippen zusammenpresste.

Nun schaltete sich Grimprel wieder ein, diesmal erfolgreich. »Monsieur Verne bat mich in sein Abteil, weil er einen Mord nachstellen wollte. Er sagte, es sei wichtig, dass ich mich rücklings fallen lasse, wenn er einen Schuss abfeuere, und genau so liegen bleibe, wie ich gestürzt bin, damit er die Details studieren kann.«

Erst jetzt erkannte Georges, dass die Kissen auf dem Boden des Abteils nicht zufällig dort lagen, sondern ausgelegt worden waren.

»Wie soll ich denn sonst glaubwürdig eine solche Szene beschreiben?«, fragte Verne. »Das sieht man ja nicht alle Tage.« Er schien Mühe zu haben, sich zu beruhigen. »Wegen des Lochs im Holz ... bitte sehen Sie es mir nach, dass ich Ihren Zug beschädigt habe.« Eigentlich habe er aus dem Fenster feuern wollen und es deshalb geöffnet, erklärte Verne. Aber er sei nun mal kein guter Schütze und habe die Innenverkleidung getroffen. Verne zeigte auf ein kreisrundes Loch, das in dem dunklen Holz kaum zu erkennen war. Georges fuhr mit dem Finger darüber und stellte erleichtert fest, dass die Kugel die Wand des Waggons nicht durchschlagen hatte.

»Haben Sie daran gedacht, dass Sie draußen jemanden hätten umbringen können?« Langsam legte er die Waffe auf den Diwan.

Jules Verne griff sich in das volle Haar. »Mon dieu, Sie haben recht.«

Georges schluckte eine bissige Bemerkung herunter. »Wenn Sie noch mal so etwas vorhaben, verständigen Sie mich vorher. Vielleicht genügt es ja auch, wenn Monsieur Grimprel einfach am Boden liegt. Ohne eine Pistole abzufeuern, verstehen Sie?«

Verne nickte. »Natürlich. Es ist nur so, dass ich wissen muss, bis zu welchem Abteil der Schuss zu hören ist, denn das ist wichtig für …« Er verstummte, als er Georges' Blick auffing. »Vermutlich kann ich mir das auch ausdenken. Der Fantasie sind ja keine Grenzen gesetzt. Ungefährlich ist auch sie allerdings nicht.« Der Autor bedankte sich bei Grimprel. Der Finanzbeamte versicherte, er stehe für weitere Experimente zur Verfügung, und verabschiedete sich.

»Pardon, Georges«, sagte Verne. »Bitte nehmen Sie meine Entschuldigung an. Zur Rettung meiner Ehre möchte ich vorbringen, dass ich den Mord mit Fingerspitzengefühl inszeniert habe. Immerhin ist Monsieur Grimprel Franzose wie ich. Damit habe ich verhindert, dass diplomatische Verwicklungen entstehen, wie es der Fall gewesen wäre, wenn ich etwa Doktor von Diehl erschossen hätte, einen Preußen.«

Machte sich Verne über ihn lustig? Georges suchte in der Miene des Schriftstellers nach Anzeichen dafür, fand aber nur einen Ausdruck von Ernsthaftigkeit. Dieser Mann war ein Mysterium.

Georges bat Verne, Platz zu nehmen, und ließ sich ebenfalls in einem der Sessel nieder. Er lehnte sich zurück, und seine Schuhsohle tippte spielerisch auf den Teppich. »Jules«, begann er, »was Sie gerade sagten, hat mich auf eine Idee gebracht. Wenn der Mörder in Ihrem Buch ein politisches Attentat im Orient-Express verüben wollen würde, wer wäre dann wohl sein Opfer?«

»Sie meinen: unter den Passagieren, die tatsächlich an Bord

sind?« Auch Verne lehnte sich zurück und schlug die Beine übereinander.

Georges nickte.

»Eine reizvolle Frage«, stellte der Autor fest. »Vor allem, weil ich gern wüsste, wieso Sie sie stellen.«

Georges wedelte mit einer Hand. Die Geste sollte Belanglosigkeit vortäuschen, doch er wusste, dass Verne ihn durchschaute. Der Franzose war ein Meister darin, in einem Menschen zu lesen, das hatte er in seinen Romanen unter Beweis gestellt. »Sie waren doch gestern dabei«, erklärte Georges daher, »als Ihr Tischnachbar, Mister Pullman, von dem hohen Konfliktpotenzial unter den Passagieren gesprochen hat. Ich muss zugeben, dass mir der Gedanke nicht mehr aus dem Kopf geht.«

»Sie fürchten, es könnte zu tätlichen Auseinandersetzungen im Zug kommen?«, fragte Verne.

»Eigentlich nicht, ich habe Vertrauen in meine Fahrgäste.« Mit einigen Ausnahmen, fügte er in Gedanken hinzu. »Doch ich möchte schon im Vorfeld schlichten, wo es nötig ist. Vielleicht ist die Sitzordnung im Speisewagen noch nicht perfekt, verstehen Sie?«

Verne steckte die Finger beider Hände ineinander und ließ die Daumen kreiseln. »Sie wenden sich an einen Fachmann, das ehrt mich. Allerdings ist es so, dass in meinem Roman ein Mord aus Eifersucht geschieht, ein solches Motiv können wir für unsere Mitreisenden wohl ausschließen. Also denken wir über die politischen Differenzen der Passagiere nach.« Mit Blicken fischte er Gedanken aus der Luft.

»Da wäre zunächst Monsieur Grimprel, der sich mir vorhin selbstlos als Mordopfer zu Füßen geworfen hat. Ihm steht Doktor von Diehl gegenüber. Ein Preuße und ein Franzose. Ich muss Ihnen nicht erklären, wie verfeindet die beiden Nationen seit dem Krieg sind. Was hätte einer von beiden davon, den anderen auszuschalten? Die pure Lust an Rache, weiter nichts.«

Georges nickte und hörte zu, aufmerksam, wie er vorgab, doch in seinem Herzen pochte die Ungeduld. Alles, was er wissen wollte, war, ob Missak Effendi Grund hatte, jemanden mit dem Dolch des Kalifen zu traktieren. Doch danach konnte er unmöglich direkt fragen, Verne hätte sofort Verdacht geschöpft. Der Autor musste von selbst darauf kommen.

Er war auf dem besten Weg, denn mit jeder Möglichkeit, die er nannte, fielen ihm mehr Motive ein. Gerade hatte er den Russen den Briten angreifen lassen, weil ihre Nationen sich um die Vorherrschaft auf dem Balkan stritten. »Doch wir sollten auch die weniger deutlichen Feindseligkeiten in Betracht ziehen. Zum Beispiel die zwischen dem Inder und dem Briten.«

»Aber der Maharadscha war Ehrengast von Königin Victoria in London«, wandte Georges ein. »Wieso sollte er etwas gegen Sir Laycock haben?«

»Ehrengast, Orden und Salutschüsse«, zählte Verne auf. »Haben Sie schon mal darüber nachgedacht, warum die Briten so ein Aufheben um einen indischen Großfürsten machen? Weil sie im Augenblick keine Schwierigkeiten in den indischen Kolonien gebrauchen können. Die Russen machen Ärger auf dem Balkan. Wenn sie die jungen Staaten dort unter ihre Kontrolle bringen, bekommt der Zar einen Zugang zum Mittelmeer. Dann macht er der britischen Seemacht Konkurrenz. Um das zu verhindern, müssen die Briten Kräfte bündeln, und woher bekommen sie die? Aus den Kolonien, vor allem durch ihre in Indien stationierten Truppen. Wenn sie dort aber weniger präsent sind, werden die indischen Bestrebungen nach Unabhängigkeit stärker werden. Deshalb brauchen sie Verbündete, die im Sinn von Königin Victoria handeln und den Union Jack hochhalten, Verbündete wie seine Hoheit Sayadschi Rao III.«

Je länger Verne sprach, desto mehr wünschte sich Georges, er hätte ihn gar nicht erst gefragt, denn der Schriftsteller entpuppte sich als profunder Kenner der weltpolitischen Lage und sah Kriege voraus, von denen Georges nichts geahnt hatte.

Zum Glück war Verne zum Ende gekommen. Aber den wichtigsten Punkt hatte er nicht angesprochen, nun musste Georges es doch selbst tun. »Was ist mit Missak Effendi, dem Osmanen?«

Verne arrangierte seine Miene zu einem fröhlichen Ausdruck. »Monsieur Missak ist ein eleganter und freundlicher Mensch.«

Georges rieb sein Knie mit einer Hand. »Sie glauben nicht, dass er jemanden im Zug angreifen würde?«

»Dazu kenne ich den Mann zu wenig. Aber warum sollte er das tun? Schauen Sie, Georges: Die Osmanen haben erst vor Kurzem einen Krieg gegen die Russen verloren, und im Frieden von San Stefano mussten sie weite Teile des Balkans abtreten. In das Machtvakuum drängen nun andere Staaten. Vor allem aber, wie wir vorhin schon festgestellt haben, die Russen. Das Osmanische Reich war schon vor dem Krieg mit ihnen geschwächt – sonst hätten die Russen es nicht angegriffen. Doch jetzt liegt der Kalif am Boden. Man bezeichnet ihn und sein Reich als ›kranken Mann am Bosporus‹. Wäre der Kalif stark, würde er den Orient-Express Konstantinopel gar nicht anfahren lassen, so aber ist es für die Hohe Pforte wichtig, sich mit Europa zu verbünden. Warum also sollte ein osmanischer Diplomat einem dieser möglichen Verbündeten schaden wollen? Das wäre unlogisch.«

Was Verne da vortrug, deckte sich mit dem, was Georges über die politischen Entwicklungen der vergangenen Jahre wusste. Er erhob sich. »Vielen Dank, Jules. Sie haben mir sehr geholfen. Wenn ich etwas für Sie tun kann, etwas, das nichts mit dem Gebrauch von Schusswaffen zu tun hat …«

»Das können Sie, Georges. Es geht um Ihren Verband. Darf ich mir bitte ansehen, wie er angelegt worden ist? Sie wissen schon: mein Roman.«

KAPITEL 20

Freitag, 5. Oktober
Von Strasbourg nach Wien

»Jules Verne hat so viele Szenarien über Streitigkeiten entworfen, dass es ein Wunder wäre, wenn der Zug Konstantinopel überhaupt mit einem lebendigen Fahrgast erreicht.« Georges war in sein Abteil zurückgekehrt und berichtete Hubertine, was vorgefallen war.

»Hat Monsieur Verne eine Idee …« Weiter kam sie nicht. Es klopfte an der Tür. »Monsieur Nagelmackers?«

Georges öffnete. »Was gibt's, Pascal?«

»Wir erreichen in wenigen Minuten München«, meldete der Zugbegleiter.

»Danke«, sagte Georges, »ich komme sofort.«

Pascal eilte davon. Georges sah Hubertine an. Er griff in seine Westentasche, darin knisterte das Billett nach Paris, das er für sie in Strasbourg gekauft hatte.

Ein Ruck ging durch den Waggon. Der Zug wurde langsamer.

»Dann wird es wohl Zeit, sich zu verabschieden«, sagte sie. »Ich wünsche dir viel Glück, Georges. Wir sehen uns in Paris.«

»Du gehst … einfach so? Aus freien Stücken?« Georges war verblüfft. Diese Frau überraschte ihn immer wieder. Dummerweise hatte er Mühe, seine Enttäuschung zu verbergen.

Sie richtete ihre Uniform. »Meine Mitreisenden im Zug nach Paris werden glauben, ich sei eine Zirkusdirektorin.«

»Auf jeden Fall bist du die Dompteurin in der Manege meines Lebens.« Die Worte waren einfach so herausgepurzelt. Was war nur los mit ihm?

»Diese Manege muss ich jetzt wohl verlassen.« Sie sah direkt in ihn hinein.

Georges spürte, wie sich etwas in seinem Bauch regte und seinen Verstand ablenkte. Er vermisste sie bereits. Könnte Hubertine nicht weiter mitfahren und sich in seinem Abteil versteckt halten? Nein! Sie würde früher oder später im Zug auffallen – Pascal und Monsieur Grimprel hatten sie bereits gesehen, als Georges ohnmächtig gewesen war –, und außerdem konnte sie in Konstantinopel eine diplomatische Krise heraufbeschwören. Es war zwar unwahrscheinlich, dass sie überhaupt in die Nähe des Kalifen kam. Aber das hatte Georges auch geglaubt, als sie angekündigt hatte, dem Staatspräsidenten Frankreichs eigenhändig eine Liste mit vierhundert Unterschriften für die Einführung des Frauenwahlrechts auf den Schreibtisch zu legen. Gegen sie war der Tiger im Gepäckwagen ein Schmusekätzchen.

»Adieu«, sagte er und küsste ihre Hände.

Der Zug hielt. Jemand rief die Haltestelle München aus. Abteiltüren klappten, und Stimmen waren auf dem Gang zu hören. Die Passagiere strömten hinaus, um den kurzen Aufenthalt für einen Spaziergang zu nutzen. Georges und Hubertine warteten, bis es still geworden war, dann öffneten sie die Tür, spähten auf den Gang und huschten zur Waggontür, die auf den Bahnsteig führte.

Zum Glück stieg Georges als Erster aus dem Zug – und stieß mit Henri de Blowitz zusammen. Der Reporter hatte sich gegen die kühle Münchner Luft seinen Pelzmantel übergeworfen und wich erschrocken zurück. »Meine Güte, Georges!«, rief er und hielt sich die Hand gegen die Brust. »Wollen Sie mich umbringen?«

»Das hängt davon ab«, erwiderte er, »wie Ihr Artikel über den Orient-Express ausfällt.«

Blowitz stutzte, dann lachte er. »Sagte ich schon, dass ich Ihren Humor mag, Georges? Über den Tiger im Gepäckwagen und meine Gefangenschaft in einem Abteil müssen wir aber ein ernstes Wort sprechen.«

Hoffentlich erfuhr der Reporter nicht, warum besagter Gepäckwagen mit einem zusätzlichen Sicherheitsschloss abgesperrt worden war. Im Augenwinkel sah Georges, wie Hubertine neben der Waggontür stand und darauf wartete, aussteigen zu können. Um ihr ein Zeichen zu geben, schüttelte er den Kopf.

Blowitz missverstand die Geste. »Das wollen Sie nicht? Von mir aus. Ich finde auch ohne Sie alles heraus, was ich wissen muss. Das ist schließlich mein Beruf.« Er tippte gegen die Krempe seines Zylinders, holte seinen Notizblock hervor und begann, etwas aufzuschreiben.

Georges sprang zurück in den Waggon und drängte Hubertine in den Gang. »Du kannst hier nicht aussteigen.«

Sie reckte den Kopf und riskierte einen Blick durchs Fenster. »Schade!«, sagte sie, als sie Blowitz entdeckte. »Ich hatte gehofft, du würdest das sagen, um mich doch nicht gehen zu lassen.«

Georges wühlte durch sein Haar und zuckte zusammen, als er gegen den Verband stieß. Wenn er nur wüsste, was er wollte! Auf keinen Fall eine blinde Passagierin an Bord, eine scharfsinnige Aufrührerin, die glaubte, Raubtiere bändigen zu können, die ihn bestohlen und bewusstlos geschlagen hatte. Oder?

Als der Zug München verließ und in Richtung Österreich weiterfuhr, probierte Hubertine ein Kleid an, das Pascal aus einem Schneiderladen in der Nähe des Münchner Bahnhofs herbeigeschafft hatte. Georges hatte ihn unter dem Siegel der Verschwiegenheit beauftragt, die neue Garderobe zu besorgen, und der Zugbegleiter hatte die delikate Mission in aller Eile ausgeführt. Das Kleid war marineblau, lang, hatte gepuffte Ärmel an den Schultern und lag eng an der Taille an. Der Rock hatte eine Glockenform und war mit Rüschen und Bändern verziert. Hubertine tastete über den Stoff. »Damit kann ich mich sehen lassen.«

»Aber nicht, bevor wir Konstantinopel erreicht haben.« Georges schaute aus dem Fenster und seufzte. Er konnte nicht verhindern, dass ein Lächeln seine Lippen umspielte.

KAPITEL 21

Freitag, 5. Oktober
Von Strasbourg nach Wien

Es war bereits dunkel, als der Zug Wels im Alpenvorland durchquerte. Im Speisewagen klirrten die Gläser, und die Gespräche flossen wie der Wein. Sogar Pullman scherzte mit seinen Tischgenossen, und Georges musste immer wieder Komplimente für den Koch entgegennehmen, die er an den strahlenden Félix weiterreichte.

Die Grenzkontrolle hinter Simbach war reibungslos verlaufen, woran auch der österreichische Bahndirektor Wilhelm von Flattich seinen Anteil hatte, der in Wien zusteigen sollte.

Die Passagiere, die nur bis Wien mitfahren würden, bedauerten nun, keine Fahrkarte bis Konstantinopel gelöst zu haben. Um zweiundzwanzig Uhr tauchten vor den nachtblauen Fenstern die Lichter der K.-u.-k.-Hauptstadt auf. Der Orient-Express fuhr durch die Vororte und hielt bald darauf im Westbahnhof. Trotz der späten Stunde war der Bahnsteig voller Menschen. Zu den üblichen Schaulustigen gesellten sich diesmal Freunde und Verwandte, die Fahrgäste abholen wollten. Als Georges aus dem Zug stieg, wurde er von Applaus begrüßt. Eine Kapelle spielte auf, und ein kleiner, nervöser Mann mit rot geäderten Augen begrüßte ihn. Mit einer durchdringenden Stimme und dem für Georges ungewohnten österreichischen Akzent stellte er sich als Wilhelm von Flattich vor.

»Sie sind pünktlich«, rief Flattich aus und warf die Arme in die Luft.

»Wie die Eisenbahn.« Georges musste ebenfalls rufen, um sich gegen die Kapelle verständlich zu machen.

Flattich lachte. »Natürlich! Pünktlichkeit ist die höchste Tugend des Eisenbahners, nicht wahr, Herr Nagelmackers?« Er warf einen Blick auf Georges' Verband, runzelte kurz die Stirn, dann betrachtete er den Zug. »Wann geht es weiter Richtung Budapest? Haben wir noch Zeit für eine Führung?«

»Wir haben auf der Fahrt so viel Zeit, dass ich Ihnen jeden Winkel des Orient-Express zeigen kann.« Die Musik endete. Mit einem Mal stutzte Georges. Wo war das Gepäck des Eisenbahndirektors?

Der Österreicher klopfte ihm auf die Schulter. »Leider kann ich nicht mitreisen. Dringende Geschäfte erwarten mich. Wie Sie vielleicht wissen, bin ich für den Bau des Südbahnhofs verantwortlich, und da geht es im Augenblick drunter und drüber.« Er winkte ab. »Das muss Sie nicht interessieren, wohl aber, dass ich für Ersatz gesorgt habe.«

Das Lächeln auf von Flattichs Gesicht gefiel Georges nicht.

»Für liebreizenden Ersatz«, fuhr der Bahndirektor fort. »Meine Frau Marie Luise und ihre Schwester Léonie werden an meiner Stelle mitfahren. Sie brennen darauf, den Orient kennenzulernen. Sie wissen schon: Tausendundeine Nacht, Scheherazade und die vierzig Räuber. Ich habe den beiden mein Abteil überlassen.«

War es sinnvoll, den Direktor darüber aufzuklären, dass Tausendundeine Nacht in Bagdad spielte, zweitausend Kilometer von Konstantinopel entfernt? War es sinnvoll, ihm zu sagen, dass Georges keinen dreizehnten Fahrgast eingeplant hatte, weil er befürchtete, das bringe Unglück, und schon gar keine Frauen, weil die vierzig Räuber auf dem Balkan rascher Wirklichkeit werden konnten, als es den Flattich-Damen lieb war? Bevor er etwas einwenden konnte, winkte der Bahndirektor zwei Frauen in der Nähe, die Georges bislang nicht aufgefallen waren. Die ältere zählte etwa fünfzig Jahre und war von graziler Figur. Sie betonte ihre Haltung durch einen selbstbewussten Gang, als sie auf Georges zukam und ihm eine Hand im Spitzenhandschuh hinhielt. Er beugte sich darüber. Ihr Mann stellte sie und Georges einander vor. Die Gattin des Bahndirektors hatte ein zartes Gesicht mit einer kleinen Nase und einem schmalen Mund. Ihr dunkles Haar zeigte erste Strähnen von Grau. Es war zu einem kunstvollen Knoten aufgesteckt, der mit Perlen und Federn geschmückt war. Auch um den Hals trug sie Perlen an einer Kette. Der Reichtum, den sie zur Schau stellte, wurde durch Diamantohrringe unterstrichen

Im Gegensatz zu ihrem Mann sprach sie Französisch. »Wie wir hörten, führen Sie einen Flügel im Zug mit. Sie müssen wissen, Monsieur Nagelmackers, dass Léonies Stimme jeden Salon in Entzücken versetzt, und ich begleite meine Schwester an den Tasten. Chopin, verstehen Sie? Ein Franzose, wie Sie!«

Chopin war zwar ebenso wenig Franzose gewesen, wie Georges einer war, und ihm lag bereits eine Erwiderung auf der Zunge, aber er riss sich zusammen und sagte bloß: »Leider haben wir kein Klavier an Bord, Frau von Flattich.«

»Aber wir werden doch gewiss eins auftreiben können.« Nun drängte sich die Schwester der Pianistin nach vorn und ließ sich als Léonie Tafel vorstellen. Sie hatte eine üppige Figur, ihr Gesicht war rund und rosig, mit vollen Wangen und einem breiten Lächeln. Dazu passte der neugierige und fröhliche Ausdruck in ihren braunen Augen. Auch ihr Haar war kastanienbraun. Zu langen Locken geformt fiel es ihr über die Schultern. Ihr Kleid war aus hellrosa Seide gearbeitet, und sie hielt einen kleinen Strauß Rosen und Veilchen in der Hand, den sie aufgeregt schwenkte.

»Klaviere gibt es selbstverständlich auch auf dem Balkan«, sagte er ausweichend.

»Siehst du, Wilhelm?« Marie Luise von Flattich strahlte. »Ich habe doch gesagt, dass ein französischer Herr einfach alles für Frauen tut. Sogar Klaviere in der Wildnis finden.«

Georges winkte Pascal heran. »Führe unsere neuen Gäste in den Speisewagen, Félix soll ihnen eine Kleinigkeit servieren. Dann kehrst du zurück und bringst das Gepäck der Damen in das Abteil, das für Herrn von Flattich vorgesehen war.«

»Sind die Koffer denn nicht besser im Gepäckwagen untergebracht?«, schlug Pascal vor und sah Georges überrascht an.

»Nein, auf gar keinen Fall. Das wird erst bei unserem nächsten Halt möglich sein.«

»Wir beziehen zunächst unser Abteil«, mischte sich Marie Luise von Flattich ein. »Ich möchte mich frisch machen, bevor ich den Salon betrete.«

Georges nickte Pascal zu. Die beiden Damen verabschiedeten sich von Wilhelm von Flattich, danach hakten sie einander unter und folgten dem Zugbegleiter. Georges sah ihnen nach, dann nahm er den Eisenbahndirektor beiseite. »Haben Sie meine Nachricht erhalten? Ich habe Ihnen am Nachmittag ein Telegramm geschickt.«

Das Gesicht des Bahndirektors leuchtete. »Natürlich. Unsere Telegraphenleitungen gehören zu den besten Europas. Ich selbst habe das Holz für die Masten ausgesucht.« Er kramte in der Innentasche seines Mantels herum, bis seine Hand mit einem zusammengefalteten Stück Papier hervorkam. Damit wedelte er in der Luft herum. »Natürlich bleibt Ihr kleines Geheimnis unter uns«, raunte er.

»Natürlich«, stimmte Georges zu und fragte sich, wie viel von Flattich sich hatte zusammenreimen können, nachdem Georges um Tierfänger gebeten hatte.

»Hier ist er! Eine echte Spezialität.« Mit einem Mal hielt von Flattich eine braune Tonflasche in der Hand, darauf war ein buntes Etikett geklebt. Er drückte sie Georges in die Hand.

»Ein echter Bärenfang. Nicht das Zeug, das man den Touristen verkauft. Das hier ist guter Stoff. Seien Sie vorsichtig!«

Georges starrte auf die Flasche.

»Da sind Sie sprachlos, was?« Wilhelm tippte gegen die Flasche. »Hat mich kaum Mühe gekostet. Beim Direktor der Schnapsbrennerei hatte ich noch was gut.«

»Darf ich?« Georges zog dem Österreicher das Telegramm aus den Fingern und faltete es auseinander.

»Erstaunlich gut zu lesen, nicht wahr?«, sagte Flattich. »Wir arbeiten in Wien mit Typendruck-Telegraphen. Da kann nichts falsch verstanden werden, wie es bei den handschriftlichen Telegrammen vorkommt. Hier steht alles klipp und klar und fehlerfrei. So, wie es sein sollte.«

Tatsächlich waren die blauen Druckbuchstaben auf dem Papier ausgesprochen gut zu lesen. »Tiger im Hals«, stand dort. »Erbitte Tierfänger im Westbahnhof Wien. Ankunft heute 22 Uhr. Gruß, G. N.« Der Telegraphenmeister in Ulm hatte Hals buchstabiert, wo Georges Zug geschrieben hatte. Er starrte abwechselnd von dem Telegramm zu der Flasche in seiner Hand.

»Bei uns Eisenbahnern«, sagte Flattich, »ist ein starker Schluck bisweilen nötig. Ich verstehe das. Lassen Sie Ihre Gäste die Flasche nicht sehen, sonst werden die fortan Ihren Cognac verschmähen.«

»Danke«, brachte Georges hervor. Lieber hätte er dem Bahndirektor den Bärenfang wieder zurückgegeben. Doch es war nicht von Flattichs Schuld, dass keine echten Tierfänger gekommen waren. Georges warf einen Blick zum hinteren Gepäckwagen. Wie sollte er jetzt den Tiger wieder in den Käfig bekommen? Bis er Zoomitarbeiter aufgetrieben hatte und sie am Bahnhof eintrafen, war der Orient-Express längst wieder unterwegs. Es blieb ihm nichts anderes übrig, als es am nächsten größeren Bahnhof zu versuchen: Budapest. Am nächsten Morgen um sechs Uhr.

»Ich werde einen Schluck auf Ihre Gesundheit trinken«, versicherte Georges. Tatsächlich würde er bald einen starken Schnaps brauchen.

Er verabschiedete sich von dem Bahndirektor und versprach, dass er sich um dessen Frau und ihre Schwester kümmern werde. Am hinteren Gepäckwagen war ein Stimmengewirr zu vernehmen. Dort stand Bernard in Uniform und redete auf eine Gruppe Männer ein. Zwar konnte Georges nicht verstehen, worum es ging, aber die Gesichter sprachen Bände. Als er die Streitenden erreichte, konnte er gerade noch verhindern, dass sich die Männer mit Gewalt Zugang zu dem Waggon verschafften.

»Bitte, Messieurs!«, rief er. »Bewahren Sie Ruhe! Womit kann ich Ihnen helfen?«

»Na, mit unserem Gepäck«, antwortete ein Franzose, den Georges im Speisewagen als Monsieur Lefort kennengelernt hatte. »Oder wollen Sie das etwa an den Kalifen in Konstantinopel verkaufen?«

Georges erstarrte. In alldem Trubel hatte er vergessen, dass die Passagiere, für die Wien Endstation war, ihre Koffer benötigten. Die Koffer aus dem Wagen, in dem der Tiger frei herumlief. Mit dem Einfangen der Raubkatze würde er also nicht bis Budapest warten können.

»Selbstverständlich«, sagte Georges. »Es ist nur so, dass die Frachttüren klemmen. Entschuldigen Sie bitte! Ich werde von innen nachhelfen. Bitte gedulden Sie sich einen Augenblick.«

In diesem Moment setzte die Musikkapelle wieder ein. Die Blechbläser schmetterten die österreichische Nationalhymne, und die Umstehenden sangen mit. Das Getöse lenkte auch die aufgebrachten Fahrgäste ab.

Georges lief an dem Waggon entlang, dorthin, wo die Plattform den Gepäckwagen mit dem Schlafwagen verband, er holte den Schlüssel hervor und entsicherte das Schloss, das er zur

Verstärkung dort angebracht hatte. Bevor er die Klinke herunterdrückte, schloss er die Augen und atmete tief durch. Dann zog er die Tür auf.

KAPITEL 22

Freitag, 5. Oktober
Wien, Westbahnhof

»Willst du Selbstmord begehen?« Hubertine legte Georges eine Hand auf den Arm und schob mit der anderen die Tür zum Gepäckwagen zurück ins Schloss.
»Die Leute brauchen ihre Koffer.« Sanft schob er ihre Hände weg. »Ich beeile mich. Wird schon nichts passieren.«
»Beeilen?« Sie fasste seine Schultern. »Dadrin läuft eine Tigerin herum. Was glaubst du, wie die sich beeilen wird, dich zu fressen?«
»Vielleicht schläft sie. Ich werde vorsichtig sein.«
»Georges, du bist genug Risiken eingegangen, um diesen Zug fahren zu lassen. Musst du jetzt auch noch in ein Raubtiergehege steigen?«
»Wenn du eine andere Möglichkeit siehst, verrate sie mir. Andernfalls tritt bitte beiseite.«
Sie kannte ihn gut genug, um zu wissen, dass er sich nicht davon abbringen lassen würde, das Gepäck herauszuholen. »Ich gehe mit«, sagte sie mit so viel Bestimmtheit in der Stimme wie möglich.
Vom Abteilfenster aus hatte sie das Geschehen auf dem Bahnsteig beobachtet, hatte erkannt, dass Georges zwei Passagierinnen für den Orient-Express aufgedrängt worden waren, in dem eigentlich nur Männer mitreisen sollten, und dabei schon ein wenig Schadenfreude empfunden. Die Welt drehte

sich halt ebenso wenig ohne Frauen wie die Räder eines Zuges ohne Dampfmaschinen.

Für Hubertine waren die neuen Fahrgäste ein Geschenk des Himmels. Sie würde nicht länger allein sein und sich in einem Abteil verstecken müssen! Sobald wie möglich wollte sie mit den beiden Damen aus Wien Kontakt aufnehmen, war doch die österreichische Hauptstadt ein Zentrum des Kampfs für die Rechte der Frauen. Gemeinsam würden sie die Männerwelt im Orient-Express erobern.

Da war ihr aufgefallen, dass Georges mit einer Gruppe von Männern vor dem Gepäckwagen aneinandergeraten war und kurz darauf die Tür zum Waggon aufschloss – jenem Waggon, in dem Madame frei herumlief.

»Das kommt nicht infrage«, rief er nun aus. »Das ist viel zu gefährlich.«

»Jetzt ist es also gefährlich!« Auch Hubertine hob die Stimme. »Dabei ist das Risiko geringer, wenn ich mitkomme.« Sie stemmte eine Faust in die Hüfte und hob den Zeigefinger der anderen. »Ich habe schon mit Madame den Waggon geteilt«, zählte sie auf und hob einen Finger nach dem anderen. »Sie kennt meinen Geruch, sie kennt meine Stimme. Außerdem habe ich ihr Wasser gegeben. Du musst mir vertrauen. Ich bin besser darin, Frauen von etwas zu überzeugen.«

»Nein«, sagte Georges. »Das ist mein Zug und meine Verantwortung. Ich werde eine Waffe holen. Der Zug ist voller Pistolen. Damit halte ich mir die Raubkatze vom Leib.«

Bevor Hubertine protestieren konnte, tauchte ein Mann in der Kluft eines Lokomotivführers auf dem Bahnsteig auf und lugte um die Ecke. »Da bist du ja, Georges.« Er schaute Hubertine misstrauisch an, dann wanderte sein Blick zu Georges' Gehrock, aus dem der Hals einer Flasche hervorlugte.

»Was ist los, Adolphe-Victor?«, wollte Georges wissen.

»Wir müssen weiterfahren. Der Kessel kühlt sonst so stark

aus, dass wir lange brauchen werden, um wieder auf Geschwindigkeit zu kommen. Die Passagiere sind bereits im Zug, und die Vorräte sind aufgeladen.«

»Was sind das für Vorräte?«, fragte Hubertine. Aus dem Augenwinkel fing sie Georges' Blick auf. In diesem Moment wusste sie, dass sie beide dasselbe dachten.

»Ich bin zwar nur für die Kohlen zuständig«, erwiderte der Lokführer, »aber ich bin sicher, dass auch Kuchen dabei ist, Madame.«

»Mademoiselle«, verbesserte sie.

»Seit wann fahren Frauen mit?«, fragte der bullige Bursche an Georges gewandt, doch der ging nicht darauf ein. »Ich kann hier nicht weg«, sagte er zu Adolphe-Victor. »Es ist noch eine Kleinigkeit zu erledigen, ehe wir aufbrechen können. Wenn du in der Küche bitte Félix verständigen würdest. Ich brauche Fleisch. Sagen wir ...«, er schaute Hubertine fragend an.

»Drei Pfund fürs Erste«, sagte sie.

Der Lokomotivführer warf ihr noch einen verwunderten Blick zu, verschwand dann aber wortlos.

»Mit Speck fängt man Mäuse«, sagte Georges.

»Wann ist Madame zum letzten Mal gefüttert worden?«

Er schaute durch sie hindurch, und es schien, als seien in seinen Augen Zahlen zu sehen. »Vor fünf oder sechs Stunden muss das gewesen sein. Der Diener des Maharadscha wirft morgens und abends etwas in den Waggon.«

»Sie wird Hunger haben.«

»Hoffentlich mag sie Steak«, sagte Georges. »Ich habe mal gehört, Katzen bevorzugen Fleisch, das sie selbst gerissen haben.«

Die Tür des Schlafwagens öffnete sich, und Félix erschien in Schürze und Kochmütze. Ein Ledersack hing über seiner Schulter, den hielt er Georges hin. »Was immer du damit vorhast, sei vorsichtig ...«, sagte Félix und lächelte Hubertine an. »Es ist für den Wiener Saftgulasch gedacht.«

Georges wollte den Beutel entgegennehmen, doch Hubertine griff zuerst zu und hängte sich den Riemen über die Schulter. »Versuchen Sie es mit etwas Vegetarischem«, schlug sie dem Koch vor. »Das ist gesünder.«

Georges schaute Félix hinterher. »Ich hoffe, ich lebe lange genug, um herauszufinden, wie er das Problem lösen wird.«

»Das wirst du, mein Lieber. Du wartest nämlich vorne am Waggon auf mich, um das Gepäck entgegenzunehmen.«

»Eine gute Idee«, sagte Georges, »aber diesen Platz wirst du einnehmen.«

»Georges!« Sie kannte das Spiel. Es hieß »Starrkopf«, und sie waren beide meisterhafte Wettstreiter. »Ich werde keinen Zentimeter von der Stelle weichen«, sagte sie, »und dein Zug auch nicht.«

Sie hatte seinen wunden Punkt getroffen. Georges hatte von allem viel: Liebe zu Hubertine, Begeisterung für seinen Zug, Einfälle und die Kraft, sie umzusetzen. Was er nicht hatte, war Zeit.

»Also gut, dann gehen wir zusammen.« Er öffnete, ohne ihre Antwort abzuwarten, die Tür einen Spaltbreit und lugte hindurch. »Die Bestie liegt am anderen Ende des Waggons«, flüsterte er Hubertine zu. »Ich glaube, sie schläft.«

»Dann kann mir ja nichts passieren.« Hubertine schob Georges beiseite, drängte sich durch den Spalt und ging einen Schritt in den Waggon hinein. Wie Georges gesagt hatte, lag Madame am fernen Ende des Frachtraums auf dem Boden. Ihre Haltung hatte sich gegenüber der im Käfig nicht geändert. So ein Raubtier schien gern zu schlafen, hoffentlich blieb das so.

Hubertine streckte eine Hand aus und drückte langsam die Luft nach unten. »Hallo, Madame. Kennst du mich noch?«

Die Tigerin hob den Kopf. Verstand sie die Worte, oder roch sie das Fleisch? Mit einem Satz war sie auf den Beinen. Der Gedanke, einen Fehler gemacht zu haben, durchzuckte Hubertine.

Madame wich zurück, bis sie mit dem peitschenden Schwanz gegen die Waggonwand stieß. Dort blieb sie stehen und duckte sich zum Sprung.

»Raus hier!«, rief Georges.

Er war ihr in den Wagen hinein gefolgt. Kein Wunder, dass sich die Raubkatze bedroht fühlte. »Verschwinde, Georges! Siehst du nicht, dass zwei Menschen zu viel für sie sind?« Hubertine schob ihn zurück zur Tür, etwas polterte. Die Flasche war Georges aus der Rocktasche gefallen. Hubertine hob sie auf. Sie verstand das deutsche Wort darauf nicht, aber das Bild eines tanzenden Bären ließ vermuten, dass Alkohol darin war.

Mit der Flasche in der einen und den Vorräten in der anderen Hand schaute sie zu Madame hinüber. Die Tigerin hatte sich nicht von der Stelle gerührt. Angespannt stand sie an ihrem Platz, den Blick fest auf das gerichtet, was um Hubertines Schulter hing.

Jetzt war keine Zeit zu verlieren. Sie griff in die Tasche, kramte ein kaltes, in Papier eingewickeltes Stück Fleisch hervor, holte aus und warf es, so weit sie konnte. Das Fleisch klatschte in der Nähe der Raubkatze auf den Bretterboden.

Das Tier versuchte zurückzuweichen, vergaß dabei, dass es schon die Wand im Rücken hatte, und begann zu brüllen, als es erneut dagegenstieß. Hubertine wich zurück, spürte Georges' Hand in ihrer. Beinahe konnte sie sehen, wie der Geruch des Futters in die Nase der Tigerin stieg. Madame reckte den Hals, nahm Witterung auf, dann tappte sie zwei Schritte auf die Beute zu und schnüffelte daran. Im nächsten Moment war das Steak mitsamt dem Papier verschwunden.

Die Tigerin schluckte, tastete mit der Nase über den Boden und leckte ihn ab.

Das ging zu schnell! Hubertine hatte gedacht, sich mit dem Futter etwas Zeit erkaufen zu können, aber den Appetit der Raubkatze unterschätzt.

Noch immer war die Tigerin damit beschäftigt, nach weiteren Leckerbissen zu suchen. Hubertine schaute auf die Flasche in ihrer Hand. Der Bär auf dem Etikett schien auf Alkohol zu reagieren, natürlich war das nur eine Zeichnung, ein Witz, und doch … Wenn sie die restlichen Fleischbrocken mit etwas Schnaps tränkte, um Madame schläfrig zu machen? Was bei Menschen funktionierte, könnte auch bei Tieren wirken. Sie zog den Korken aus der Flasche und hielt sie sich unter die Nase. Ein scharfer Geruch strömte daraus hervor.

Mit Handzeichen gab sie zu verstehen, was sie vorhatte, und er nickte ihr zu. Der Plan gefiel ihr, aber nur wenige Atemzüge lang. Wusste sie denn, ob Tiger Alkohol vertrugen? Vielleicht war Schnaps Gift für sie. Die Männer im Zug hätten gewiss keinen Augenblick gezögert, wären das Risiko eingegangen und hätten das Problem im Gepäckwagen auf diese Weise aus der Welt geschafft. Aber Hubertine war eine Frau.

»Wir werden eine andere Lösung finden«, sagte sie und erntete einen fragenden Blick von Georges. Bevor sie die Flasche wieder verschloss, setzte sie sie an die Lippen und trank zwei Schluck. Sie unterdrückte ein Husten und versuchte das Brennen in ihrem Rachen, ihrer Kehle und ihrem Bauch mit tiefen Atemzügen zu löschen. Danach breitete sich Schwerelosigkeit unter ihren Haaren aus, die Lähmung fiel von ihr ab. Immerhin dafür war dieses Zeug gut.

»Jetzt kommt der Hauptgang für dich, Madame«, rief sie der Tigerin zu, die süße Note des Hochprozentigen noch auf der Zunge. Sie streifte sich den Lederbeutel von der Schulter und suchte an der Wand nach einem Haken. Wo der Käfig ursprünglich gestanden hatte, waren welche zu sehen, daran hingen noch die Ketten und Seile. Sie behielt Madame im Blick, während sie zwei Schritte probierte. Die Tigerin rührte sich nicht, ließ sie aber nicht aus den Augen. Georges war ihr gefolgt und griff in den Beutel, fischte ein weiteres Steak heraus und warf es dem Tier vor die Nase. Es verschwand ebenso schnell wie das erste, doch diesmal nutzte Hubertine die Zeit besser, erwischte die Haken in der Wand und schlang die Schlaufen des Beutels darum. Rasch zog sie sich wieder zurück, Madame im Blick behaltend.

Als die Tigerin aufsah, zeigte Hubertine auf den Futterbeutel. »Da ist noch mehr für dich. Du musst es dir nur holen.« Das Tier starrte sie an. Warum folgte sein Blick denn nicht dem ausgestreckten Finger? »Da vorn«, sagte Hubertine, »in dem Beutel.«

Madame kam auf sie zu. Ihr Kopf hing tief zwischen den mächtigen Schultern, eine schnelle Zunge wischte über die Nase. Sie schien mehr Futter an derselben Quelle zu vermuten, und diese Quelle hatte zwei Beine.

Sie wichen weiter zurück, dann spürte Hubertine die Waggontür im Rücken. »Dort vorn hängt noch mehr für dich«, wiederholte sie. Mit der Raubkatze so nah vor sich wagte sie jedoch nicht länger, einen Arm auszustrecken, die Geste mochte bedrohlich wirken. Madame kam näher. Sie reichte Hubertine bis zur Hüfte und hob den Kopf. Vermutlich rochen die Menschen vor ihr wie ein Metzgerladen. Mit einer langsamen Bewegung zog Hubertine den Bärenfang aus der Tasche, entkorkte ihn so geräuschlos wie möglich und ließ einige Tropfen auf den Boden zwischen ihnen und der Raubkatze fallen.

Die Nase des Tiers zuckte. Madame wich einen Schritt zurück, dann noch einen. Georges nahm Hubertine die Flasche aus der Hand und beträufelte ihre Kleidung mit dem Schnaps. Das überzeugte die Raubkatze vollends. Sie wandte sich ab, tat mit schlagendem Schwanz ihren Missmut kund und zog sich wieder in den hinteren Teil des Wagens zurück. Dort schien ihr alsbald der Geruch aus dem Beutel in die gewaltige Nase zu steigen, denn sie hielt darauf zu.

Hubertine stieß die Luft aus. Ihr Herz schlug wie rasend,

und ihr wurde schwummerig. Sie versuchte, die vor ihren Augen tanzenden Flecken zu ignorieren. Dieser Schnaps! Vielleicht hätte sie ihn besser nicht getrunken!

Etwas krachte. Sie warf einen Blick in den Winkel, wo der Futterbeutel hing. Madame stand aufrecht und lehnte sich mit den Vordertatzen gegen die Wand, während sie versuchte, den Lederbeutel zwischen ihre Fänge zu bekommen. Die Tigerin hatte angebissen.

Nun suchte Hubertine die Reihen des Gepäcks ab. Die meisten Koffer waren auf Rollwagen gestapelt. Schilder waren daran befestigt, auf dem zweiten stand »Wien«. Auch diesen Aspekt des Zugreisens hatte Georges perfekt organisiert. Man brauchte nur den Rollwagen aus dem Zug zu schieben, schon war alles erledigt – zumindest wenn nicht gerade eine Raubkatze im Waggon herumlief.

Der Rollwagen war mit einem Seil an der Wand gesichert, es ließ sich aushaken. Sie verständigte sich wortlos mit Georges, schob die Bremsklötze beiseite, und das Gepäck setzte sich fast von selbst in Bewegung.

Die Koffer rumpelten, als er sie in Richtung des Frachttors zog. Ein Blick zum Futterbeutel verriet Hubertine, dass die Tigerin mit ihren Zähnen keinen Erfolg hatte und nun mit den Pranken nachhalf. Sie krallte die Tatzen in den Ledersack und hängte sich mit ihrem Gewicht daran. Die Schlaufe des Beutels spannte sich, hielt der Belastung stand, allerdings drohte der Haken aus der Wand zu brechen.

So schnell sie konnten, zogen sie den Rollwagen bis zum Frachttor. Georges schlug mit der Faust dagegen. Es bewegte sich, glitt zur Seite. Bernard musste den Sicherungshaken schon entfernt haben. Sein Gesicht tauchte in dem Spalt auf, es war von Sorge gezeichnet, hinter ihm waren die verärgerten Stimmen der Wartenden zu hören. Das Tor rumpelte, als Bernard es weiter aufzog. Dann blieb es stehen.

»Weiter!«, verlangte Georges, doch das Frachttor steckte fest.
»Wir brauchen ein Stemmeisen«, rief Bernard.

Für einen Moment huschte Hoffnungslosigkeit über Hubertine hinweg. Sie konnten immer noch durch die Seitentür entkommen. Aber dann gab es nur noch eine Lösung, um an das Gepäck zu kommen: Schusswaffen.

So weit es ging, steckte sie den Kopf durch den Spalt, und rief um Hilfe. »Wir sind hier drin gefangen. Bitte, helfen Sie uns!« Das war zwar nicht in Georges' Sinn, aber dafür wirksam. Die Männer vor dem Gepäckwagen reagierten sofort. Einer lief auf das Frachttor zu, weitere folgten, und schon drückte ein halbes Dutzend Helfer gegen die mit Metall beschlagene Kante. Zunächst rührte sich nichts, doch nachdem Georges bis drei gezählt hatte und alle auf das Signal hin gleichzeitig schoben, ruckte das Tor ein Stück auf, dann noch etwas weiter. »Aufhören! Das genügt!« Hubertine war bereits auf der Laderampe und zog den Rollwagen über die Schwelle. Doch die Männer waren nicht aufzuhalten. Vielleicht glaubten sie, das Tor müsse vollständig aufgezogen werden, vielleicht hatten sie auch einfach nur Freude an ihrer Kraft und ihrem Erfolg. Sie schoben und drückten – und dann sahen sie den Tiger.

Madame hatte sich wieder auf alle viere niedergelassen. Das Fleisch aus dem Beutel lag vor ihr auf dem Waggonboden, ein blutiges Stück hing ihr aus dem Maul, als sie zu dem Tumult vor dem Tor hinüberschaute. Ein Grollen kam aus ihrer Kehle, und sie stemmte unmissverständlich eine Tatze auf den Fleischberg.

Auf einen Moment des Schweigens folgte Geschrei. Einige Männer rannten davon, drei fassten sich ein Herz und schoben gemeinsam mit Georges und Hubertine das Tor zu. Die Tigerin hatte sich bis zuletzt nicht gerührt.

»Sie schien mehr an ihrem Futter interessiert zu sein als an ihrer Freiheit«, sagte Georges.

Hubertine lehnte mit dem Rücken gegen das Frachttor, schluckte gegen die Trockenheit in ihrer Kehle an und konnte nicht anders, sie musste lachen. Sie nahm sein Gesicht in die Hände. Bevor sie seine Lippen mit ihrem Mund berühren konnte, sackten ihr die Knie weg. Sie hielt sich an Georges' Schultern fest, spürte seine Hände unter ihren Armen, hörte ihn ihren Namen sagen, es klang wie aus weiter Ferne. Dann sah sie das Bahnhofsdach, es drehte sich wie ein Karussell, und im nächsten Moment brach die Nacht über Hubertine herein.

KAPITEL 23

Freitag, 5. Oktober
Von Wien nach Budapest

»Haben wir wirklich einen lebendigen Tiger an Bord?« Marie Luise von Flattich hielt sich eine Hand gegen die Wange und legte die andere auf den Arm ihrer Schwester. Die beiden Frauen saßen im Speisewagen und nahmen ein spätes Abendessen ein, zu dem Georges eingeladen hatte. Auch die meisten anderen Fahrgäste waren seiner Aufforderung gefolgt und ließen sich die Fischsuppe schmecken: Ludomir Orjol, Missak Effendi, Jules Verne, Gustave Grimprel, Volker von Diehl, Edmond Laycock, Henri Opper de Blowitz und Mortimer Pullman. Der Maharadscha hatte sich zeitig schlafen gelegt. Die im Restaurant Versammelten waren trotz der späten Stunde hellwach, einige zeigten sich regelrecht aufgedreht, immer wieder warfen sie einen Blick aus dem Fenster, wo sie die ersten Ausläufer des Balkans zu sehen hofften, doch das letzte Licht des Tages war erloschen.

Georges' Verband zog Aufmerksamkeit und Fragen auf sich. Er beantwortete sie, indem er vorgab, gestürzt zu sein. Natürlich sorgte auch der Tiger im Gepäckwagen für Gesprächsstoff. Die eigentliche Sensation im Orient-Express aber waren die beiden Frauen, die in Wien zugestiegen waren. Alle Herren hatten ihre Stühle in die Nähe des Tisches der Damen gerückt und versuchten nun möglichst charmant, Konversation zu treiben.

»Der Tiger«, übernahm Sir Laycock, »ist ein Geschenk Ihrer

Majestät Königin Victoria an unseren Staatsgast, den indischen Großfürsten Sayadschi Rao III. Gaekwad.«

»Wie können Sie bloß einen solchen Namen behalten!«, rief Léonie, die jüngere der beiden Schwestern. Vermutlich hatte sie beabsichtigt, dem Briten ein Kompliment zu machen.

»Oder gar aussprechen«, ergänzte ihre Schwester Marie Luise.

Laycock schien zu überlegen, wie er reagieren sollte.

»Was ich mich frage«, schaltete sich Georges ein, um zu verhindern, dass der Brite die Österreicherinnen zurechtwies: »Wie kommt die englische Königin eigentlich in den Besitz eines Tigers? Man sollte denken, dass der Maharadscha ein solches Raubtier als Gastgeschenk mit nach England bringt. Stattdessen nimmt er eines mit nach Hause.«

»Diese Merkwürdigkeit ist mir auch schon aufgefallen«, stimmte Jules Verne zu. Dem Schriftsteller hing eine kalte Pfeife aus dem Mundwinkel.

»Sie sind ja regelrechte Detektive«, höhnte Laycock. »Natürlich gibt es keine wilden Tiger in Großbritannien, wohl aber im Zoo von London. Den hat der Maharadscha besucht, und dabei ist ihm ein Exemplar ins Auge gefallen. Er sagte, er habe nie zuvor einen so stattlichen Tiger in Gefangenschaft gesehen, und fragte rundheraus, ob er ihn mit nach Hause nehmen dürfe.«

»Um ihn im Dschungel freizulassen!«, rief Léonie aus. »Der Maharadscha muss ein Mann mit einem großen Herzen sein.«

»Eher mit einer großen Büchse«, fuhr Laycock fort, nicht ohne Schwierigkeiten, seine Belustigung zu verbergen. »Seine Majestät Großfürst Sayadschi Rao III. will den Tiger tatsächlich in seinem Park in Westindien aussetzen – um ihn dort zu jagen.«

»Wie abscheulich!« Marie Luise von Flattich ließ ihren Löffel fallen, sodass die Bouillabaisse in der Tasse schwappte.

Nun begannen die Männer ein Gespräch darüber, wie gefährlich die Tigerjagd sei und wie gern sie einmal an einer teilnehmen würden. Grimprel wiederholte, was andere schon zuvor geäußert hatten: dass Georges den Inder überzeugen sollte, den Tiger für das Jagdvergnügen der Fahrgäste im Orient-Express zu spendieren.

»Ich fürchte«, sagte Georges, »dass Sie für ein solches Erlebnis bis Bombay weiterfahren müssten.«

Alle lachten.

Täuschte er sich, oder war etwas anders geworden, seit der Zug Wien verlassen hatte? Vielleicht lag es an dem Bewusstsein, ab jetzt zu einer kleinen Gemeinschaft von Expeditionsteilnehmern zu gehören, vielleicht lag es an den Frauen, die trotz Tigerjagd und Maharadscha im Mittelpunkt des Interesses standen.

Gerade bemerkte Missak Effendi, dass der Tiger ja nun mitsamt dem Gepäckwagen nach Indien transportiert werden müsse, weil er frei darin herumlaufe, da verstummten die Gespräche, und alle schauten zum Entrée des Speisewagens hinüber. Im Schein des Kronleuchters stand Hubertine.

»Bonsoir«, sagte sie und lächelte in die Runde. Sie trug das Kleid, das Georges ihr in München hatte besorgen lassen, auch wenn es von den Erlebnissen des Tages etwas in Mitleidenschaft gezogen worden war. Hubertine hatte sich darin gegen die Tigerin behauptet und sich anschließend auf dem Diwan liegend von ihrem Schwächeanfall erholt. Der Stoff war zerknittert, der Samt der Jacke hatte Bruchstellen, und die Spitze an den Ärmeln war eingerissen.

»Wer ist denn das?«, wandte sich Léonie Tafel an Georges; ihrem Gesicht war anzusehen, was sie von der Erscheinung hielt.

Er stand auf und ging zu Hubertine hinüber.

»Noch mehr Frauen«, rief Fürst Orjol. »Mein lieber Georges! Erst verbieten Sie uns den Umgang mit dem weiblichen Geschlecht und halten uns wie Klosterschüler, und nun kommen plötzlich aus allen Winkeln dieses Zuges die schönsten Frauen hervor. Bitte, meine Dame, setzen Sie sich zu uns!«

Hubertine löste sich aus Georges' Griff, ging auf den Stuhl zu, den der Russe ihr heranzog, und ließ sich darauf nieder.

»Das ist Mademoiselle Hubertine Berthier«, stellte er sie vor und legte beide Hände auf die Rückenlehne ihres Stuhls, »meine Verlobte.« Dass sie schon seit zehn Jahren verlobt waren, musste niemand wissen.

»Gratuliere«, sagte Jules Verne, »vor allem Ihnen, Georges.«

Mortimer Pullman setzte sein Glas ab und widmete Hubertine seine Aufmerksamkeit. »Kennen wir uns nicht?«

Bevor Georges den Amerikaner daran erinnern konnte, dass Hubertine bei den Verhandlungen über den Vertrag mit der Bahngesellschaft von Orléans dabei gewesen war und dort mit ihm, mit Mortimer Pullman, eine Zigarre geraucht hatte, schaltete sich Blowitz ein. »Sie erinnern mich ebenfalls an jemanden«, brummte er unter zusammengezogenen buschigen Brauen hervor.

Georges griff zur Cognacflasche und versuchte, die Erinnerungen von Blowitz und Pullman zu stören, indem er nachschenkte. Dabei pries er die Qualität des Weinbrands und beschrieb, dass der belgische König dieselbe Marke bevorzuge. Blowitz schloss sich dem allgemeinen Zuprosten an, doch seine Blicke wanderten immer wieder zu Hubertine hinüber. Es würde nicht lange dauern, bis dem Reporter einfiel, dass sie jene Frau gewesen war, die er in der Uniform eines Zugbegleiters gesehen hatte und die ihn in einem Abteil eingesperrt hatte.

Marie Luise von Flattich streckte einen Arm aus und stieß mit ihrem Glas an das von Blowitz. Das Klirren war wie ein Weckruf für den Journalisten. Er zuckte zusammen. »Herr de Blowitz«, sagte Marie Luise, »Sie scheinen von unserer Mitreisenden fasziniert zu sein.«

Blowitz errötete und versenkte seine Nase im Cognacschwenker.

Marie Luise wandte sich an Hubertine. »Sie sind wohl einigen Männern bekannt.«

Georges erstarrte. Es wurde still in der Runde.

»Wie machen Sie das nur?«, hakte Marie Luise nach.

»Ich glaube«, ergänzte Léonie, »es liegt an diesem Kleid. Es ist formidabel.«

Hubertine funkelte die Wienerinnen an und rümpfte die Nase. »Riecht es hier eigenartig?«

Georges griff nach ihrer Hand, bereit, sie aus dem Speisewagen zu ziehen. Wie hatte er nur den Fehler begehen können, Frauen im Zug mitreisen zu lassen? Eine einzige hatte schon für genug Verwirrung gesorgt, drei waren kaum auszuhalten, schon gar nicht, wenn sie aufeinander losgelassen wurden. Ob es hier eigenartig rieche!

Dann bemerkte er es auch. Der Geruch von etwas Verbranntem zog durch den Waggon. »Ich bin gleich wieder da.« Georges sprang auf und lief zur Küche. Ihm war nicht ganz wohl dabei, die Runde in dieser brenzligen Situation zu verlassen, aber der Brandgeruch war noch alarmierender.

Er passierte den kleinen Raum mit den Regalen voller Geschirr, dann stand er in Félix' winzigem Reich. Der Koch war nicht mehr da, Georges hatte ihn schlafen geschickt, nachdem die Fischsuppe serviert worden war. Auch die beiden anderen Zugbegleiter waren längst im vorderen Gepäckwagen und ließen den Tag in ihren Hängematten ausklingen.

Auf dem Herd standen keine Töpfe. Georges hielt eine Hand über die gusseiserne Platte. Sie war kalt. Er klappte die Tür des Backofens auf, auch dort schmorte nichts vor sich hin. Der Rest der Küche war rasch untersucht. Félix hatte alles sauber hinterlassen, um am nächsten Morgen die Arbeit wieder aufnehmen zu können.

Der Geruch hielt sich, war sogar noch stärker geworden. Es gab keinen Zweifel: Im Zug brannte etwas.

Georges lief zum hinteren Schlafwagen, doch weder darin noch auf der Plattform gewann der Geruch an Intensität. Er kehrte in den Speisewagen zurück, lief an den ihm erstaunt Nachblickenden vorbei zum vorderen der beiden Schlafwagen. Auch dort war der Brandgeruch nicht festzustellen. Also musste die Ursache im Speisewagen liegen.

Er schob die Tür zum Rauchsalon auf. Qualm hing in dem kleinen Abteil. So roch keine Zigarre. Trotzdem schaute Georges in den schweren Aschenbechern aus Messing nach. Sie waren leer und sauber. Er ging auf die Knie und suchte den Boden ab, erst mit Blicken, dann, als er keine Brandlöcher auf dem Bidjar-Teppich finden konnte, tastete er unter den Sesseln herum, auf der Suche nach Glut, die als Auslöser infrage käme. Eigentlich galten Teppiche aus dem Mittleren Osten als brandsicher, und ein Stück Glut hätte überdies längst ausgekohlt sein müssen. Trotzdem war er nicht überrascht, als er Hitze unter seinen Händen spürte. Über dem Boden war die Rauchentwicklung besonders stark. Er hustete, schob den Sessel beiseite. Nun sah er es deutlich: Qualm stieg unter den Rändern des Gewebes hervor. Er klappte den Teppich zurück. Rauch war darunter, Rauch war zwischen den Ritzen der Bodendielen, überall war Rauch.

Georges riss die Vorhänge beiseite und schob das Fenster hinunter, sodass der Fahrtwind den Qualm aus dem Abteil saugte. Nun konnte er besser sehen. Irgendetwas unter dem Speisewagen war in Brand geraten. Georges schaltete das Licht aus, dann kniete er sich vor die Stelle. Tatsächlich: Zwischen den Dielen glomm etwas rötlich.

»Das Achslager ist heiß gelaufen«, sagte Adolphe-Victor zwanzig Minuten später. Georges war nach vorn zum Lokomotivführer gelaufen und hatte den Zug auf freier Strecke anhalten lassen. Das zog zwar eine Verspätung nach sich, doch er konnte nicht riskieren, dass der Orient-Express Feuer fing. Nun stand er mit dem Lokführer neben dem Gleis, der Wind rauschte im Unterholz, und um sie herum herrschte Dunkelheit. Adolphe-Victor hielt eine Laterne in die Höhe, die sein von Ruß verschmiertes Gesicht beleuchtete. »Ich hatte ja gesagt«, fuhr der Lokführer fort, »dass die Waggons die Höchstgeschwindigkeit nicht lange aushalten würden. Außerdem hätte das Lager vor der Abfahrt repariert werden müssen.«

Es gelang Georges, die Wut auf sich selbst beiseitezuschieben. Er hatte die falschen Prioritäten gesetzt. Wenn er es nicht getan hätte, wäre er zu spät losgefahren, zu spät angekommen … zu spät, zu spät, zu spät. Er nahm Adolphe-Victor die Laterne ab und kroch selbst unter den Waggon. Seine Hoffnung, der Lokführer könne sich geirrt haben, erfüllte sich nicht. Das Lager auf der Rückseite der Räder glühte rot und lief nicht rund, deshalb schliff Metall über Metall und erhitzte sich dabei.

»Können wir weiterfahren?«, fragte Georges, nachdem er unter dem Waggon hervorgekommen war.

Der Lokführer stieß Luft aus wie ein Ventil an seiner Dampfmaschine. »Ein heißes Achslager kann zu einem Radblock oder Radverlust führen.«

Georges starrte ihn an. »Ja oder nein?«

Adolphe-Victor zuckte mit den Schultern. »Wir können versuchen, das Lager mit Wasser zu kühlen. Davon haben wir genug an Bord. Damit bekommen wir die Räder in wenigen Minuten wieder auf normale Temperatur. Es wird allerdings stark qualmen, und wir müssen bis Budapest langsamer fahren.«

»Wie langsam?«, wollte Georges wissen, dann wedelte er die Frage mit einer Hand in die Nacht. Seine Versessenheit auf zeitige Ankunft hatte ihm schon genug Probleme bereitet. »Können wir den Zug in Budapest reparieren?«

»Natürlich. Der Bahnhof ist groß. Die Ungarn könnten uns eine Remise für die Arbeiten zur Verfügung stellen.«

»Wie lange wird das dauern?«

»Einen halben Tag«, schätzte Adolphe-Victor, »vielleicht einen ganzen.«

»Unmöglich!«, brach es aus Georges heraus. »Wir haben keinen ganzen Tag Zeit. Gibt es eine andere Möglichkeit?«

»Keine, wenn der Zug weiterfahren soll, ohne Feuer zu fangen. Aber du kannst beruhigt sein: Die Ersatzteile, die wir im hinteren Gepäckwagen mitführen, sind von bester Qualität. Damit wird es keine Probleme geben.« Er machte eine Pause. »Warum schaust du denn so, Georges?«

KAPITEL 24

Samstag, 6. Oktober
Von Wien nach Budapest

»Die Ersatzteile sind in Paris geblieben«, gab Georges zu. Er saß in seinem Abteil, und Hubertine war gerade dabei, ihm den Verband abzunehmen. Es war kurz nach Mitternacht. »Ich musste die Reparatursätze ausladen, sonst hätten wir bei der Abfahrt in Paris nicht das gesamte Gepäck in den Waggons unterbringen können. Die Passagiere haben es damit etwas übertrieben.«

»Allerdings«, stimmte Hubertine zu, »schließlich hat einer sogar eine Tigerin mit auf die Reise genommen.«

»Jedenfalls sind die Achslager nicht hier, wo wir sie brauchen. Was bin ich doch für ein Narr!«

»Sieh es doch mal so«, sagte sie und rollte den Verband auf, auf dem ein kleiner Blutfleck zu erkennen war, »wenn die Dinger im Gepäckwagen lägen, kämst du jetzt wegen Madame nicht dran.« Sie tastete mit den Fingerspitzen durch sein Haar. »Tut das weh? Hast du Kopfschmerzen?«

»Nicht deshalb.«

Sie setzte sich neben ihn und legte eine Hand auf seinen Rücken. »In Budapest wird es gewiss Ersatzteile geben.«

»Aber das kostet mich einen halben Tag, vielleicht einen ganzen.« Er stemmte den Kopf in die Hände.

»Vergiss nicht: Wir fahren über den Balkan, Georges, wer dort pünktlich kommt, wird nicht ernst genommen.«

Wie brachte sie es nur fertig, immer noch zu Scherzen aufgelegt zu sein? Georges sah deutlich die Schatten unter ihren Augen, sie war von den Ereignissen ebenso ausgelaugt wie er. Mit beiden Händen wischte er sich über das Gesicht, als könnte er damit seine trüben Gedanken vertreiben. »Du hast recht. Mit Wehklagen kommen wir nicht weiter. Morgen wachen wir in Budapest auf und sorgen dafür, dass das Achslager repariert wird. Danach wird der Orient-Express dem ruhigen Teil seiner Reise entgegenfahren.«

Die Zuversicht zauberte ein Lächeln auf Hubertines Gesicht. Dann wurden ihre Augen schwer, sie lehnte sich an Georges' Schulter, und nach einigen Augenblicken spürte er, dass sie eingeschlafen war. Es schien, als habe sie nur darauf gewartet, dass er neuen Mut schöpfte.

Er ließ sie auf den Diwan gleiten, schnürte ihre Stiefel auf und zog ihr die Schuhe und die Samtjacke aus. Sie rührte sich kaum. Dann legte er ihr das flachste Kissen unter den Kopf, so, wie sie es gern mochte, und breitete eine Decke über sie aus, bevor er das Licht löschte und sich auf den Abteilboden legte.

War es wirklich still im Zug? Georges konnte es kaum glauben. Seit der Abfahrt aus Paris war der Orient-Express von allem erfüllt gewesen, was das Leben ausmachte, von Geselligkeit und gutem Essen, von Gelächter und Erstaunen, von Neugier und Überraschungen, auch von Angst und Schrecken. Und von Geschwindigkeit – davon vor allem. Jetzt, im Moment der Ruhe, schlug sein Puls noch immer in hohem Tempo. Er versuchte nicht daran zu denken, was geschehen würde, wenn die Achslager unter dem Speisewagen weiter gegeneinanderrieben, wenn die Damen noch einmal aneinandergerieten, wenn Blowitz und Pullman Hubertine früher oder später erkannten … wenn, wenn, wenn.

Vielleicht wäre er schließlich eingeschlafen und in einen Traum hinübergedämmert, der sich in dem dünnen Spalt zwischen Bangen und Hoffen aufgetan hatte, aber Geschrei riss Georges zurück in die Wirklichkeit.

Da riefen Frauen um Hilfe! Georges tastete nach Hubertine. Sie lag auf dem Diwan und schlief. Er kam auf die Beine, schlüpfte aus der Tür. Auf dem Gang herrschte gedämpftes Licht, denn zur Schlafenszeit drehten die Zugbegleiter die Gaslampen herunter. Rumpeln war zu hören. Rufen. Weiter vorn im Gang wurde eine Tür aufgerissen, und eine Gestalt kam dahinter hervor. Das Licht reichte nicht, um zu erkennen, wer es war, aber die Statur war die eines Mannes. Er machte sich in die entgegengesetzte Richtung davon, während durch die offen stehende Tür die Hilferufe zu hören waren.

Mon dieu, das war das Abteil der beiden Wienerinnen! Georges stürzte darauf zu. »Ist Ihnen etwas geschehen?«

Die beiden Frauen, die sich gegen das Fenster pressten und einander in den Armen hielten, starrten Georges aus aufgerissenen Augen an. Sie trugen lange weiße Nachtgewänder mit Rüschen am hochgeschlossenen Halsteil und an den Ärmeln. Die Haare hatten sie unter Nachthauben zusammengesteckt.

»Ein Mann war hier drin!« Die Stimme Marie Luise von Flattichs war kaum wiederzuerkennen.

»Hat er Ihnen etwas angetan?«

»Ja. Nein«, stammelte Léonie Tafel. »Wir schliefen. Plötzlich habe ich gehört, wie die Tür geöffnet wird.« Sie erschauerte.

»Ich habe einen leichten Schlaf«, fuhr die Ältere der beiden fort, »und wurde ebenfalls sofort wach. Es war dunkel, aber ich sah jemanden vor Léonies Bett stehen. Da habe ich geschrien.« Sie reckte das Kinn. »Das hilft immer.«

»Gut gemacht«, lobte Georges. »Sie haben den Eindringling vertrieben. Und mich alarmiert.«

»Und mich«, sagte Jules Verne von der Tür her. Er trug einen bordeauxroten Seidenpyjama und Filzpantoffeln. »Benötigen die Damen meine Hilfe?«

»Wir benötigen zunächst einmal eine angemessene Garderobe«, stellte Marie Luise fest und fächerte sich mit der flachen Hand Luft zu.

Leonie löste sich von ihr, nahm zwei Mäntel von einem Haken und reichte einen ihrer Schwester.

»Es handelt sich vermutlich um ein Missverständnis«, versuchte Georges zu beschwichtigen. Er hatte inzwischen eine Erklärung für den Tumult gefunden. »Meine Schuld. Bis vor Kurzem haben Monsieur de Blowitz und Fürst Orjol dieses Compartiment bewohnt. Da es aber das einzige Zweibettabteil im Zug ist, das direkt neben einem Waschraum liegt, wollte ich die Damen darin unterbringen.« Georges hatte Pascal diesen Wechsel vornehmen lassen, nachdem die beiden Wienerinnen dem Zugbegleiter gegenüber darauf bestanden hatten, entsprechend logieren zu wollen. »Die Herren haben sich sofort mit dem Umzug in ein anderes Abteil einverstanden erklärt«, fuhr Georges fort. »Ich fürchte, dass einer von beiden auf dem Weg vom Waschraum ganz in Gedanken war und in seine bisherige Unterkunft eingetreten ist.«

»Aber die Tür war verschlossen«, wandte Marie Luise ein. »Wir schlafen doch nicht bei offener Tür. Was halten Sie von uns?«

»Ein bedauerlicher Fehler meinerseits«, sagte er besänftigend. »Durch die Rastlosigkeit, die der Tag mit sich brachte, habe ich möglicherweise versäumt, die Schlüssel beider Monsieurs an mich zu nehmen. Bitte, akzeptieren Sie meine Entschuldigung.«

Nach einigem Hin und Her erklärten sich die Wienerinnen dazu bereit. Schließlich einigte man sich sogar darauf, Blowitz und Orjol beim Frühstück nicht mit dem Missgeschick zu konfrontieren, da Vorwürfe zu nichts Weiterem führen würden als zu noch mehr Peinlichkeiten.

Georges versprach, das Abteil und den Waschraum die Nacht über bewachen zu lassen und gleich am Morgen Orjol und Blowitz diskret nach dem Schlüssel zu fragen.

Nachdem sich die Lage beruhigt hatte, verließ Georges mit Jules Verne das Abteil. Auf dem Flur standen sich die beiden Männer gegenüber. Dem Blick des Schriftstellers fehlte der übliche schalkhafte Funke, und der Autor war hellwach. »In diesem Zug gibt es ein Problem«, eröffnete er mit sorgenvoller Miene und hielt plötzlich einen Dolch in der Hand. Die Klinge war gebogen und mit Einlegearbeiten verziert.

»Woher haben Sie den?«, fragte Georges.

»Lag auf dem Boden des Abteils der beiden Damen«, erklärte Verne leise. »Sie, Georges, sind darüber hinweggestiegen, aber während ich draußen stand, fiel das Licht vom Gang in das Compartiment, und da sah ich etwas aufblitzen. Ich habe die Waffe an mich genommen, um Madame von Flattich und Mademoiselle Tafel nicht in Angst und Schrecken zu versetzen. Aber wie es scheint, war der Besucher ihres Abteils nicht versehentlich dort. Er führte etwas Schreckliches im Schilde.«

TAG 3

KAPITEL 25

Samstag, 6. Oktober
Von Wien nach Budapest

An Schlaf war nicht mehr zu denken. Georges weckte Hubertine und berichtete, was vorgefallen war. Sie richteten sich beide her und gingen zusammen in den Speisewagen. Im Rauchsalon wartete Verne auf sie, er saß in einem Ledersessel und trug statt seiner Schlafkleidung ein weißes Hemd unter einer grauen Weste.

Als der Schriftsteller ihm den Waffenfund aus dem Abteil der Wienerinnen präsentiert und die bittere Erkenntnis daraus gezogen hatte, war Georges zunächst misstrauisch gewesen. Schließlich war Verne kurz nach Ertönen der Hilferufe als Erster und Einziger am Ort des Geschehens aufgetaucht. Dass der Franzose selbst als Verdächtiger infrage kommen könnte, hielt Georges jedoch für abwegig, deshalb hatte er mit Verne verabredet, noch in der Nacht über den Vorfall zu beraten.

Georges zog die Tür zu.

»Sind Sie sicher, dass sonst niemand von dem Aufruhr aufgeweckt worden ist?«, fragte Verne, während er sich erhob, Hubertine begrüßte und ihr einen Sessel zurechtrückte.

»Nein.« Georges wartete, bis beide Platz genommen hatten, und ließ sich dann ebenfalls nieder. »Aber sollte noch jemand auf dem Gang auftauchen, wird sich darum einer der Zugbegleiter kümmern, den ich zur Wache vor dem Abteil der beiden Damen abgestellt habe.«

Verne nickte und holte seine Pfeife hervor. »Sie erlauben, Mademoiselle?« Er wartete Hubertines Zustimmung ab, öffnete ein Etui, zupfte Tabakfäden daraus hervor und stopfte sie in den Pfeifenkopf. Dann nahm er die Wiener Zeitung von dem niedrigen Tisch neben sich auf, darunter lag der Dolch.

»Das ist er«, stellte Hubertine fest. »Das ist der Dolch, den jemand aus dem Schrankkoffer im Gepäckwaggon gezogen und mitgenommen hat.«

Verne schaute Georges an. »Ich glaube, dass Sie mir etwas verschwiegen haben, als Sie mich gestern nach möglichen Konflikten unter den Fahrgästen gefragt haben, mein Guter.« Er zündete seine Pfeife an und paffte. »Diese Zugfahrt liefert auf jedem Kilometer ein neues Romankapitel.«

Georges bestätigte das und überließ es Hubertine, ihre Beobachtung aus dem Gepäckwagen zu beschreiben. Verne nickte bedächtig. »Dann fassen wir mal zusammen, was über die Situation bekannt ist.« Der Kirschgeruch des Tabaks breitete sich im Salon aus.

»Erstens«, begann Georges: »Missak Effendi, der osmanische Generalsekretär, bringt einen Koffer voller Geschenke für den Kalifen an Bord. Darin sind auch Prunkwaffen.«

»Zweitens«, fügte Hubertine an. »Jemand geht in den Gepäckwagen, schließt den Koffer mit dem dafür passenden Schlüssel auf, nimmt einen Dolch heraus, sperrt den Koffer wieder zu und nimmt die Waffe mit.«

»Und drittens«, übernahm Jules Verne: »Ein Unbekannter dringt in das Abteil der Wienerinnen ein, wird daraus vertrieben und hat genau diesen Dolch dort fallen lassen.« Er nickte, schlug die Beine übereinander und lehnte sich im Sessel zurück. »Gut. Was schließen wir nun daraus?«

Georges stand auf, öffnete das verglaste Kabinett an der Wand und holte eine Flasche Absinth und drei Gläser daraus hervor. Während er sie auf den Tisch stellte und einschenkte, versuchte Hubertine, Vernes Frage zu beantworten: »Missak Effendi hat den Koffer aufgeschlossen, da er den Schlüssel hatte. Er hat den Dolch herausgenommen. Aber warum sollte er mit finsteren Absichten in das Abteil der Frauen eingedrungen sein?«

»An dieser Stelle«, fuhr Verne fort, »sollten wir der Fantasie etwas Raum geben. Zunächst mal wissen wir nicht, ob der Koffer tatsächlich mit einem Schlüssel geöffnet worden ist. Denn den haben Sie nicht gesehen, Mademoiselle, oder?«

Hubertine schüttelte den Kopf. »Trotzdem bin ich sicher, dass der Koffer nicht aufgebrochen wurde. Jemand hat die Schlösser schnell und mühelos geöffnet.«

»Das Schloss eines Koffers ist nicht sehr robust«, erklärte der Schriftsteller. »Es dient eigentlich nur dazu, dass einem im Gewühl am Bahnhof nichts gestohlen wird. Einem mit Kraft geführten Werkzeug hält so etwas nicht stand.«

»Könnte man damit so schnell arbeiten wie mit dem passenden Schlüssel?«, wandte Hubertine ein.

Georges nahm einen Schluck von dem Absinth. Die Anisnote war nicht zu prägnant. »Wer auch immer den Dolch an sich genommen hat«, fuhr er nun fort, »wollte damit jemandem Schaden zufügen. Aber wem?«

»Den Damen aus Wien«, sagte Hubertine. »Das ist doch offensichtlich.«

Georges schüttelte den Kopf. »In dem Abteil waren bis heute Abend noch Monsieur Blowitz und Fürst Orjol untergebracht. Ich habe die beiden umquartieren lassen, damit die Damen mehr Komfort genießen können.«

Hubertine nahm einen großen Schluck aus ihrem Glas. »Du meinst, jemand wollte einen der beiden Männer töten, hat aber im letzten Moment gemerkt, dass er dabei war, einer Frau die Kehle durchzuschneiden?« Sie verlor alle Gesichtsfarbe.

»So könnte es gewesen sein«, stimmte Verne zu. »Die Schreie

der Frauen haben dem Mörder offenbart, dass er dabei war, einen Fehler zu begehen.«

»Und welcher der beiden Männer hätte stattdessen sterben sollen?« Georges erinnerte sich an das Gespräch, das er mit Jules Verne nach dessen Schuss auf Grimprel geführt hatte. Dabei waren sie alle Möglichkeiten durchgegangen.

»Blowitz wird es nicht gewesen sein«, sagte der Schriftsteller. »Niemand hätte etwas davon, den Reporter aus dem Weg zu räumen. Niemand, außer Ihnen, Georges. Denn wenn Blowitz Ihrem Orient-Express ein schlechtes Zeugnis in der Presse ausstellt, sind Sie ruiniert.«

Georges wollte widersprechen, aber Verne schüttelte bereits den Kopf. »Dieses Szenario halte ich allerdings für unwahrscheinlich. Blowitz könnte ebenso gut etwas Vorteilhaftes über Ihren Zug schreiben. Ich schätze, dass Sie ihn deshalb zu der Reise nach Konstantinopel eingeladen haben. Bleibt nur Fürst Orjol.«

»Der Osmane holt einen Dolch aus seinem Koffer, um den Russen zu töten«, spekulierte Georges. »Aber Sie sagten selbst, dass sich der Kalif nicht noch einmal gegen Russland wenden werde, dass er sich mit Europa verbünden wolle. Warum also sollte Missak Effendi dann mit einer Klinge auf Fürst Orjol losgehen?«

»Aus Rache«, sagte Hubertine. »Ihr seid Männer, ihr denkt nur an politisches Kalkül und strategische Vorteile. Dabei lasst ihr die wahren Gründe weg, aus denen viele Untaten verübt werden: starke Gefühle.«

Verne kaute auf dem Mundstück seiner Pfeife und blies Rauch aus. »Ein kluger Gedanke. Das Irrationale ist oft der stärkste Antrieb des Menschen, vielleicht ist das auch hier der Fall. Missak Effendi könnte durch den Krieg zwischen dem Kalifen und dem Zaren persönlichen Verlust erlitten haben, vielleicht ist jemand aus seiner Familie ums Leben gekommen, vielleicht steckt ein finanzieller Bankrott dahinter, verletzter Nationalstolz käme ebenfalls infrage.«

Georges schlug die Hände vors Gesicht. »Wir haben also einen Attentäter im Zug. Missak Effendi hat es auf Fürst Orjol abgesehen.«

»Das gilt es herauszufinden«, sagte Verne.

KAPITEL 26

Samstag, 6. Oktober
Budapest

Die Burg erhob sich majestätisch über der Donau und den Dächern von Budapest. Georges lehnte im Gang des vorderen Schlafwagens am offenen Fenster und ließ sich den Nieselregen ins Gesicht sprühen. Es war 6.15 Uhr, und der graue Morgen tauchte die fernen Gebäude und den Fluss in milchiges Licht. Stets hatte er sich gewünscht, im Triumph in die Hauptstadt Ungarns einzufahren. Doch alles, was er in diesem Augenblick empfand, war Anspannung. Nach der nächtlichen Unterredung mit Jules Verne hatten er und Hubertine kein Auge mehr zugetan. Mit Missak Effendi fuhr möglicherweise ein Mörder im Zug mit, und Ludomir Orjol war sein auserwähltes Opfer. Natürlich hatte Georges im Rahmen seiner Möglichkeiten für die Sicherheit des Russen gesorgt, hatte Pascal angewiesen, neben dem Abteil der beiden Damen auch das von Orjol und Blowitz zu bewachen. Georges selbst war ruhelos durch den Zug gewandert, vom verschlossenen hinteren Gepäckwagen bis zum Schlepptender für die Kohlen, hatte sich bis ganz nach vorn zur Lokomotive gehangelt, um sich vom Fahrtwind die Müdigkeit aus dem Leib wehen zu lassen. Er war mehrmals vor dem Abteil, in dem Blowitz und Orjol schliefen, stehen geblieben und hatte gelauscht, außer rhythmischem Männerschnarchen aber nichts vernommen.

Zum Glück wusste keiner der anderen Passagiere, in welches

Compartiment der Russe und der Reporter umgezogen waren. Außerdem hatte der Attentäter seine Waffe im Abteil der Wienerinnen verloren. Würde er sich nun einer Pistole bedienen? Missak Effendi war der einzige Passagier, der keine Schusswaffe mit sich führte, zumindest behauptete er das. Auch konnte er sich keine neue Klinge aus dem Schrankkoffer besorgen, denn zum einen war der Gepäckwagen verriegelt, zum anderen wurde der Koffer von der Raubkatze bewacht.

Irgendwann war Hubertine mit Kaffee aufgetaucht, den sie im Speisewagen für sie beide zubereitet hatte, und hatte an Georges' Seite Nachtwache gehalten. Ihnen beiden war klar, dass es so nicht weitergehen konnte. Etwas musste geschehen, und als der Zug an diesem nasskalten Morgen in Budapest einlief, wusste Georges, was das war.

Die Fahrt verlangsamte sich. Das war das Signal für die Passagiere, ihre Abteile zu verlassen. Schon stand Jules Verne neben Georges am Fenster, Fürst Orjol wünschte einen guten Morgen, sogar Mortimer Pullman hatte ein freundliches Wort übrig, klopfte Georges auf die Schulter und schaute neugierig auf die vorbeiziehenden Gebäude der berühmten Stadt.

Die Donau glitzerte silbern im frühen Licht. An beiden Ufern des Flusses ragten prunkvolle Gebäude auf. Monsieur Grimprel erkannte die Matthiaskirche mit ihren bunten Ziegeln und Türmen. Volker von Diehl meinte, die gotischen Bögen des Parlamentsgebäudes ausmachen zu können. Die Stadt war bereits wach, aus Schornsteinen stieg Rauch auf und verlor sich in den tief hängenden Wolken.

Das aufgeregte Geplauder der Passagiere zog an Georges vorbei. Er hatte eine unangenehme Aufgabe vor sich und wünschte, sie wäre erledigt, wünschte, er hätte Budapest bereits hinter sich gelassen. Immerhin hatte Adolphe-Victor die Verspätung auf eine Viertelstunde eindämmen können, wie Georges mit einem Blick auf seine Taschenuhr feststellte. Der Mann war ein Zauberkünstler. Hoffentlich reichten seine magischen Kräfte auch für eine schnelle Reparatur der Räder unter dem Speisewagen.

Georges sprang als Erster aus dem Zug – das war sonst nicht seine Art, er ließ den Fahrgästen stets den Vortritt – und fragte einen Uniformierten, den er für einen Bahnangestellten hielt, nach der Gendarmerie. Er musste sich mit Handzeichen verständlich machen, bevor ihm der Mann ebenso gestenreich den Weg erklärte, der ihn aus dem Bahnhof herausführte.

Trotz des kühlen und nassen Wetters war die Stadt an diesem Morgen voller Leben. Einspänner ratterten vorbei, Hufe klapperten auf dem Pflaster, Straßenverkäufer priesen ihre Waren an. Es roch nach frischem Brot und Kaffee. Die Menschen hatten sich in warme Mäntel gehüllt, hielten Regenschirme über die Köpfe und hatten Zeitungen unter die Arme geklemmt. Kinder sprangen über Pfützen, Hunde jagten Tauben auf die Dächer.

Georges musste zwei weitere Passanten fragen, bis er erfuhr, dass er der Telegraphenleitung folgen musste, um zur Gendarmerie zu gelangen. Schließlich stand er vor einem vierstöckigen grauen Steinbau mit flachem Dach und einem großen Tor, das zu einem Innenhof führte. Das Schild über dem Tor verriet, dass das Gebäude dahinter die »K.-u.-k.-Gendarmerie« beherbergte. Daneben hielten Uniformierte mit Gewehren und Bajonetten Wache. Einer von ihnen führte Georges zu einem Büro im Erdgeschoss und informierte den Wachhabenden über den Besucher. Der Raum war spartanisch eingerichtet. Hinter dem Schreibtisch saß ein Mann, dessen jugendliches Alter vermuten ließ, dass es sich eher um den Zahlmeister oder dessen Adjutanten handelte als um jemanden, der Georges würde helfen können. Der Bursche trug eine dunkelblaue Uniform mit rotem Kragen und setzte, als Georges hereingeführt wurde, eine schwarze Schirmmütze mit silbernem Stern auf.

In perfektem Französisch stellte er sich als Wachtmeister Sigismund Schilhawsky vor und bat Georges, sich zu setzen.

»Sie sind mit dem Orient-Express hier?«, fragte der Beamte und strich seinen Oberlippenbart glatt. »Kaum zu glauben. Ich hätte viel dafür gegeben, diesen Samstag im Bahnhof statt in der Wache zu verbringen, damit ich den Zug sehen kann. Und jetzt sitzt einer der Passagiere in meinem Büro. Sogar der Lokomotivführer persönlich.« Seine Augen leuchteten. »Würden Sie mir ein paar Fragen beantworten? Ich würde gerne mehr über den Zug erfahren.«

Die kaiserliche und königliche Gendarmerie war von Georges' Zug begeistert! Unter normalen Umständen hätte er mit dem jungen Mann eine Weile geplaudert, ihn zu einem Rundgang durch den Orient-Express eingeladen, ihm sogar erklären können, was ein Lokomotivführer macht, und dass Georges keiner war. Aber für all das hatte er keine Zeit.

»Monsieur«, sagte er in Ermangelung der korrekten ungarischen Anrede, »ich muss Sie um Hilfe in einer delikaten Angelegenheit bitten. Es geht um nichts Geringeres als die Sicherheit im Orient-Express.« Die Miene von Wachtmeister Schilhawsky versteinerte. »Selbstverständlich. Wie kann ich Ihnen helfen?«

Nun beschrieb Georges, was sich im Zug ereignet hatte. Er ließ nichts aus, nicht den aus dem Schrankkoffer entwendeten Dolch, nicht die Umquartierung des russischen Diplomaten, nicht die Schreie in der Nacht.

Schilhawsky nickte. »Eine ernste und gefährliche Situation. So wie ich es sehe, brauchen Sie Sicherheitspersonal im Zug.«

Tack, tack, tack. Georges spürte seinen Puls im Rhythmus der Taschenuhr schlagen. »Ich dachte an etwas anderes«, brachte er hervor. »Wie ich gerade dargelegt habe, steckt vermutlich ein Mann namens Missak Effendi hinter dem Anschlag. Er ist derjenige, der den Schrankkoffer nach Konstantinopel bringen will.«

Der Ungar schüttelte den Kopf. »Ich verstehe nicht, worauf Sie hinauswollen, Monsieur Nagelmackers. Übrigens: Ist das nicht ein deutscher Name?«

»Ich bin Belgier«, warf Georges ein und wedelte seinen Stammbaum ungeduldig mit der Hand weg. »Worum ich Sie bitte, ist, dass Sie die Fahrgäste in meinem Zug schützen, indem Sie den Mörder verhaften.«

Der Wachtmeister lachte, aber er lächelte nicht. »Wissen Sie, was Sie da von mir verlangen? Ich soll einen Mann verhaften, bloß weil Sie glauben, dass er einen anderen umbringen will?«

»Sie müssen ihn ja nicht lange festhalten. Nur bis der Zug weitergefahren ist und er uns nicht mehr einholen kann.«

»Hören Sie!«, sagte Schilhawsky mit ruhiger Stimme. »Ich mag Ihren Zug und was Sie damit vorhaben. Deshalb werfe ich Sie nicht sofort im hohen Bogen aus diesem Büro, sondern erinnere Sie bloß daran, dass der Mann, dem Sie Mordabsichten unterstellen, ein Diplomat des Osmanischen Reichs ist, eines Reichs, das gerade versucht, wieder auf dem Balkan Fuß zu fassen. Aus diesem Grund ist eine Delegation des Kalifen hier in Budapest zu Gast, die über neue Möglichkeiten für den Warenverkehr vom Bosporus an die Donau verhandelt. Was, glauben Sie, würde geschehen, wenn diesen Staatsgästen zu Ohren kommt, dass einer ihrer eigenen Männer, noch dazu einer von hohem diplomatischem Rang, nebenan in einer Arrestzelle steckt?« Bevor Georges etwas erwidern konnte, stand Schilhawsky auf, stemmte die Hände auf die Tischplatte und beugte sich zu Georges hinüber. »Ich gebe Ihnen einen Rat: Steigen Sie in Ihren Zug und fahren Sie weiter, bevor ich Sie statt des Osmanen in den Karzer werfe.«

Als Georges den Telegraphenleitungen zurück zum Bahnhof folgte, war er zugleich niedergeschlagen und erleichtert. Niedergeschlagen, weil er den Attentäter nicht hatte aus dem Zug entfernen können, erleichtert, weil er einer Verhaftung entgangen war.

Während er eine Straße mit einem ungarischen Namen entlangging, spürte er plötzlich, wie ihn jemand festzuhalten versuchte. Er drehte sich um und blickte auf ein Mädchen, das an seinem Rockaufschlag zupfte. Das Kind war in Lumpen gehüllt, hatte verfilztes, vom Regen schweres Haar und hielt Georges eine Stoffpuppe entgegen. Im Gegensatz zu dem Kind trug die Puppe prachtvolle Kleidung, einen bunten und bestickten Rock, einen Hut und aufgestickten Schmuck. Erst verstand Georges nicht, was das Kind von ihm wollte. Dann bemerkte er den Sack, der über der Schulter des Kindes hing: Er war bis zum Rand mit Puppen gefüllt. Das Mädchen verkaufte Andenken an Touristen.

So höflich wie möglich versuchte er der Kleinen klarzumachen, dass er kein Interesse habe und in Eile sei. Auf der anderen Straßenseite, an einer mit Plakaten beklebten Mauer, bemerkte er eine ältere Frau, deren Kleider in ähnlichem Zustand wie die des Kindes waren. Sie beobachtete ihn, und als sie seinen Blick bemerkte, schenkte sie ihm ein zahnloses Lächeln. Georges lächelte zurück und ging weiter, erleichtert darüber, dass das Kind ihm nicht hinterherlief.

Dann blieb er stehen und wandte sich noch einmal um.

Die Kleine hatte jemand anderen angesprochen und erhielt eine rüde Abfuhr. »Hallo! Warte mal!«, rief Georges auf Französisch und lief auf das Mädchen zu.

KAPITEL 27

Samstag, 6. Oktober
Budapest

Vor dem Orient-Express drängten sich die Schaulustigen. Beamte in Uniform hatten Mühe, die Leute auf dem Bahnsteig davon abzuhalten, in den Zug zu steigen.

Hubertine erwartete Georges auf Höhe der Lokomotive. »Was haben die Gendarmen gesagt? Werden sie etwas unternehmen?« Sie war dagegen gewesen, Missak Effendi an die K.-u.-k.-Gendarmerie auszuliefern, weil sie befürchtete, dass Georges sich bei den Beamten um Kopf und Kragen redete und am Ende mehr Schwierigkeiten hatte als zuvor.

»Das ist jetzt nicht wichtig.« Er war außer Atem, den letzten Teil der Strecke zum Bahnhof war er gerannt. »Steig ein! Wir fahren gleich los.«

»Aber es sind noch nicht alle Fahrgäste im Zug«, protestierte sie.

Georges schaute auf seine Taschenuhr. Es war 6.50 Uhr, zehn Minuten blieben bis zur planmäßigen Abfahrt. Er kletterte auf die Lokomotive. »Wir starten in fünf Minuten«, rief er Adolphe-Victor zu. »Ohne vorheriges Warnsignal«, fügte er hinzu und sprang zurück auf den Bahnsteig, bevor der Lokomotivführer widersprechen konnte. Er hörte ihn etwas rufen, aber er hatte jetzt Wichtigeres zu tun.

Ihm blieben fünf Minuten, um die Passagiere einzusammeln. Er spähte durch die Menge, entdeckte Missak Effendi neben einem Zeitungsstand. Etwas weiter in Richtung Speisewagen sprach Jules Verne mit Blowitz. Der Reporter schrieb in sein Notizbuch. Georges lief zu ihnen hinüber und manövrierte die beiden in den Zug hinein, Blowitz' Protest überhörend. Gustave Grimprel flanierte in aller Ruhe auf den Zug zu, Léonie Tafel am Arm. Auch diese beiden drängte Georges zur Eile. Er bat Marie Luise von Flattich einzusteigen, ebenso ihren Begleiter, den Maharadscha, dann drängte er Diehl und Laycock in den Zug. Pullman und Orjol schauten bereits aus dem Fenster und scherzten über Georges' Mühen, alle Fahrgäste in die Waggons zu bugsieren.

Nicht alle, dachte Georges.

Missak Effendi blätterte noch immer am Zeitungsstand in den Auslagen. Er trug einen eleganten Anzug, und der Fes auf seinem Kopf ließ ihn aus der Menge herausstechen. Daran sollte die junge Andenkenverkäuferin den Osmanen erkennen. Georges hatte ihr den eigentümlichen Hut mit Gesten beschrieben. Jetzt blieb sie vor Missak stehen und hielt ihm eine der bunten Puppen entgegen. Und wirklich: Der Osmane zeigte mehr als höfliches Interesse. Er ließ sich mehrere Modelle vorführen, wog ab und schien darüber nachzudenken, gleich einige Exemplare zu kaufen.

Georges hatte richtig gelegen. Missak Effendi war schon in Strasbourg auf Andenkenjagd gewesen, um seinem Kalifen noch mehr Geschenke aus den Städten entlang der Strecke mitzubringen. Nun würde er die Abfahrt des Zuges verpassen. Der Orient-Express konnte weiterfahren, und die Gefahr eines Anschlags wäre gebannt.

Der Zug ruckte an. Georges sprang auf die Stufen und hielt sich fest.

In diesem Moment rief jemand mit lauter Stimme: »Missak! Missak, der Zug fährt los!«

Der Kopf des Osmanen fuhr herum. Er ließ die Andenkenverkäuferin stehen, erkannte die Lage und lief los. Mühsam zwängte er sich durch die Menge, lief neben dem Zug her. Da entdeckte er Georges auf der Plattform und streckte eine Hand nach ihm aus. Die Situation vom Gare de Strasbourg wiederholte sich, nur war es diesmal kein Reporter, dem Georges behilflich sein sollte, sondern ein Attentäter.

»Georges! Helfen Sie mir!« Die Stimme des Osmanen drang ihm durch Mark und Bein.

Er lehnte sich vor, ergriff die Hand und zog Missak in den Zug. Die Puppe kullerte über den Bahnsteig und wurde kleiner, als der Orient-Express den Bahnhof von Budapest verließ.

Es war Ludomir Orjol gewesen, der Missak vom Fenster aus gewarnt hatte. Ausgerechnet der Russe! Derjenige, der als Opfer des geplanten Anschlags infrage kam, hatte seinen mutmaßlichen Mörder in den Zug geholt. Georges saß mit den beiden Männern im Speisewagen an einem Tisch, wo Missak und Orjol wieder und wieder erzählten, was am Bahnhof geschehen war. Vom Nebentisch prostete ihnen Mortimer Pullman zu, offenbar von ihrer Heiterkeit angesteckt. Wie begeistert alle waren! Die Augen leuchteten, man lachte miteinander, und einmal legte der Osmane dem Russen sogar eine Hand um die Schulter. Georges nickte lächelnd zu der Geschichte, die in immer neuen Varianten zum Besten gegeben wurde. Es war verrückt: Der Orient-Express hatte zwei Männer verfeindeter Nationen zusammengeführt. Missak und Ludomir schienen die gegenseitige, sie selbst überraschende Sympathie zu genießen. Sie lachten und tranken Absinth miteinander. Alles war so, wie Georges es sich seit Jahren erhofft hatte. Was seine Kritiker für unmöglich hielten, spielte sich vor seinen Augen ab. Zugleich drohte genau dadurch die Reise zu einem vorzeitigen Ende zu kommen. Missak wollte Ludomir töten, all seine Scherze waren Heuchelei.

»Sie trinken ja gar nichts, Georges«, stellte der Russe gerade fest und deutete auf das Glas mit der grünen Flüssigkeit, das unangerührt auf dem Tisch stand.

Georges entschuldigte sich und verließ den Speisewagen, beim Hinausgehen hörte er noch das Scherzen und Lachen der Männer.

»Es gibt nur eine Möglichkeit«, sagte er kurz darauf zu Hubertine. Sie standen in Georges' kleinem Abteil, und er hatte ihr schließlich doch ausführlich berichtet, was er bei dem Gendarmen erlebt hatte. »Wenn die Polizei untätig bleibt, müssen wir improvisieren. Wir müssen Missak Effendi in seinem Compartiment einsperren.«

»Aber er schläft mit Blowitz und Pullman in einem Raum«, wandte sie ein. »Du kannst sie nicht alle einschließen.«

»Das stimmt.« Er schüttelte den Kopf. Wenn Blowitz etwas davon mitbekam, würde er es für seinen Artikel verwenden, und dann war der Orient-Express am Ende. Es musste eine andere Möglichkeit geben.

Jemand hämmerte gegen die Tür. »Georges?« Das war die Dampfmaschinenstimme des Lokomotivführers. Adolphe-Victor stand vor der Tür, Georges bat ihn ins Abteil. Darin breitete sich augenblicklich der Geruch von Maschinenöl und Asche aus. Die Rußschicht auf dem Gesicht des Lokomotivführers konnte nicht verbergen, dass etwas nicht in Ordnung war.

»Was gibt es?«, fragte Georges.

»Das Achslager«, brummte der Maschinist. »Hast du das vergessen? Ich habe versucht, mich am Bahnhof von Budapest darum zu kümmern.«

Die Reparatur!, fuhr es Georges durch den Kopf. Wegen seines Besuchs bei der Gendarmerie hatte er daran nicht mehr gedacht. »Hatten sie ein passendes Ersatzteil?« Georges stellte in seinem Kopf eine Weiche für die technischen Probleme, der Mordversuch musste einen Zwischenhalt einlegen.

»Ja«, sagte Adolphe-Victor, »es gab das Ersatzteil.«

Fortuna war mit ihm! Endlich hatte die Göttin des Glücks zu Georges zurückgefunden.

»Aber jemand anderes war schneller und hat es mir vor der Nase weggekauft«, fuhr der Lokführer fort.

Georges ließ sich auf den Diwan fallen, dass die Federn quietschten. »Was?«

»Gab es kein zweites Lager?«, wollte Hubertine wissen. »Hättet ihr keins aus einem anderen Zug ausbauen können?« Sie ging die Möglichkeiten durch, doch die waren allesamt in Budapest zurückgeblieben.

Adolphe-Victor presste die Lippen zusammen. »Bevor ihr mir Vorwürfe macht, solltet ihr besser danach fragen, *wer* das einzige vorrätige Achslager gekauft hat.«

Georges tat ihm den Gefallen.

»Dein amerikanischer Freund, Mister Pullman«, sagte der Lokomotivführer.

Georges schlug mit der Faust in die Hand. »Dieser Mistkerl! Ich hätte es wissen müssen. Es war verdächtig, dass er vorhin im Speisewagen so fröhlich war.« Er schaute zu Adolphe-Victor hoch. »Was genau ist geschehen?«

Der voluminöse Mann zuckte mit den Schultern. »Ich bin zu spät gekommen, das ist alles. Pullman war vor mir da und zählte gerade das Geld in die schmierige Hand des Wagenmeisters. Ich habe versucht, mehr zu bieten, aber die Börse des Amerikaners war besser gefüllt. Er hat sich das Achslager nach Paris schicken lassen. Wenn du mich fragst: Dort wirst du es nach unserer Rückkehr in deinem Büro finden, mit einer roten Schleife geschmückt.«

»Hrrgttnchml«, presste Georges zwischen zusammengepressten Zähnen hervor.

Hubertine ballte die Fäuste, sie waren klein und bebten. »Ich werde dafür sorgen, dass der Kalif Mortimer Pullman in seine

Dienste aufnimmt, und zwar als Eunuchen in seinem Serail. Erst versucht er, Blowitz zu bestechen, und jetzt das!«

»Woher wusste er überhaupt, dass wir ein Achslager brauchen?« Adolphe-Victor ließ sich neben Georges auf den Diwan fallen. Das Polster bekam Schlagseite.

»Er hat den Braten gerochen«, sagte Georges, »genau wie ich. Pullman hat jahrelang selbst Eisenbahnen zusammengeschraubt. Er weiß, wie ein verbranntes Achslager riecht und wo es unter einem Waggon zu finden ist. Und er weiß, dass wir so nicht lange weiterfahren können.« Vermutlich hatte Mortimer Pullman sogar bemerkt, dass Georges den Zug hatte zu schnell fahren lassen. Er musste nur darauf gewartet haben, dass das Material den Geist aufgab, und im passenden Moment zuschlagen. Der Amerikaner nutzte seine Vorteile. Georges selbst war es gewesen, der ihm das ermöglicht hatte. Mit seinem Beharren auf Pünktlichkeit hatte er seinem Widersacher in die Hände gespielt. Nun musste er mit der Situation fertig werden.

»Wo bekommen wir jetzt ein Achslager her?«, fragte er den Lokomotivführer.

»Vielleicht in Bukarest.« Adolphe-Victor schabte sich das Hemd über den Bauch. »In Rumänien müssen viele Züge über die Karpaten fahren, all die Steigungen und Gefälle belasten die Räder. Ich könnte mir vorstellen, dass man dort Ersatzteile lagert und uns helfen kann.«

Georges ging in Gedanken den Fahrplan durch. Der Zug würde Bukarest am nächsten Morgen erreichen. In knapp vierundzwanzig Stunden. Dann sagte er die Worte, von denen er niemals geglaubt hatte, dass sie ihm über die Lippen kommen würden. »Wir fahren langsam weiter und planen ab sofort eine Verspätung von einem halben Tag ein.«

KAPITEL 28

Samstag, 6. Oktober
Von Budapest nach Bukarest

Der Orient-Express rollte langsam, aber immerhin ging es vorwärts. Georges' Gemütszustand ließ sich ähnlich beschreiben. Er hatte beschlossen, sich von seiner Sorge wegen eines Attentäters an Bord und von seinem Ärger über Pullmans Manöver mit dem Achslager nicht bremsen zu lassen. Stattdessen dachte er daran, was bei dem Halt in Budapest gelungen war: Der Heizer hatte Kohlen geladen, der Koch frische Delikatessen an Bord gebracht, die Zugbegleiter hatten die Gastanks gewechselt, und der Diener des Maharadscha hatte es geschafft, den Tiger zu füttern, indem er einige Fleischbrocken in den Gepäckwagen geworfen und einen Eimer voller Wasser hineingestellt hatte. Seine Majestät selbst, Maharadscha Sajadschi Rao III., hatte am Bahnhof zunächst vergessen und dann nicht genug Zeit gefunden, seine Mitreisenden noch einmal für Salutschüsse aufzustellen. Alle an Bord waren wohlauf, nun führte ihre Reise nach Bukarest.

Die Fahrgäste saßen im Speisewagen und genossen ein spätes Frühstück; Georges verzichtete und blieb lieber im Rauchsalon. Dort saß er in jenem Ledersessel, unter dem das ausgeschlagene Achslager rotierte. Hin und wieder beugte er sich vor und tastete mit der Hand den Boden ab. Dann verfiel er darauf, sich einen Schuh auszuziehen, um mit dem Strumpf über den Boden zu fahren. Er konnte keine bedenkliche Hitzeentwicklung feststellen.

Die Tür öffnete sich, und Henri Opper de Blowitz kam herein. Der Reporter trug eine weiße Hose, ein weißes Hemd und darüber eine cremefarbene Weste. Die helle Kleidung brachte sein rötliches Haar zur Geltung. Dazu passte der rote Seidenschal, der über seiner Hemdbrust hing.

»Henri, nehmen Sie Platz«, lud Georges widerwillig ein.

Bevor der Journalist der Aufforderung nachkam, zog er Notizbuch und Bleistift aus der Gesäßtasche. »Wie steht es um die technischen Schwierigkeiten im Zug? Es heißt, die Weiterfahrt berge Risiken, und Ihre Lage soll recht verzweifelt sein. Wollen Sie mir etwas darüber erzählen?«

»Wo haben Sie denn diesen Unsinn her?« Georges spürte, wie heiße Nadeln in seine Kopfhaut stachen, nicht nur dort, wo Hubertine ihn mit Laycocks Stock getroffen hatte, aber da besonders. Er wusste, woher Blowitz sein Wissen hatte, und Blowitz wusste, dass er es wusste. Trotzdem fiel Pullmans Name nicht.

»Beobachtung, mein Lieber«, sagte der Reporter stattdessen. »Ich konnte im Bahnhof von Budapest sehen, wie Ihr Lokführer unter dem Speisewagen herumgekrochen ist. Besteht da ein Zusammenhang mit dem Qualm unter diesem Waggon und unserem Halt auf freier Strecke?«

»Adolphe-Victor nimmt an jedem Bahnhof eine Inspektion unter einem der Waggons vor. Diesmal war der Speisewagen an der Reihe. Reine Routine«, wiegelte Georges ab und hoffte, dass sich das Achslager nicht ausgerechnet jetzt bemerkbar machte.

Blowitz schrieb etwas auf und lächelte dabei süffisant. »Was mich noch interessiert«, fuhr er fort. »Warum fahren wir so langsam? Gestern ist der Zug wie ein Pfeil durch Bayern und Österreich geschossen, so schnell, dass mir sogar im Waggon die Barthaare geflogen sind. Aber heute kriechen wir im Schneckentempo durch Ungarn. Hat das etwas mit dieser so genannten Inspektion zu tun?«

Georges deutete zum Fenster. »Schauen Sie, Henri! Wir sind auf dem Balkan. Die wildeste Landschaft Europas zeigt sich uns von ihrer schönsten Seite, ich möchte sie meinen Passagieren nicht vorenthalten. Gestern sind wir so schnell gefahren, damit wir heute ein wenig mehr Zeit haben, diese einmalige Natur bestaunen zu können. Das ist doch gewiss auch für Ihre Leser von Interesse.«

Blowitz stand auf, stützte sich am Fenster ab und ließ den Blick schweifen. Die ungarische Tiefebene zog vorbei. »Ich sehe abgeerntete Felder, welkes Gras, graue Rinder, dürre Schweine und Federvieh im Schlamm«, zählte der Reporter auf. »Da! Jetzt folgen niedrige Häuser mit weiß getünchten Mauern, an denen Paprika zum Trocknen hängt. Schauen Sie nur, Georges: ein Bauer, der einen Ochsen anzuspannen versucht. Hat man so etwas schon gesehen? Da werden meine Leser aus dem Staunen nicht mehr herauskommen.« Er drehte sich zu ihm um. »Warum sagen Sie mir nicht zur Abwechslung die Wahrheit und geben zu, dass der Orient-Express auf dem letzten Loch pfeift? Kommen Sie, Georges! Bereiten wir dem Spuk ein Ende! Der Zug ist ein Wrack, und indem Sie ihn weiterfahren lassen, bringen Sie Ihre Fahrgäste in Gefahr.« Blowitz wurde von der Aura des Triumphs eingehüllt.

»Wenn Sie wirklich von Ihren Worten überzeugt sind, Henri, warum schreiben Sie das dann nicht einfach?«, fragte Georges.

Blowitz lachte. »Weil ich Sie mag, Georges. Ich möchte Ihnen die Chance geben, sich zu äußern.« Er beugte sich so weit vor, dass Georges den bitteren Hauch von Kaffee in seinem Atem riechen konnte. »Ein Vorschlag zur Güte: Sie stoppen den Zug in Bukarest, unserer nächsten Station, und fahren ihn zurück nach Paris. Dann schreibe ich, dass Sie alles versucht, dass Sie einen heldenhaften Kampf mit der Technik ausgefochten haben, deren Tücken aber schließlich obsiegten. Ich versuche Ihre Ehre zu retten, Georges.«

»Und wenn ich Ihnen diesen Gefallen nicht erweise?«

»Dann werde ich schreiben müssen, dass Sie Ihre Fahrgäste bewusst in Gefahr gebracht haben, sogar in Lebensgefahr. Der Tiger war erst der Anfang. Ich bekomme meinen Artikel, Georges, so oder so.«

Je länger Blowitz redete, umso stärker spürte Georges, wie sich der Druck seines inneren Dampfkessels erhöhte, wie er kurz davorstand, die Beherrschung zu verlieren, so wie bei Kriegsausbruch in Paris, als er den jungen Soldaten niedergeschlagen hatte. »Soso, Henri, Sie wollen mir also weismachen, Sie stünden auf meiner Seite. Sie wollen von mir ein Eingeständnis einer Niederlage, Sie wollen, dass ich kapituliere, und diese Frechheit wollen Sie mir als Großherzigkeit verkaufen? Das ist eine Taktik, die Vorausdenken offenbart, aber so viel Planung traue ich Ihnen gar nicht zu. Dahinter steckt jemand anderes.«

»Was wollen Sie damit andeuten?«, polterte Blowitz.

»Ich will nichts andeuten«, schmetterte Georges, »ich sage Ihnen ins Gesicht, dass Mortimer Pullman Ihnen Geld versprochen hat, wenn Sie den Orient-Express in Grund und Boden schreiben.«

»Das ist …« Der Journalist gab vor, nach Worten zu ringen.

»Jawohl!«, rief Georges. »Sie sind korrupt, Monsieur Blowitz.«

»Monsieur *de* Blowitz, wenn ich bitten darf.«

In diesem Moment öffnete sich die Tür zum Salon, und Pascal trat ein. »Darf ich den Herren etwas servieren?«

»Nein!«, rief Blowitz und erhob sich.

»Danke, Pascal, wir sind hier gerade fertig.« Georges stand ebenfalls auf. Es war ihm recht, dass der Journalist die Möglichkeit zum Rückzug nutzte. Die Männer folgten dem Zugbegleiter ins Restaurant.

Dort hatten sich alle Gäste dem Tisch der Damen zugewandt. Auf der einen Seite saßen Marie Luise von Flattich und Léonie Tafel, auf der anderen saß Hubertine. Zwischen ihnen stachen die krümeligen Reste eines Frühstücks heraus wie Ruinen einer Stadt nach einer Belagerung.

»Aber die Frauen in Wien sind im Kampf für unsere Rechte die erfolgreichsten in Europa.« Es war Hubertines Stimme anzuhören, dass sie um Fassung rang. »Sie haben seit zwanzig Jahren Frauenvereine. Sie haben Marianne Hainisch. Sie haben Schulbildung für Frauen. Sie haben eine eigene Zeitschrift nur für Frauen.«

»Mir sind Zeitschriften für Männer lieber«, rief Mortimer Pullman und erntete Gelächter vonseiten der anderen Fahrgäste.

»Ich kenne die gesellschaftliche Ordnung in meinem Land, und ich kenne meinen Platz in der Gesellschaft«, empörte sich Marie Luise. »Und ich lasse mir nicht von einer Französin einreden, was ich davon zu halten habe.«

Hubertine verzichtete darauf, zu betonen, dass sie Schweizerin war. »Sie müssen doch aber zugeben, dass Frauen in unserer Gesellschaft von Männern unterdrückt werden«, sagte sie mit gepresster Stimme.

»Unsere Gesellschaft«, Léonie betonte das erste Wort, »ist die der vornehmen Wiener Soireen und unterscheidet sich von dem, woraus Sie hervorgekommen sind, Mademoiselle.«

»Ist in diesen Soireen Platz für Ärztinnen?«, fragte Hubertine. »Für Komponistinnen, Diplomatinnen?«

»Natürlich sind wir von Prominenz umgeben«, erwiderte Marie Luise. »Ich bin der Frau von Graf Esterházy vorgestellt worden. Wen kennen Sie denn?«

Georges trat vor. »Mesdames«, sagte er. Die drei Streitenden schauten kurz zu ihm auf, um sich sofort wieder einander zuzuwenden.

»Können wir denn nicht …«, begann Hubertine.

»Mir ist die Gesellschaft von Männern lieber«, unterbrach sie Marie Luise.

Am Tisch der Damen machte sich eisiges Schweigen breit, und die Wangen der Frauen nahmen die Farbe von Herbstblättern an. Schließlich faltete Marie Luise ihre Serviette zusammen und drapierte sie am Rand ihres Tellers. »Komm, Léonie. Wir wollen uns ein wenig ausruhen. Welch anstrengende Reisegesellschaft!«

Hubertines Blick traf Georges, die Verzweiflung darin versetzte ihm einen Stich. Dass es ausgerechnet Frauen waren, die sich gegen sie wandten, hatte sie sich wohl niemals vorstellen können. Er setzte sich zu ihr und ergriff ihre Hand, doch sie zog sie zurück. »Du hättest mir zur Seite stehen können«, zischte sie.

Er schaute sie erstaunt an. »Aber das wäre gegen alles, wofür du kämpfst. Außerdem sind diese beiden Frauen meine Fahrgäste. Ich kann sie nicht zurechtweisen.« Er hatte die Stimme gesenkt, weil er wusste, dass die anderen zuhörten.

Hubertine schien das nicht zu stören. »Dein Zug soll doch für den Frieden fahren«, sagte sie mit kräftiger Stimme. »Darf es für Frauen etwa keinen Frieden geben?«

Jetzt war es aber genug. Die Blicke der Männer brannten in Georges' Nacken. Er spürte ihre stumme Aufforderung, sich nicht von einer Frau vorschreiben zu lassen, wie er den Zug zu führen habe. Mit einem Mal stand er auf der anderen Seite einer Grenze, von der er nicht geglaubt hatte, dass sie zwischen Hubertine und ihm verlaufen könnte. »Ich hatte recht damit, keine Frauen im Orient-Express mitfahren zu lassen«, sagte er laut. »Mit Lügen, Intrigen und Gefahren kann ich fertig werden. Aber gegen drei Frauen in einem Zug ist kein Kraut gewachsen.«

Hubertine schob den Stuhl zurück. »Eure Majestät Maharadscha!«, rief sie dem Inder zu. »Ich werde nach Ihrer Tigerin sehen. Dabei könnte ich Hilfe gebrauchen.«

Sajadschi Rao warf Georges einen fragenden Blick zu. Als der mit den Schultern zuckte, folgte der Inder Hubertine aus dem Speisewagen.

KAPITEL 29

Samstag, 6. Oktober
Von Budapest nach Bukarest

Die letzte Station in Österreich-Ungarn war Szegedin im Süden des Landes. Die Flüsse Marosch und Theiß, an denen die Stadt gelegen war, boten ein schönes Landschaftsbild, verbreiteten aber auch Furcht und Schrecken. Vier Jahre zuvor war Szegedin von einem katastrophalen Hochwasser heimgesucht worden, seither wurde es wieder aufgebaut. Viel war davon noch nicht zu sehen, als der Orient-Express in den Bahnhof einfuhr: kaum mehr als ein Verschlag, doch immerhin mit intakter Schienenanbindung.

Georges stand auf der Plattform hinter dem Speisewagen, während der Zug am Bahnsteig ausrollte. Szegedin war die erste Stadt auf der Route, in der es keine Schaulustigen gab. Auf einem niedrigen Mäuerchen hockten vier Männer mit belegten Broten und starrten herüber. Hatte der Zug an den vorherigen Stationen mit seinem Versprechen einer grenzenlosen Reise geglänzt, so wirkte er angesichts der Ruinen von Szegedin wie eine Provokation.

Georges sprang auf den Bahnsteig und lief die letzten Meter neben dem Zug her. Über dem Stand eines Honigverkäufers hingen dicke Bienenschwärme, eine Frau bot Gänse in Käfigen an. Die Tiere waren fett und ihre Federn leicht und gekräuselt, in Paris würde sie einen guten Preis erzielen. Félix war bereits auf sie aufmerksam geworden. Ein Stück voraus stieg der Koch in Arbeitskleidung aus dem Speisewagen und lief auf die Gänsefrau zu.

Georges ging am Zug entlang und traf mit Adolphe-Victor und Clément zusammen, die in Höhe des Rauchsalons gebückt vor dem defekten Rad standen. Der Lokomotivführer betastete das Metall, dann richtete er sich auf. »Warm, aber nicht heiß«, stellte er fest. »Wenn wir weiter das Tempo drosseln, wird uns das Ding keine Probleme bereiten.«

»Gut«, sagte Georges, »aber nicht gut genug. Wir brauchen Ersatz. Wenn wir mit dieser Geschwindigkeit weiterfahren, kommen wir drei Tage zu spät in Konstantinopel an, über die Verzögerung auf dem Rückweg will ich gar nicht erst nachdenken. Wir müssen uns etwas einfallen lassen, sonst werden wir die Lachnummer des Jahres sein.«

»Hoffen wir auf Bukarest.« Adolphe-Victor rieb sich die Hände. »Morgen früh wissen wir mehr.«

»Ich werde ein Telegramm aufsetzen und gleich ein ganzes Rad bestellen«, verkündete Georges. Und einen irrwitzig hohen Preis dafür bieten, fügte er in Gedanken hinzu, damit Pullman erst gar nicht auf die Idee kommt dazwischenzufunken.

Er ging auf das aus Brettern zusammengefügte Bahnhofsgebäude zu. Schon von Weitem sah er, dass keine Telegraphenleitungen dorthin führten. Auch über den umliegenden Häusern fehlten Drähte. Schließlich erreichte er einen Wartesaal ohne Bahnpersonal.

Jemand lachte schallend. Musik war zu hören, eine Fidel spielte auf – all das rührte vom Bahnsteig her. Vor dem Orient-Express hatten sich die vier Männer aufgestellt, die auf dem Mäuerchen gesessen hatten. Jetzt fiel Georges auf, dass ihre Kleidung farbenfroh war, sie trugen lange Halsketten und große Ringe. Ihre eigenwillige Tracht erinnerte an die Stoffpuppen der Andenkenverkäuferin in Budapest. Alle hatten lange Haare und dunkle Bärte. Einer der Musiker spielte Geige, ein anderer schlug mit Klöppeln auf ein Cymbalom, der dritte hatte sich eine Art Laute mit vier Seiten in die Armbeuge geklemmt und zupfte daran, während der größte von allen mit ausholenden Armbewegungen ein Lied sang. Georges ging hin.

Die Musik war bunt und wild, melancholisch und beschwingt zugleich. Georges bemerkte, dass er den Takt mit dem Fuß schlug, und er versuchte vergebens damit aufzuhören. Der Sänger klatschte im Rhythmus der Musik in die Hände.

Nach einer Weile warf Georges einen Blick auf seine Uhr. Höchste Zeit, weiterzufahren! Er fischte Münzen aus der Tasche und drückte sie dem Sänger im Vorübergehen in die Hand. Der Mann verbeugte sich, ohne einen Takt seines Liedes auszulassen.

Auf der Plattform zum Speisewagen kamen Georges die beiden Wienerinnen entgegen, gefolgt von Jules Verne und Fürst Orjol. Hinter ihnen drängten Sir Laycock und Volker von Diehl ins Freie. Die halbe Zugbelegschaft ergoss sich auf den Bahnsteig, offenbar angelockt von den Tönen. Die Passagiere stellten sich im Halbkreis um die Musiker auf, zusammen mit anderen Zuhörern, die der Trubel angelockt hatte. Die Frauen klatschten, die Männer klopften mit den Spitzen ihrer Gehstöcke auf das Pflaster. Daraufhin spielten die Musiker lauter und, wie es Georges schien, noch ausgelassener, was dazu führte, dass der Applaus kräftig ausfiel, und das wiederum spornte die Kapelle zu einer Zugabe an. Der vom Sänger dargereichte Hut füllte sich mit Münzen und Geldscheinen, woraufhin die Musiker ... eine Kettenreaktion war in Gang gesetzt.

»Bitte, steigen Sie ein, damit wir weiterfahren können«, rief Georges. Die Worte gingen im Diskant der Fidel unter. Er versuchte es damit, gegen den Rhythmus zu klatschen, und musste das Vergebliche seiner Bemühungen erkennen, als ein Mann aus dem Publikum Léonie Tafel zum Tanz aufforderte. Sie schien nicht abgeneigt, doch nun drängte sich Grimprel dazwischen und schob den Szegediner weg. Die Musiker spielten schneller. Unter den Umstehenden entstand Gedränge.

Es war höchste Zeit, aufzubrechen. Georges holte seine Geldbörse hervor und zog eine Handvoll Banknoten heraus. Er zögerte: In einer verrückt gewordenen Welt sind nur Verrückte zurechnungsfähig – das hatte Hubertine ihm einmal gesagt, da hatte er sie ausgelacht. Jetzt lachte er nicht mehr. Er drückte dem Sänger die Geldscheine in die Hand und zeigte auf den Orient-Express. Der Mann verstummte. Sein Lächeln wurde breiter, teilte sein bärtiges Gesicht in zwei Hälften. Er rief seinen Kumpanen etwas zu und lief mit großen Sätzen auf den Zug zu. Die Schöße seines roten Rocks verschwanden hinter ihm durch die Tür zum Speisewagen. Der Geiger, der Cymbalist und der Lautenspieler hörten auf zu musizieren und folgten ihrem Kollegen in den Zug. »Alle einsteigen!«, rief Georges in die plötzliche Stille hinein. Diesmal gelang es ihm, sich Gehör zu verschaffen. Die Passagiere zogen sich vom Bahnsteig zurück. Monsieur Grimprel warf seinem Rivalen um die Gunst von Mademoiselle Tafel einen überlegenen Blick zu. Dann stieg er betont langsam ein.

Georges winkte mit dem Zylinder in der Hand nach vorn, um Adolphe-Victor das Zeichen zur Abfahrt zu geben. Eine Gruppe Männer, die unter den Zuhörern gewesen waren, darunter der abgewiesene Tänzer, schritten neben dem langsam anfahrenden Zug her. Die Verfolger wurden mit der Dampflok schneller, schließlich rannten sie. Einen Moment lang befürchtete Georges, sie wollten auf den Zug aufspringen. Doch sie begnügten sich damit, Flüche zu rufen, die Fäuste zu recken und etwas mit ihren Händen zu tun, das in Ungarn als obszöne Geste gelten mochte.

Georges lehnte sich an die Wand. Aus dem Durchgang zur Küche hielt ihm jemand ein Schnapsglas mit einer braunen

Flüssigkeit entgegen. Er nahm Félix das Glas ab und schüttete den Inhalt in sich hinein.

»Sieh es mal von der guten Seite«, sagte der Koch. »Heute Abend gibt es echte ungarische Gans.« Er lächelte, als aus dem Restaurant Musik erklang. »Und wir feiern im Zug ein Fest.«

KAPITEL 30

Samstag, 6. Oktober
Von Budapest nach Bukarest

Die Musiker hatten die Tische im Speisewagen beiseitegeschoben und sich dort aufgestellt, wo das Restaurant in den Rauchsalon überging. Sie warteten nicht, dass sie zum Spielen aufgefordert wurden. Der Geiger zählte ein, indem er mit dem Bogen auf sein Instrument klopfte, und im nächsten Moment erfüllte Musik den Waggon, dieselbe Musik, die schon auf dem Bahnsteig erklungen war. Die Töne wurden von den getäfelten Wänden zurückgeworfen.

Georges spürte seine Rippen vibrieren. Die Musik hatte nicht genug Raum, um sich zu entfalten, und in dem Waggon verwandelte sie sich in Lärm. Die Geige, die zuvor gezwitschert hatte, schrillte, die Zither war zu laut, das Cymbalom zu aufdringlich, und die Stimme des Sängers konnte sich nicht gegen die Instrumente durchsetzen, als er es versuchte, klang es wie Geschrei.

Die Fahrgäste drängten sich ans ferne Ende des Restaurants, die Männer mit verschränkten Armen, die Frauen hinter Stühlen verschanzt. Georges ging in Gedanken den Fahrplan durch. Der nächste Halt war in Temeswar, dort würden die Ungarn aussteigen – in zwei Stunden.

Natürlich bemerkten die Musiker, dass ihre Darbietung nicht dieselbe Begeisterung hervorrief wie auf dem Bahnsteig in Szegedin, was dazu führte, dass sie ihre Bemühungen verstärkten, noch schneller und noch lauter spielten. War da ein Anflug von Verärgerung in den Augen des Sängers zu erkennen?

Das Stück endete, höflicher Applaus erklang.

Jules Verne zog sich in den Rauchsalon zurück. Die anderen blieben. Der Sänger beriet sich mit den Musikern. Dann zählte der Geiger wieder ein, und der Lärm begann erneut. Doch diesmal gab die Gruppe kein Lied zum Besten, sondern einen Tanz. Der Sänger drehte Pirouetten, stampfte mit den Stiefeln auf, stemmte die Hände in die Hüften und warf die Beine in die Luft, wobei er einige Male gegen die Stühle trat.

Im nächsten Moment lag eine Waffe in seiner Hand, eine Klinge, zu lang für einen Dolch, zu kurz für einen Säbel. Die Geste blieb nicht unbeantwortet. Volker von Diehl zog eine Pistole, und auch Mortimer Pullman hielt seine griffbereit. Die Männer mussten schon bewaffnet aus dem Zug gestiegen sein, mit all den Warnungen über den Balkan im Ohr.

Georges drängte an dem Säbelschwinger vorbei und stellte sich vor seine Passagiere, zum einen, um zu verhindern, dass der Sänger ihnen mit der Klinge zu nahe kam, vor allem aber, um die Zuhörer dazu zu bringen, die Pistolen wieder wegzustecken. »Kein Grund zur Sorge«, rief er über die Musik hinweg, »das ist nur ein Tanz.«

Tatsächlich wirbelte der Mann mit dem Säbel wie eine Mischung aus Zirkusartist und Balletttänzer durch den Waggon. In einem Moment schwang er die Klinge über den Kopf, im nächsten zog er sie unter seinen Füßen hindurch. Was auf die Fahrgäste wie ein Raubüberfall wirkte, war Folklore.

Diehl und Pullman schien das nicht zu überzeugen, sie hielten ihre Pistolen weiterhin fest, aber immerhin die Läufe gesenkt. Georges blieb zwischen den Passagieren und den Musikern stehen und klatschte im Takt, was ihm angesichts des komplizierten Rhythmus nicht leichtfiel. Immerhin schlug er sich gut genug, um zwei oder drei Mitreisende zum Mitklatschen zu ermutigen.

Gegen das Misstrauen der Passagiere und die Enge des Raums kamen die Musiker schließlich nicht an. Bei einer besonders wilden Drehung auf einem Bein traf der ausgestreckte Stiefel des Tänzers den russischen Fürsten am Oberschenkel. Orjol taumelte. Georges fing ihn auf und konnte verhindern, dass er stürzte. Rufe der Empörung folgten. Der Tänzer versuchte sein Missgeschick zu überspielen, indem er einfach weitermachte. Doch es war offensichtlich, dass die Stimmung nun endgültig gekippt war. Das Stück endete in betretenem Schweigen.

Ablehnung erfüllte den Raum, Georges glaubte, sie mit den Händen greifen zu können, so dick war die Luft im Speisewagen geworden. Was die ganze Fahrt lang schon zwischen den Passagieren geherrscht hatte, kam nun gegenüber den Ungarn zum Vorschein.

Die Musiker bildeten einen Kreis, offenbar berieten sie, wie sie die Zuhörer wieder für sich gewinnen konnten. Georges wandte sich Marie Luise von Flattich zu, beugte sich so dicht an ihr Ohr, dass ihre Locken an seiner Nase kitzelten, und flüsterte ihr etwas zu. In ihrem Blick lag zunächst Entrüstung, dann nickte sie. Sie nahm ihre Schwester bei der Hand und zog sie aus der Gruppe der Fahrgäste hinaus, überquerte mit der überrumpelten Léonie den freien Raum zwischen Passagieren und Musikern und tippte schließlich dem ihr den Rücken zukehrenden Sänger auf die Schulter.

»Mein Herr«, sagte sie, »kennen Sie vielleicht das Lied *Wiener Blut?* Von Franz Schubert?«

»Johann Strauß«, rief der deutsche Arzt, und Marie Luise errötete, aber nur leicht.

Der Ungar staunte die Österreicherin an. Er verstand offensichtlich nicht, was sie sagte. Sie waren ein ungleiches Paar, sie entsprachen den Landesteilen der K.-u.-K.-Monarchie Österreich und Ungarn, und waren so verschieden wie die beiden Nationen.

»Wiener Blut«, wiederholte Frau von Flattich, diesmal langsamer und lauter. Das Ergebnis blieb dasselbe. Der Sänger zuckte mit den Schultern.

Georges kannte die Melodie. Als die Weltausstellung in Wien eröffnet worden war, hatte man das Stück in allen Kaffeehäusern gehört – jedenfalls bevor Wirtschaftskrise und Cholera Wien hatten ausbluten lassen. Er räusperte sich und begann, die ersten Takte zu summen, da er den Text nicht wusste, aber das war auch nicht nötig, wie sich im nächsten Moment zeigte.

Auf dem Gesicht des Sängers und Tänzers erschien ein Lächeln. Er hörte Georges noch einen Augenblick zu, nickte und wandte sich seinen Begleitern zu. Die Männer wechselten einige Worte. Der Geiger probierte den ein oder anderen Ton mit dem Bogen, der Sänger verbesserte eine Harmonie, dann ging es los.

Nie zuvor hatte ein Wiener Walzer so stark nach Puszta geklungen, nach Schwermut und nach Sehnsucht. Trotzdem war der Schlager zu erkennen, spätestens, als Marie Luise und Léonie sich vor der Kapelle aufstellten und den Text sangen. Sie waren gut. Ihre Stimmen hatten Kraft, sie hatten keine Hemmungen, die Münder weit aufzusperren, und ihre Haltung und Atmung verrieten jahrelangen Gesangsunterricht. Léonie sang Sopran, ihre Schwester Alt. Sie beherrschten das Lied so gut, dass sie es zweistimmig vortragen konnten. Im Verbund mit den Ungarn entstand etwas Neues, der alte Gassenhauer verband Wien und Budapest fließender als die Donau. Zwar drehte sich Marie Luise einige Male verstört zu den Musikern um, ließ sich von deren Kadenzen und Synkopen aber nicht aus dem Konzept bringen.

»Wiener Blut, Wiener Blut, voller Schmiss, voller Schwung, voller Glut.« Bei der nächsten Zeile stimmte Volker von Diehl mit ein. Ludomir Orjol sang ebenfalls mit, ersetzte den Text zwar durch »Lalala«, steckte damit aber auch seinen Nebenmann Henri de Blowitz an. Bei der zweiten Strophe hatte es die Musik geschafft, die feindselige Stimmung in Frohsinn zu verwandeln. Angespornt von ihrem Erfolg gaben die Frauen das Stück noch einmal zum Besten. Die Ungarn spielten jetzt wieder locker und ungezügelt. Nach zwei Zugaben, für die man das Repertoire um das Lied *Die Adelheid vom vierten Stock* erweiterte, war das improvisierte Orchester entlassen. Georges bat die Musiker in den Rauchsalon, ließ Getränke servieren und steckte jedem der Männer eine Zigarre zu. Dafür umarmte ihn der Sänger so kräftig, dass ihm die Luft wegblieb. Jules Verne rückte seinen Sessel zu den Ungarn und begann eine Unterhaltung mit Händen und Füßen. In einer halben Stunde würde der Orient-Express Temeswar erreichen, dort wollten die Musiker aussteigen und auf der Rückfahrt nach Szegedin die Passagiere eines anderen Zugs unterhalten. Mit dem Wiener Blut.

Derweil hatten im Restaurant alle mitgeholfen, Tische und Stühle wieder an ihre Plätze zu rücken. Man saß beisammen und gratulierte Marie Luise und Léonie zu dem gelungenen Auftritt. Georges wollte den Speisewagen schon verlassen, da zögerte er. Er blieb im Durchgang stehen und beobachtete die Männer und Frauen an den Tischen.

Etwas hatte sich verändert.

Bernard servierte belegte Brote zu Kaffee und Kuchen. Die Herren langten mit großem Appetit zu, die Damen aßen eine Kleinigkeit. Gelächter erklang.

Georges setzte sich auf den freien Platz am Tisch von Grimprel und Diehl. Der Franzose und der Deutsche hatten es bislang vermieden zusammenzusitzen. Dass sie es nun taten, lag nicht an mangelndem Platzangebot. Sie unterhielten sich. Der preußische Arzt sprach gebrochen Französisch, der französische Finanzbeamte radebrechte ein paar deutsche Brocken. Beide nickten Georges zu und führten ihr Gespräch fort, von dem sie völlig eingenommen waren. Georges ließ sich einen Kaffee bringen und lauschte eine Weile. Von Diehl berichtete von seiner Arbeit als Arzt und den furchtbaren Verletzungen jener Patienten, die aus dem Deutsch-Französischen Krieg heimgekehrt waren. Er schilderte, wie er die Unmenschlichkeit der Franzosen verflucht hatte, jedes Mal, wenn er einen jungen Mann behandelt hatte, der durch Granatsplitter verstümmelt worden war. Grimprel hörte aufmerksam zu und unterbrach den Deutschen nicht. Das führte dazu, dass Diehl schließlich erzählte, er habe als Lagerarzt auch französische Kriegsgefangene behandelt und diese hätten dieselben Verletzungen erlitten wie seine preußischen Landsleute.

Georges' Aufmerksamkeit wurde abgelenkt, als er bemerkte, dass Ludomir Orjol mit Missak Effendi am Nachbartisch zusammensaß und versuchte, etwas auf Osmanisch hervorzubringen. Der Orientale korrigierte höflich, hatte jedoch Schwierigkeiten, seine Belustigung im Zaum zu halten. Schließlich brach er in Gelächter aus und teilte dem Russen mit, er habe statt »Mutter« das Wort »Kuh« verwendet. Was wiederum den Russen auflachen ließ.

An den anderen Tischen ging es ähnlich zu. Als Georges sich wieder Diehl und Grimprel zuwandte, stellte er fest, dass die Männer dazu übergegangen waren, sich über persönlichere Dinge zu unterhalten. Es ging zwar um ihre Berufe, doch das Gespräch hatte einen vertraulichen Ton angenommen.

Er wandte sich um und sah Blowitz allein an einem Tisch sitzen. Das Notizbuch lag aufgeschlagen vor dem Journalisten, und sein Bleistift tanzte über das untere Ende einer vollgeschriebenen Seite. Blowitz lächelte.

So langsam, wie man sich bewegt, wenn man ein gerade eingeschlafenes Kind nicht wecken will, stand Georges auf und zog sich aus dem Speisewagen zurück.

KAPITEL 31

Samstag, 6. Oktober
Von Budapest nach Bukarest

In Temeswar stiegen die Musiker aus. Georges lehnte mit verschränkten Armen am Speisewagen und sah der Gruppe hinterher, während der Geiger den Abzug mit einer kleinen Melodie untermalte. Aus den Fenstern des Speisewagens winkten ihnen die Passagiere nach.

Hubertine kam lächelnd auf ihn zu. »Das war also einer dieser Überfälle auf Züge, vor denen gewarnt wurde.«

»Diese Befürchtung war unnötig.« Georges nahm seinen Zylinder ab, schwenkte ihn zum Abschied in Richtung der Musiker und fuhr an Hubertine gerichtet fort: »Die Gefahren, die der Balkan bergen soll, sind nichts weiter als Hirngespinste, hervorgerufen durch unsere Ängste vor dem Unbekannten. Diese Männer haben uns gezeigt, dass das Einzige, wovor man sich hier fürchten muss, die eigene Unzulänglichkeit ist.« Er schaute sie an. »Ich glaube, jeder im Zug hat diese Lektion heute gelernt.«

Sie zupfte an seinem Jackett. »Das gilt auch für den Maharadscha. Als er mich zum Gepäckwagen begleitet hat, um nach Madame zu sehen, hatten wir eine interessante Unterhaltung.«

»Es geht dem Tiger hoffentlich gut«, sagte Georges. »Und dem Maharadscha auch«, fügte er an.

»Nicht nur ihm. In Zukunft werden es die Frauen in seinem Reich besser haben.« Ihr Lächeln wurde breiter.

»Du hast ihm hoffentlich keinen Vortrag über Frauenrechte gehalten.« Georges drehte den Zylinder in den Händen. »Doch, das hast du.«

»Es war höchste Zeit«, sagte sie. »Rao könnte dafür sorgen, dass die Frauen in seinem Reich mehr Bildung erhalten, und, wenn er damit Erfolg haben sollte, in ganz Indien. Wer weiß? Vielleicht wird das Land irgendwann von einer Frau regiert. Ich habe darauf hingewiesen, dass das Staatsoberhaupt der Briten eine Frau ist und die Briten Indien beherrschen. Das hat ihm zu denken gegeben.«

»Du bist verrückt, Hubertine, und deshalb hast du Erfolg. Ich bitte dich nur um eins: keine Eskapaden in Konstantinopel. Dort werden Menschen ausgepeitscht, wenn sie den Namen des Kalifen in einem unerwünschten Zusammenhang nennen.«

Von der Lokomotive her erklang das Signal zur Abfahrt.

»Du erwartest von mir, dass ich schweige, während in meiner Nähe jemand mit der Peitsche gemartert wird? Georges, du solltest mich besser kennen.«

Von Temeswar aus fuhr der Zug weiter in Richtung Südosten, wo er am Abend die Grenze nach Rumänien erreichen sollte. Ein Imbiss wurde serviert und von allen in bester Laune genossen. Die Fahrgäste wussten nicht, wohin sie zuerst schauen sollten, auf die von Félix hervorgezauberten Gaumenfreuden auf ihren Tellern oder auf den von der Natur hervorgezauberten Augenschmaus vor ihren Fenstern. Noch am Morgen war die Landschaft flach und eintönig gewesen, doch nun hob sie sich, je näher der Orient-Express den Karpaten kam. Nadelwälder bedeckten die fernen Berge, deren eigenwillige Farbe von grünem Mergel herrührte, wie Ludomir Orjol wusste. Während alle anderen zu den Gipfeln hinaufschauten, war Georges' Blick nach unten gerichtet. Am Streckenrand war ihm eine Gruppe von Arbeitern aufgefallen, die damit beschäftigt waren, einen Holzzaun zu errichten, um einen Hang zu befestigen. Georges hatte bei einer Probefahrt auf dieser Strecke im vergangenen Sommer erlebt, dass heftiger Niederschlag Bäche entstehen ließ, die den Schotter der Bahnstrecke untergraben konnten. Überdies hatten ihm ungarische Zugführer berichtet, dass bisweilen Geröll von den Hängen auf die Gleise rutschte und Züge mehrere Tage warten mussten, bis das Hindernis beseitigt wurde.

Marie Luise wandte sich von der Aussicht ab und rief in den Speisewagen hinein: »Jetzt verstehe ich, warum um dieses Land Krieg geführt wird. Es ist so schön, dass die Männer es ihren Frauen zu Füßen legen wollen.«

Die heitere Stimmung entlud sich in Gelächter. Nur Hubertine blieb ernst.

Mit einem Mal wurde es schlagartig dunkel. »Ein Tunnel«, rief Grimprel, »wir fahren durch einen Tunnel.« Sie hatten die Ausläufer der Karpaten erreicht. Die Strecke hatte an vielen Stellen durch Felsgestein gelegt werden müssen. Was sie gerade erlebten, war erst der Anfang einer Reihe von Bergdurchstichen. Die Tunnel waren, wie Georges wusste, nicht länger als ein- oder zweihundert Meter. Dieser jedoch schien kein Ende zu nehmen. Der Zug fuhr langsamer, schließlich blieb er stehen.

Georges fand den Weg zum Lichtschalter und drehte die Kronleuchter an. Die Fragen der Fahrgäste ignorierte er, lief zur Waggontür und spähte hinaus. Der Fels glitzerte an der feuchten Tunnelwand. Aus einem Schrank zwischen Ausstieg und Küche holte er eine Laterne hervor. Jeder Waggon war damit ausgestattet, für den Fall, dass der Zug nachts auf offener Strecke halten musste. Er ließ sich die Laterne von Félix an den Flammen des Gasherdes entzünden und stieg, mit dem Licht in der Hand, aus dem Zug.

Georges hob das Licht hoch über seinen Kopf, um besser sehen zu können. Seine größte Sorge galt der Lokomotive. So schnell es in der Finsternis möglich war, lief er nach vorn, weiter in den Tunnel hinein. In einiger Entfernung flackerte etwas, eine Laterne wurde sichtbar, dann Clément und Adolphe-Victor, die von der Lokomotive her auf ihn zukamen. Er traf sie auf Höhe des vorderen Gepäckwagens. »Was ist los?«, rief er dem Heizer und dem Lokführer zu. Seine Stimme hallte.

»Das Signal vor dem Tunnel war plötzlich auf Halt gesprungen«, erklärte Adolphe-Victor. »Ich konnte es gerade noch erkennen, als wir es passierten. Clément und ich haben alles versucht, um den Zug so schnell wie möglich zum Stehen zu bringen, ohne dass die Fahrgäste herauspurzeln.«

»Ein Haltesignal? Wir befinden uns doch auf offener Strecke.«

Clément strich sich das blonde Haar aus der Stirn, dabei hinterließen seine Finger schwarze Strähnen. »Auf den Strecken durch die Berge verlaufen die Tunnel manchmal eingleisig, dann muss eine Lokomotive warten, bis eine Entgegenkommende durchgefahren ist. Aber das ist hier nicht der Fall.« Er deutete auf die neben dem Orient-Express verlaufenden Gleise. »Hier ist Platz genug.«

»Vielleicht ist es eine Warnung vor Steinschlag«, sagte Adolphe-Victor. »Wir sind in den Bergen, und es scheint hier in den vergangenen Tagen stark geregnet zu haben. Der Tunnel sieht zwar frei aus, aber ich werde mich trotzdem mal umschauen. Dann wissen wir mehr.«

»Gut«, sagte Georges, »und ich werde mir das Signal auf der anderen Seite ansehen.« Er lief auf dem freien Gleis am Zug entlang und machte weite Schritte, um auf den Schwellen zu laufen. Hinter allen Fenstern des Orient-Express gingen Lichter an. Georges sah die Fahrgäste im Speisewagen miteinander diskutieren und den Maharadscha seine Pistole in die Höhe halten. Da war sie wieder, die Angst der Leute: Sie fürchteten einen Überfall auf den Zug. Georges hoffte, dass ihre Sorge weiterhin unbegründet war.

Als er am zweiten Schlafwagen vorbeikam, stieg Missak Effendi aus dem Zug. »Georges, können Sie schon sagen, was los ist? Hier drinnen geht die Sorge um, dass uns Banditen aufgelauert haben und wir angegriffen werden.«

»Das ist Unsinn«, sagte Georges, wohl etwas zu heftig, um glaubwürdig zu sein. »Vermutlich funktioniert ein Signal nicht richtig. Ich bin gerade dabei, das zu überprüfen.«

»Darf ich Sie begleiten?«, fragte Missak. Bevor Georges ablehnen konnte, war er die letzte Stufe heruntergestiegen.

»Das wird kein Spaziergang«, mahnte Georges. »Die Schwellen sind feucht und rutschig vom Moos, und wir müssen uns beeilen.«

»Gehen Sie vor«, forderte Missak auf. »Ich werde mithalten.«

Sie erreichten das Ende des Tunnels. Draußen empfing sie die kühle Luft des Vorgebirges, es roch nach Fichtennadeln. Georges war froh, seinen Zylinder aufgesetzt zu haben, denn der schützte seinen Kopf und die kaum verheilte Wunde. Missak schlang gegen die Kälte die Arme um die Brust. Er trug nur Hemd und Weste. »Sie sollten sich Mantel und Hut holen«, schlug Georges vor.

»Das kommt nicht infrage.« Der Osmane versuchte, das Klappern seiner Zähne zu verbergen. »Sie haben schon genug Zeit verloren. Nur weil ich mir ein wenig die Beine vertreten will, darf Sie das nicht noch länger aufhalten.«

Georges schaute Missak prüfend an. Warum war der Osmane wirklich bei ihm? Um sich die Beine zu vertreten? Oder steckte etwas anderes dahinter? Der Angriff auf Marie Luise von Flattich und Léonie Tafel. Der Dolch. Und jetzt lief der mögliche Attentäter neben ihm her, und es war keine Menschenseele in der Nähe.

Rechts und links der Gleise wuchsen die Bäume hoch und gerade in den Himmel, so blieb nur eine schmale Schlucht, durch die sich die Schienen wanden. Hier gab es mehr Schatten als Licht, Wurzeln hatten die Schwellen angehoben. All das fiel einem Reisenden im Zug nicht auf. Umso bedrohlicher wirkte es aus der Nähe. In einiger Entfernung war der Signalmast zu erkennen.

»Da vorn ist es.« Georges deutete voraus. »Sie können umkehren, Effendi.«

Missak dachte nicht daran, den Rückweg einzuschlagen. »Ich will ehrlich zu Ihnen sein, Georges«, sagte er. »Ich begleite Sie, um unter vier Augen mit Ihnen zu sprechen.«

Georges steckte die Hände in die Taschen seines Paletots und ballte sie zu Fäusten. »Worum geht es?« Er achtete darauf, dass sein Begleiter nun einen halben Schritt vorausging, sodass er, wenn er sich gegen Georges wenden wollte, sich erst würde umdrehen müssen.

»Neulich, als wir kurz vor Ulm waren, da traf ich Sie in dem Abteil an, das ich mit Mister Pullman und Sir Laycock teile.«

Der Moment stand Georges noch gut vor Augen. Er war ins Abteil eingedrungen, um das Geld, das Hubertine aus Pullmans Koffer genommen hatte, wieder dorthin zurückzulegen. Als er das Compartiment verlassen wollte, war plötzlich Missak Effendi vor ihm aufgetaucht.

»Sie sagten, Sie hätten im Abteil nach einem Gasleck sehen wollen, weil Pullman oder Laycock eine entsprechende Meldung gemacht hätten. Ich habe mit beiden gesprochen, aber sie haben keinen Gasgeruch bemerkt.«

Der Kragen von Georges' Hemd wurde eine Nummer zu klein. »Dann muss es jemand anderes gewesen sein, einer der Zugbegleiter vielleicht, ich erinnere mich nicht genau.«

Missak blieb stehen. »Georges, diese Situation ist mir so unangenehm wie Ihnen, aber hier sind wir unter uns. Im Orient-Express geht etwas vor sich, und ich vermute, dass Sie in unserem Abteil nach irgendetwas gesucht haben.«

Georges sah Missak Effendi mit dem Dolch in der Hand, wie er sich dem Abteil seines Opfers nähert, wie er langsam die

Tür öffnet. Die Klinge blitzt im Mondlicht, dann lässt er sie fallen, weil Marie Luise schreit. Er stürzt aus dem Abteil, unerkannt. Aber er weiß, dass der Dolch zurückgeblieben ist, ein Dolch, dessen orientalische Herkunft nicht zu leugnen ist. Die Verbindung zu Missak ist also schnell zu ziehen. Und jetzt und hier, in den Ausläufern der Karpaten, wollte er wissen, was bekannt geworden ist und ob Georges vielleicht der Einzige war, der einen Verdacht hegte.

Bevor Georges etwas sagen konnte, fuhr Missak fort: »Ich habe gesehen, dass Mister Pullman Geld für Monsieur Blowitz dabeihat. Als er etwas aus seinem Koffer geholt hat, lag darin ein Packen Dollarnoten mit einem Zettel und Blowitz' Namen darauf. Danach haben Sie doch in unserem Abteil gesucht, nicht wahr? Sie brauchen jetzt nicht zu antworten, Georges, aber ich habe in jenem Moment gedacht, dass Ihr Konkurrent versuchen wird, den Reporter zu bestechen. Was lag näher? Pullman und Blowitz haben sich gegen Sie verbündet.« Er zuckte bedauernd mit den Schultern. »Es tut mir leid, dass ich Ihnen keine angenehmere Gesellschaft auf diesem Spaziergang sein kann, aber ich halte es für wichtig, Ihnen diese schlechte Nachricht zu überbringen.«

Sie hatten das Signal erreicht. Georges blieb stehen. War das wirklich der Grund, aus dem der Osmane ihm bis hierher gefolgt war? Weil er Georges vor Pullman und Blowitz warnen wollte? Oder versuchte er ihn mit seiner Art einzuwickeln?

Missak stellte sich neben Georges, gemeinsam schauten sie zu dem Signal hinauf. »Was ist nun damit?«

Georges war verblüfft. Sein Begleiter wechselte das Thema und entließ Georges damit aus der Pflicht, etwas zu Blowitz und Pullman sagen zu müssen. Wenn dieser Mann ein Mörder sein sollte, dann war er ganz gewiss auch ein Schauspieler.

Er beschloss mitzuspielen. »Wie es scheint, funktionieren die Signale anders als bei uns.« Er deutete nach oben. »Sehen

Sie? Der Balken kann horizontal stehen wie eine Schranke oder heruntergeklappt sein. Steht er horizontal, bedeutet das bei uns ›Halt‹. Hängt er herunter, kann der Zug durchfahren.«

Missak nickte. »Er steht aber waagerecht. Also mussten wir halten.«

»Hier haben die Signale die umgekehrte Bedeutung«, sagte Georges. »Die Welt steht kopf, wenn Sie so wollen, der hochgezogene Balken bedeutet ›Passieren‹. Ich habe zwar davon gehört, aber versäumt, es den Zugführern zu sagen. Kommen Sie, Missak, das holen wir jetzt nach.«

»Die Welt steht kopf«, wiederholte der Osmane und folgte Georges zurück in Richtung Zug. »Als wenn das etwas Neues wäre.«

KAPITEL 32

Samstag, 6. Oktober
Von Budapest nach Bukarest

Hubertine kam Georges und Missak im Tunnel entgegen. »Jemand hat auf Fürst Orjol geschossen«, rief sie. »Es hat einen Knall gegeben, alle dachten, ein Felsbrocken sei auf den Zug gefallen, aber dann rief Monsieur Verne, dass jemand eine Pistole abgefeuert habe. Oh Georges, es ist schrecklich!«

Er nahm sie in die Arme, die Laterne fiel ihm aus der Hand und landete auf dem Schotter. »Wurde Orjol getroffen?«

Missak hob die Lampe auf. »Ist er tot?«

»Zum Glück nicht«, stieß Hubertine hervor. »Die Kugel hat ihn an der Schulter verletzt. Doktor Diehl kümmert sich um ihn.«

Während sie zurück zum Zug liefen, versuchte Georges seine Gedanken zu ordnen, denn nun war klar: Missak konnte nicht derjenige sein, der es auf den Russen abgesehen hatte. Das bedeutete allerdings: Jeder im Zug kam als Attentäter infrage.

»Wo ist das passiert?«, fragte er Hubertine, als sie den hintersten Waggon erreicht hatten.

»Als ich Orjol zuletzt gesehen habe, war er im Speisewagen.« Sie musste erst zu Atem kommen. »Dann ging er in sein Abteil, um ein Kartenspiel zu holen. Er sagte, die Gesellschaft könne ein wenig Aufheiterung vertragen, und für Schnäpse sei es noch zu früh. Kurz darauf krachte der Schuss.«

Sie setzten den Weg bis zum vorderen Schlafwagen auf dem Nebengleis fort. Dort drangen Stimmen aus dem Zug, laut und aggressiv. Jemand rief: »Halten Sie den Mund! Fast hätten Sie Ihren Mord im Orient-Express noch bekommen.«

Missak stieg als Erster ein. Georges hielt Hubertine zurück. Bevor er die Leute zur Räson rufen konnte, brauchte er mehr Informationen. »Kannst du dich daran erinnern«, fragte er Hubertine, »wer noch im Speisewagen war und wer nicht, als der Schuss fiel?«

»Aufgefallen war mir nur, dass Missak Effendi sich zurückgezogen hatte. Aber er war anscheinend bei dir.«

»Wir sind zusammen zum Signalmast gegangen«, sagte Georges. »Er ist unschuldig.« Die Worte hörten sich nach all den Verdächtigungen gegen den osmanischen Generalsekretär gut und richtig an.

»Aber der Dolch aus dem Koffer! Der Vorfall im Compartiment der Wienerinnen!«

»Verne hatte recht.« Georges stieg auf die Plattform und reichte Hubertine eine Hand. »Jemand anders muss sich an dem Koffer zu schaffen gemacht haben. Wir müssen herausfinden, wer das war.«

Im Gang des Schlafwagens drängten sich die Passagiere. Georges hatte einige Mühe durchzukommen. Schließlich gelangte er zum Abteil Ludomir Orjols. Die Tür stand offen, im Innern beugte sich der deutsche Arzt über den auf dem Diwan sitzenden Orjol. Der Russe war nur mit einem Unterhemd bekleidet. Angesichts seiner entblößten Erscheinung wollte Georges die Tür schließen, doch der Fürst bat ihn, sie offen stehen zu lassen.

»Mein Leben ist mir wichtiger als meine Würde.« Fürst Ludomir war noch bleicher als sonst. »Sperren Sie mich nicht ein. Jeder hier könnte der sein, der mir ans Leder will.«

Diehl hatte einen Verband um Orjols Schulter gelegt und war nun dabei, den Russen vorsichtig wieder anzukleiden, damit er ihm den Unterarm in eine Schlinge legen konnte.

»Wir ernst ist es?«, wollte Georges wissen.

Der Arzt arbeitete konzentriert weiter. »Ein Schuss in die Schulter. Die Kugel ist stecken geblieben, vermutlich im Knochen. Das Projektil wirkt wie eine Tamponage, die Blutung ist nicht zu stark. Ich habe die Wunde zusätzlich mit einem Wundpolster geschlossen. Es besteht keine Lebensgefahr, aber die Kugel bekomme ich nicht ohne Weiteres heraus.«

»Können Sie uns sagen, was geschehen ist?«, fragte Georges den Russen.

Orjol begann zu zittern und schloss die Augen. Er erklärte, dass er den Speisewagen verlassen habe, um im Abteil nach Spielkarten zu suchen. »Also kam ich hierher und habe meinen Koffer von der Ablage geholt. Ich habe ihn auf den Tisch gelegt und geöffnet.«

Der Koffer lag auf dem Boden. Sein Inhalt war auf dem Teppich verstreut.

»Plötzlich spürte ich einen Schlag in den Rücken«, fuhr Orjol fort. »Ich wurde gegen die Fensterscheibe geworfen. Einen Knall habe ich gar nicht wahrgenommen. Im nächsten Moment fand ich mich auf dem Abteilboden wieder, und meine Schulter brannte, als habe jemand heißes Öl darüber ausgegossen. Dann habe ich auf dem Gang Stimmen gehört und Schritte. Im nächsten Moment war Herr von Diehl bei mir und half mir auf die Beine.«

Der Deutsche nickte. »Ich hatte gerade den Waggon betreten, da sah ich vor der Tür zu diesem Abteil jemanden stehen. Erst dachte ich, er deute mit ausgestrecktem Arm auf etwas im Innern des Compartiments. Dann hörte ich den Knall und sah ihn weglaufen.«

»Konnten Sie erkennen, wer es war?« Georges fühlte sein Herz wie rasend schlagen. Es gab einen Zeugen!

»Leider nein«, sagte Diehl. »Zwischen dem Zustieg und diesem Abteil erstreckt sich der Waggon in fast ganzer Länge, und ich hatte meine Brille vergessen. Ich war im Schlafwagen unterwegs, um sie zu holen.« Er lächelte Fürst Orjol zu. »Damit ich beim Kartenspiel die Werte meines Blattes erkennen kann.«

Georges warf einen Blick zur Abteiltür, sah einige Fahrgäste im Gang stehen und hörte sie aufeinander einreden. Einer von ihnen musste der Schütze sein. Lag da ein Ausdruck von Schuldbewusstsein auf Mortimer Pullmans Gesicht? Bemühte sich Sajadschi Rao III., nicht ins Abteil zu starren? Wo war Jules Verne? Georges schüttelte den Kopf. Nichts davon war so wichtig wie die Gesundheit des Opfers. »Wird es genügen, wenn wir Fürst Ludomir morgen Vormittag in Bukarest in ein Krankenhaus bringen?«

Der Arzt zog die Armschlinge straff und warf dabei einen prüfenden Blick auf Orjols Gesicht. Dann wandte er sich Georges zu. »Ich habe im Deutsch-Französischen Krieg mehr Schusswunden behandelt, als ich zählen konnte. Bei dieser ist das Projektil ins Schulterblatt eingedrungen, hat den Knochen aber offenbar nicht zerschmettert. Den Wundkanal habe ich versorgt. Das muss regelmäßig überprüft werden, und wenn Fürst Orjol nach einer Weile keine Beschwerden hat, bedeutet das, dass sein Körper mit den eingedrungenen Schmutzpartikeln fertig wird. Dann kann die Kugel sogar drin bleiben.«

»Aber ...«, protestierte der Russe.

»Sie haben die Wahl«, fuhr Diehl fort, »Sie können mit der Kugel im Schulterblatt leben, solange Sie keine Laufbahn als Boxer oder Tennisspieler anstreben. Oder Sie können sich das Geschoss herausoperieren lassen. Das ist eine Operation, die monatelange Nachsorge erfordern wird.«

Georges verließ das Abteil, bat die anderen Passagiere, in den Speisewagen zu gehen, und stieg aus dem Zug. Er musste dafür sorgen, dass der Orient-Express so schnell wie möglich Bukarest erreichte. Dort musste er die Gendarmerie einschalten und – der Gedanke verursachte ihm Übelkeit – den Zug umkehren lassen.

»Adolphe-Victor«, rief er, während er nach vorn lief, »Clément.«

Der Lokführer und der Heizer schauten ihm aus dem Führerhaus entgegen. Georges kletterte zu ihnen hinauf und berichtete von dem Vorfall im Schlafwagen, während die beiden Männer entgeistert zuhörten. Schließlich erklärte er, was er auf der anderen Tunnelseite festgestellt hatte: dass die Streckensignale in diesem Landesteil Ungarns anders gelesen wurden als zuvor. Da Adolphe-Victor im vorderen Tunnel keine Felsstücke auf dem Gleis oder andere Hindernisse entdeckt hatte, verkündete Georges: »Wir können weiterfahren.« Vorhin hatte er noch gehofft, dies sei eine gute Nachricht, doch jetzt klangen die Worte in seinen Ohren wie eine Drohung.

KAPITEL 33

Samstag, 6. Oktober
Von Budapest nach Bukarest

Der Zug ruckte an. Die Bewegungen der Waggons waren dieselben wie zuvor, ebenso die Geräusche der Räder; der Dampf aus der Lok zog wieder an den Fenstern vorbei, nichts schien sich verändert zu haben, und doch war alles anders geworden.

Die Fahrgäste waren im Speisewagen versammelt. Félix hatte sich mit dem Abendessen beeilt, und Bernard servierte als Vorspeise ein Fischcarpaccio an frischem Dill, Zitronenscheiben und Olivenöl. Es wurde von dem tiefen Schweigen der Appetitlosigkeit empfangen.

Ein metallisches Schnicken war zu hören, als das Siegel über dem Verschluss einer Champagnerflasche erbrochen wurde, dann folgte ein leises Gluckern. Marie Luise von Flattich nahm ein Glas von Bernard entgegen und hielt es in die Höhe. »Wir brauchen jetzt wohl alle einen Schluck.« Sie legte den Kopf in den Nacken und leerte es in einem Zug. Die Haut an ihrem Hals zitterte.

Eigentlich hatte sich Georges vorgenommen zu warten, bis der erste Gang verspeist war, schlechte Nachrichten ließen sich besser auf einer guten Grundlage verdauen. Dann sah er, dass nur Jules Verne aß, alle anderen sahen ihn erwartungsvoll und düster an. Er probierte ein Lächeln, ließ es aber verwelken, bevor es richtig erblühen konnte. Die Situation war zu ernst, um etwas daran beschönigen zu können.

»Mesdames, Messieurs«, hob er an, »wie Sie vermutlich alle wissen, hat jemand versucht, Fürst Ludomir Orjol zu erschießen. Mit einer Pistole. Unserem geschätzten Mitreisenden geht es den Umständen entsprechend gut.« Er nickte dem Russen zu, der mit Sir Laycock und Monsieur Blowitz an einem Tisch saß. Orjol hatte es mit Diehls Hilfe geschafft, sich für das Diner zurechtzumachen. Nur der in einer Schlinge hängende Arm verriet etwas über die Verletzung.

»Vielleicht hat sich wieder jemand im Abteil geirrt«, rief Marie Luise und erntete erstaunte Blicke. Eigentlich hatten die Wienerinnen Georges zugesagt, nichts über den nächtlichen Vorfall in ihrem Compartiment verlauten zu lassen. Bevor Marie Luise Weiteres ausplaudern konnte, hob Georges beide Hände. »In einem Punkt können wir sicher sein: Einer von uns ist für diese Tat verantwortlich.«

»Vielleicht war es der Schriftsteller«, sagte Mortimer Pullman. Er war nicht einmal darum bemüht, leise zu sprechen.

»Monsieur Verne?«, fragte Laycock.

»Er hat den Anschlag vor unseren Augen geprobt«, fuhr Pullman fort. »Mit einer geladenen Pistole.«

»Eine hervorragende Schlussfolgerung«, stimmte der Beschuldigte zu. »Nicht vielen Menschen ist eine Kombinationsgabe wie Ihre zu eigen, Mortimer.«

»Oder der werte Generalsekretär hat zugeschlagen«, legte Pullman nach. »Das Osmanische Reich …«

»Genug«, rief Georges. »Wir sollten keine voreiligen Schlüsse ziehen. Missak Effendi zum Beispiel war mit mir außerhalb des Zuges im Tunnel unterwegs, als der Schuss fiel.«

Missak presste die Lippen zusammen, schlug die Augen nieder und schwieg.

»Wer sagt uns denn, dass Sie nicht mit ihm unter einer Decke stecken?«, fragte Pullman.

Mühsam unterdrückte Georges den Impuls, den Eisenbahnmagnaten zurechtzuweisen. Pullman witterte die Chance, Georges in Verruf zu bringen. Aber so einfach war die Angelegenheit nicht.

»Unter einer Decke«, erwiderte Georges, »stecken wir alle, wir, die Passagiere des Orient-Express. Statt uns gegenseitig zu verdächtigen, sollten wir gemeinsam versuchen, den Schuldigen zu entlarven.«

»Und wie sollen *wir* das anstellen?«, fragte Jules Verne kauend.

»Indem wir überlegen, wer zur Zeit des Anschlags im Speisewagen war und wer ihn verlassen hatte. Einige von Ihnen waren doch noch dort und haben darauf gewartet, dass Fürst Ludomir mit den Spielkarten zurückkehrt. Wer war das?«

Vier Hände hoben sich: die von Verne, Pullman, Blowitz und Diehl. Allerdings räumte Diehl ein, aus dem Speisewagen gegangen zu sein, um seine Brille zu holen, dabei habe er den Schützen vertrieben.

»Meine Herren«, eröffnete Georges, »bitte versuchen Sie sich zu erinnern, wer außer Ihnen noch im Speisewagen saß und wann er oder sie das Restaurant verlassen hat.«

»Monsieur Grimprel ging als Erster hinaus, als wir im Tunnel festsaßen«, sagte Pullman bestimmt. Die anderen Mitreisenden bestätigten das, auch Grimprel selbst. Verne fügte hinzu, dass der Finanzbeamte nach vorn, in Richtung des ersten Schlafwagens, verschwunden sei.

Dort lag auch Orjols Abteil.

»Der Maharadscha und Marie Luise Flattich verließen den Speisewagen als Nächste, kurz hintereinander«, sagte Blowitz, wurde aber von Diehl korrigiert, der gesehen hatte, wie Léonie Tafel vor den beiden gegangen war. Die Damen schwiegen. Sajadschi Rao III. nickte zu den Aussagen. Auch Sir Laycock habe den Waggon verlassen, ergänzte Blowitz. Der britische Abgeordnete hob seinen Gehstock, um sich zu Wort zu melden. Er habe kurz den Waschraum aufsuchen und sich dann der Kartenrunde anschließen wollen, erklärte er. Die Versammelten einigten sich schließlich auf diese Reihenfolge: Grimprel, Tafel, Sajadschi Rao III., Flattich, Laycock.

»Würden Sie das bitte aufschreiben, Henri?«, bat Georges. Blowitz kam der Aufforderung nach, riss einen Zettel aus seinem Notizbuch und reichte ihn Georges. Er las ihn und bedankte sich bei allen für die Offenheit. »Ich weiß, dass die Situation für jeden von uns eine Belastung ist. Aber es geht einzig und allein um Ihre Sicherheit hier im Zug.«

»Darf man fragen, wie Sie für diese Sicherheit sorgen wollen?«, wollte Verne wissen.

Georges nickte. Darüber hatte er sich bereits Gedanken gemacht. »Wir werden in der kommenden Nacht aufmerksam sein. Das bedeutet, dass wir nicht nur Fürst Orjol, sondern uns alle gegenseitig schützen müssen. Wenn jeweils mindestens drei Passagiere beisammen sind, sollte das gegeben sein.«

»Und was dann?«, knurrte Pullman. »Was passiert morgen früh?«

»Ich werde in Bukarest die Gendarmerie informieren. Vielleicht kann ich sie überzeugen, mit uns zu fahren, um Sie und die anderen Passagiere zu beschützen und im Zug Ermittlungen anzustellen.«

»Das wird die Polizei aber freuen«, sagte Blowitz, »freie Fahrt im Luxuszug nach Konstantinopel.« Er notierte etwas.

»Nicht ganz«, verbesserte Georges. »Unter diesen Umständen fahren wir nicht weiter an den Bosporus. Wir kehren um, zurück nach Paris.« Und in Gedanken fügte er hinzu: Das Projekt ist gescheitert, es bleibt ein Traum, mehr nicht.

Auf Pullmans Gesicht breitete sich ein Lächeln aus. »Das hätte ich Ihnen früher sagen können, Georges. Dieser Zug ist eine Nummer zu groß für Sie. Sie hätten alles einfacher haben können, indem Sie einfache Leute mit einfachen Waggons befördern. Stattdessen wollten Sie hoch hinaus. Es musste ein Zug voller Diplomaten sein, Männer verfeindeter Nationen, damit Sie der Welt beweisen können, was für ein Friedensstifter Sie sind, indem Sie alle unter einen Hut bekommen. Aber aus dem Friedenszug ist ein mörderisches Gefährt geworden. Ich fühle mich bedroht und werde nicht mit Ihnen zurück nach Paris fahren. Ich werde mir in Bukarest selbst einen Zug zurück in die Zivilisation suchen.« Er schaute zu Blowitz hinüber, der eifrig mitschrieb. »Haben Sie das alles, Henri?«

Georges' Kiefer mahlten. In Gedanken sah er sich aufspringen, Pullman am Kragen packen und aus dem fahrenden Zug werfen. Irgendwie brachte er es fertig, mit ruhiger Stimme zu sagen: »Das ist sehr schade. Ich werde Sie vermissen, Mortimer, und alle anderen werden das auch.«

Verne lächelte.

Diehl erhob sich. »Monsieur Nagelmackers, ich glaube, ich kann für die meisten meiner Mitreisenden sprechen, wenn ich behaupte, dass uns Ihr Plan, den Orient-Express umkehren zu lassen, nicht gefällt.« Er suchte den Blick von Verne und Blowitz. Der Schriftsteller nickte, der Journalist nach einem kurzen Zögern auch. Marie Luise und Léonie stimmten zu, ebenso Missak und Ludomir. Diehl fuhr fort: »Den meisten Passagieren war klar, dass es Risiken auf dieser Fahrt gibt. Nun hat sich herausgestellt, dass die Gefahr nicht von Fremden ausgeht, sondern von uns selbst. Einer in unserer Mitte ist ein Unhold, aber wir werden deshalb nicht die Flucht ergreifen, sondern Ihnen, Georges, zur Seite stehen.«

Georges war vom Engagement des Arztes beeindruckt. »Danke, aber das kann ich nicht annehmen«, sagte er. »Ich bin für die Sicherheit meiner Fahrgäste verantwortlich, und diese Sicherheit kann ich nicht länger gewährleisten. Der Zug kehrt um.«

Diehl wollte noch etwas sagen, doch Verne unterbrach ihn.

»Wenn ich dazu etwas äußern dürfte? Georges, was glauben Sie, wird geschehen, wenn unsere muntere Reisegesellschaft inklusive Mörder in Paris ankommt und alle Welt erfahren wird, dass Ihre Expedition gescheitert ist? Dass unser kleiner exklusiver Zirkel beim geringsten Anzeichen von Gefahr gleich die Hosen und Röcke voll hatte? Auslachen wird man uns. In den Cafés wird man mit dem Finger auf uns zeigen. Meine armen Bücher! Niemand wird mehr die abenteuerlichen Geschichten wagemutiger Reisender lesen wollen, weil sie von einem Hasenfuß verfasst worden sind. Wollen Sie Ihr Gewissen damit belasten, mein Lieber?«

Georges wollte widersprechen, doch Verne war noch nicht fertig. »Warum sollte nicht jeder selbst entscheiden?«, schlug der Schriftsteller vor. »Lassen Sie den Zug weiterfahren bis zum Ziel, bis nach Konstantinopel. Und jeder, der Angst vor der eigenen Courage hat, kann vorher in Bukarest aussteigen und zurückfahren.«

Henri de Blowitz stand auf. »Ich fahre auf jeden Fall weiter. Ich will Konstantinopel sehen, weder fahre ich zurück, noch schrecke ich vor irgendjemandem zurück.«

Oder vor irgendetwas, ergänzte Georges in Gedanken.

Mortimer Pullman hing auf seinem Stuhl wie ein besiegter Faustkämpfer. »Wenn alle weiterfahren wollen, werde ich natürlich auch bleiben«, brummte er. »Schließlich will ich erleben, wie dieses Unternehmen endet. Sie wissen hoffentlich alle, was Sie tun. Vergessen Sie nicht«, er machte eine ausholende Geste, die alle Anwesenden einschloss: »Einer von uns will einen Mord begehen.«

KAPITEL 34

Samstag, 6. Oktober
Von Budapest nach Bukarest

Georges überließ es Doktor Diehl, die Fahrgäste in Gruppen von jeweils drei Personen einzuteilen. Jedes Trio sollte darauf achten, ständig zusammenzubleiben. Für die heranziehende Nacht waren Abteilwechsel nötig. Am Morgen würden sie Bukarest erreichen.

Orjol und Blowitz zogen mit Diehl zusammen und wechselten von ihrem Zweibettabteil in eins für drei Gäste. Sowohl der Arzt als auch der Journalist wurden nicht verdächtigt, dem Russen etwas antun zu wollen. Besonders Blowitz schien seine Aufgabe, Orjol zu schützen, ernst zu nehmen. Er werde sich die Gelegenheit nicht entgehen lassen, einem russischen Fürsten das Leben zu retten, sagte der Reporter. Vermutlich sah er sich schon als Staatsgast am Hof des Zaren in Sankt Petersburg.

Der zweite Abteilwechsel war nicht so einfach zu bewerkstelligen. Marie Luise und Léonie waren zu zweit und brauchten eine dritte Person, konnten aber unmöglich mit einem der Männer ein Compartiment teilen. Was blieb Diehl anderes übrig, als Hubertine bei ihnen einzuquartieren? Um Platz für die dritte Person zu haben, mussten die Wienerinnen allerdings in ein Abteil umziehen, das nicht direkt neben dem Waschraum lag. Sie beschwerten sich bei Georges und ersannen immer neue Gründe, die dagegen sprachen. Georges wurde der Diskussion schnell müde. Deshalb wies er Bernard und Pascal an, das Gepäck der Damen in das neue Abteil zu bringen. Er war sicher, dass sie ihren Besitztümern folgen würden.

Auch Hubertine war nicht leicht zu überzeugen. Sie verkündete, dass sie lieber eine Nacht im hinteren Gepäckwagen bei der Tigerin verbringen würde, als eine Minute in einem Abteil mit Marie Luise von Flattich und Léonie Tafel. Sie versicherte Georges, dass es sonst einen neuerlichen Mordversuch geben würde, bevor die Sonne aufging, vielleicht sogar zwei. Schließlich ließ sie sich jedoch davon überzeugen, dass sie die Einzige sei, die auf die beiden Frauen aufpassen könne.

Fortan bewegten sich Gruppen von drei Personen durch den Orient-Express. Man ging zusammen in den Speisewagen und in den Rauchsalon, Blowitz und Diehl begleiteten Fürst Orjol sogar bis vor die Tür des Waschraums. Georges ordnete an, dass der Zug bis Bukarest keinen Halt mehr einlegen sollte. Der Orient-Express rauschte durch das ungarische Herkulesbad hindurch, die berühmten Thermalquellen und antiken römischen Bauwerke waren ohnehin nicht mehr zu sehen, denn statt um siebzehn Uhr, wie geplant, erreichte der Zug den Kurort erst nach Einbruch der Dunkelheit.

Die letzten Lichter der Stadt zogen vor den Fenstern vorbei, als Georges mit Hubertine und Verne durch den hinteren Schlafwagen ging. Der Waggon war vollständig geräumt, darin hatte sich eine beinahe unheimliche Ruhe ausgebreitet. Georges holte seine Uhr hervor. Er hatte die Larcum Kendall schon lange nicht mehr in der Hand gehalten, die Ereignisse hatten die Kontrolle übernommen, sie bestimmten den Fahrplan und sein Zeitgefühl. Als er jetzt auf die Uhr schaute, gaben ihm die Zeiger zu verstehen, dass die Zeit auch dann verging, wenn man sich dessen nicht bewusst war. Es war 23.33 Uhr. Sollte er überhaupt noch daran denken, pünktlich in Konstantinopel anzukommen, oder sollte er seine Mühen nicht besser voll und ganz darauf verwenden, die ihm anvertrauten Fahrgäste lebendig an den Bosporus zu bringen?

»Hier ist es.« Georges blieb vor der Tür zu dem Abteil stehen, in dem Fürst Orjol angeschossen worden war, und ließ die Uhr in der Weste verschwinden. »Hierher ist Fürst Ludomir gekommen, um seine Spielkarten zu holen, hierher ist ihm der Schütze gefolgt.«

»Wenn Sie bitte im Gang warten würden?« Verne trat ein und schaltete das Licht an. Im Abteil war noch nicht aufgeräumt worden. Alles sah so aus wie zu dem Zeitpunkt, als Doktor Diehl den verwundeten Orjol versorgt hatte. Sogar Reste des Verbands lagen noch auf dem Diwan. Einzig der Geruch nach Schießpulver hatte sich in Luft aufgelöst.

Die Art, wie Verne sich im Abteil umschaute, erinnerte Georges, der ihn durch die offene Tür beobachtete, an den Besucher eines Museums. Der Schriftsteller hielt die Hände auf dem Rücken verschränkt und wandte sich mal hierhin, mal dorthin. Als er bei Orjols Koffer angekommen war, griff er hinein und holte etwas hervor. »Die Spielkarten«, stellte er fest. »Wir können davon ausgehen, dass Fürst Ludomir die Wahrheit gesagt hat.«

Georges und Hubertine schauten sich verblüfft an. »Wieso sollte er das nicht getan haben?«, fragte er.

»Wenn wir den Täter entlarven wollen«, antwortete Verne, »müssen wir auch das Unwahrscheinliche in Betracht ziehen. Zum Beispiel, dass Orjol und der Angreifer eine Verabredung hatten und dann ein Streit entbrannt ist.«

Daran hatte Georges noch gar nicht gedacht. Für ihn war es eindeutig, dass der Russe heimtückisch überfallen worden war.

Verne bat Hubertine und Georges ins Abteil, nahm die Kissen vom Diwan und lüpfte die Tagesdecke. Er ließ sich auf die Knie nieder und lugte unter das Sitzmöbel, dann schüttelte er den Kopf und stand wieder auf. »Wir können festhalten, dass der Unbekannte, der auf Fürst Ludomir angelegt hat, derselbe ist, der in die Kabine von Madame Flattich und Mademoiselle Tafel eingedrungen ist.«

»Ich hoffe beinahe, dass es so ist«, sagte Georges, »sonst gäbe es zwei Attentäter an Bord dieses Zuges.«

»Wieso sind Sie da so sicher, Jules?«, wollte Hubertine wissen.

»Weil das Opfer dasselbe sein sollte: Fürst Ludomir Orjol. Beim ersten Mal wusste der Täter nicht, dass der Russe das Abteil gewechselt hatte, und bemerkte seinen Irrtum gerade noch rechtzeitig, bevor er der armen Léonie an den Kragen ging. Beim zweiten Mal, einen Tag später, hatte der Unhold offenbar von dem Umzug seines Opfers erfahren, und es war einfach, die neue Abteilnummer in Erfahrung zu bringen. Danach musste er nur noch auf die passende Gelegenheit warten, um die Tat zu begehen. Also gibt es einen Täter und ein Opfer. Können wir uns darauf einigen?«

Georges und Hubertine nickten.

Nun stellte sich der Schriftsteller vor das Fenster. »Das Opfer kommt also herein und steht vor seinem Koffer. Da Fürst Ludomir nur rasch etwas aus dem Abteil holen wollte, hat er nicht einmal die Tür geschlossen – für unseren Schützen eine regelrechte Einladung. Er hat die Pistole bei sich, holt sie hervor und zielt auf den Rücken seines Opfers. Georges, strecken Sie den Arm aus, und stellen Sie sich vor, Sie wollten mich mit Ihrem Zeigefinger erschießen.«

Das fiel Georges schwerer, als er gedacht hatte, am Ende war es Hubertine, die den Arm hob und mit den Fingern ihrer rechten Hand eine Pistole imitierte.

»Sind Sie so weit?«, fragte Verne, noch immer mit dem Gesicht zum Fenster, und als Hubertine ihre Bereitschaft signalisiert hatte, sagte er: »Feuer frei!«

Sie drückte ab und begleitete die Bewegung mit einem explosionsartigen Laut aus ihrem Mund.

Georges verlor die Geduld. »Was soll das Theater?«

Verne drehte sich um. »Einen Moment noch«, bat er. »Hubertine – als Sie mich gerade eben erschossen haben, auf welches Körperteil haben Sie da gezielt?«

Sie musste nicht lange überlegen. »Auf Ihren Kopf, Jules, das schien mir das Naheliegendste zu sein.«

Er nickte. »Sehen Sie, das habe ich auch gedacht, als ich Orjols Wunde sah. Der Attentäter hat auf seinen Oberkörper gezielt, aber warum nicht auf den Kopf des Russen?«

»Weil der Oberkörper größer und einfacher zu treffen ist«, schlug Georges vor.

»Stimmt«, sagte Verne, »aber auf diese Entfernung wäre ein Kopf sogar im Dunkeln zu treffen. Trotzdem hat der Schütze den Rumpf bevorzugt und damit das Scheitern seines Vorhabens in Kauf genommen. Warum tat er das?«

Darauf wusste weder Georges noch Hubertine eine Antwort.

»Ich will es Ihnen sagen.« Verne strich sich über den Bart. »Weil ihm klar war, dass ein Blattschuss die beste Methode ist, die Beute zu erlegen.« In die folgende Stille hinein erläuterte Verne, was er damit meinte. »Jäger versuchen, Wild mit einem Schuss in oder unter das Schulterblatt zu töten, denn die Wahrscheinlichkeit ist hoch, dass die Kugel ins Herz dringt. Das Tier bricht kurz darauf tot zusammen. Eine sichere Sache, wenn man den Schuss gut platzieren kann. Ich selbst habe schon einmal mit dieser Möglichkeit gespielt, in meinem Roman *Zwei Jahre Ferien*. Darin müssen Schiffbrüchige in der Wildnis überleben und das Jagen lernen.«

Georges stellten sich die Nackenhaare auf.

»Genau das ist geschehen«, fuhr der Schriftsteller fort. »Fürst Ludomir ist in den Rücken geschossen worden, etwa auf Höhe des Schulterblatts, aber der Knochen hat die Kugel aufgehalten.

Nach außen hin ist unser guter Fürst eine kränkliche Gestalt, doch scheint er über ein robustes Skelett zu verfügen. Das hat ihm das Leben gerettet, denn wäre die Kugel durch den Knochen gedrungen, hätte sie sein Herz zerfetzt.«

»Jules«, Georges räusperte sich, »müssen wir das wirklich so ausführlich besprechen?«

»Allerdings«, stellte Verne fest. »Denn jetzt können wir festhalten, dass der Schütze ein geübter Jäger ist. Und das ist ein gewaltiger Fortschritt unserer Ermittlungen.«

»Der Maharadscha«, brachte Georges vor. »Er sagte, er gehe in Indien gern auf die Tigerjagd. Monsieur Grimprel hat ebenfalls sein Interesse daran bekundet.«

»Damit kommen drei Personen infrage«, stellte Verne fest. »Monsieur Grimprel, Sir Laycock und Großfürst Sajadschi Rao III. Die beiden Wienerinnen können wir ausschließen. Ich halte zwar auch Frauen für fähig, einen Mord zu begehen, aber sie sind erst in Wien zugestiegen, und das auch nur als Ersatz für Herrn von Flattich. Auch Missak Effendi gehört nicht zum Kreis der Verdächtigen, da er ja mit Ihnen, Georges, draußen unterwegs war, als Fürst Orjol angeschossen wurde.« Verne seufzte. »Das ist beinahe bedauerlich. Der Dolch im Abteil der Wienerinnen gestern Nacht deutete so klar auf den Osmanen hin.«

»Warum aber greift dann der Unbekannte Orjol erst mit einem Dolch an, den er aus dem Koffer Missak Effendis entwendet hat?«, fragte Hubertine. »Warum nimmt er nicht sofort die Pistole?«

Die Gedanken rasten Georges durch den Kopf. Jede Abzweigung, die sie nahmen, führte in eine Sackgasse. Er rieb sich den Nacken und setzte sich.

Etwas drückte unter seinem Gesäß. Er zog ein gedrehtes Stück Seide hervor, es war rot und lief in einer Quaste aus. Eine Troddel des Diwans? Nein, die Farbe stimmte nicht.

»Das habe ich schon mal gesehen.« Hubertine nahm ihm das Fundstück aus der Hand.

»Ich auch. Aber wo?«, fragte er.

Sie reichte es an Verne weiter, er besah es aus der Nähe, rieb es zwischen den Fingern und roch daran. Dann zuckte er mit den Schultern.

Schließlich kam Hubertine auf die Lösung. »Diese Quaste gehört zur Kopfbedeckung von Missak Effendi.« Mit einer Hand über ihrem Kopf deutete sie die Form des Fes an.

»Natürlich!«, bestätigte Georges.

Gedankenverloren zwirbelte Jules Verne einige Haare seines Barts. »Erst der Dolch und jetzt die Quaste. Der Unbekannte hat zweimal etwas fallen gelassen, was er wohl aus einem ganz bestimmten Grund dabeihatte. Er wollte den Verdacht auf Missak Effendi lenken. Da wir ja wissen, dass Missak unschuldig ist, hat uns der Täter damit einen wertvollen Hinweis hinterlassen.«

»Inwiefern?«, fragten Georges und Hubertine wie aus einem Mund.

»Liegt das nicht auf der Hand?« Verne zeigte seine Handflächen. »Der Attentäter hat nichts gegen den Russen. Sein eigentliches Ziel ist der Osmane: Er soll unter Mordverdacht geraten.«

Georges legte eine Hand gegen seine Stirn. »Wie perfide! Wer würde sich so etwas ausdenken?«

»Und warum?«, fügte Hubertine hinzu.

Verne lächelte. »Sehen wir die positiven Seiten«, sagte der Schriftsteller.

»Positive Seiten?«, echote Georges. »Welche sollen das sein?«

»Zum einen: Die anfangs unüberschaubare Zahl an Szenarien, was passiert sein könnte, hat sich in der letzten Viertelstunde verringert. Wir haben nur noch drei Verdächtige, und wir müssen nun wissen, wer von ihnen ein Motiv hat, Missak Effendi zu schaden.«

»Und zum anderen?«, fragte Hubertine.

»Mein Roman über einen Mord im Orient-Express hat gerade einen Impuls erhalten, den ich mir nicht besser hätte ausdenken können. Die Wirklichkeit, werte Dame, ist immer noch die beste Quelle für eine gute Geschichte.«

TAG 4

KAPITEL 35

Sonntag, 7. Oktober
Von Budapest nach Bukarest

Es gibt einen Unterschied zwischen einem leeren Raum und einem, der verlassen ist. Georges saß allein im Speisewagen und ließ den Blick über die verwaisten Plätze schweifen. Alles war sauber wie am ersten Tag, sogar die Herbstanemonen in den kleinen Vasen waren frisch, doch auch sie vermochten das bange Gefühl nicht zu vertreiben.

Immerhin, redete er sich ein, waren die Passagiere sicher, soweit das möglich war. Alle hatten dem Plan zugestimmt, bei der Weiterreise in Dreiergruppen aufgeteilt zu sein. Den Digestif und den nächtlichen Kaffee hatten die Fahrgäste dann in den neuen Abteilen eingenommen. Jetzt hörte Georges Félix in der Küche hantieren, hörte die Kasserollen klappern und Spülwasser gluckern. Die Betriebsamkeit im Raum nebenan machte es noch deutlicher: Ohne Menschen war der Orient-Express bloß eine leere Hülle, und Georges fühlte sich wie ein Zirkusdirektor in einer Manege ohne Publikum.

Er klappte die Larcum Kendall auf. Die Zeit gehörte zu dem wenigen, was ihm an Beständigkeit geblieben war. Er versuchte sich damit zu trösten, dass sie etwas aufgeholt hatten, da sie durch Herkulesbad und Orsowa an der rumänischen Grenze ohne Halt hindurchgefahren waren. Der Zug rollte immer tiefer hinein in die Karpaten.

Georges schaute in die Dunkelheit hinter dem Fenster. Er

strich mit dem Daumen über die ziselierte Oberfläche der Taschenuhr. Geschirr klapperte. Jemand stellte eine Tasse Kaffee vor ihm ab.

»Ist hier noch frei?«, fragte Hubertine und setzte sich auf den Platz neben ihm. In der Hand hielt sie eine zweite Tasse Kaffee.

»Zufälligerweise sind meine Tischgenossen verhindert. Bitte setzen Sie sich doch, Mademoiselle.« Er führte die Tasse zum Mund und roch den Cognac in dem Kaffee. Dankbar trank er einen Schluck. Der Zucker und die Hitze ließen den Alkohol wie einen Schnellzug durch seine Blutbahn rauschen.

»Das tut gut«, sagte er. »Deine Nähe allein hätte aber schon ausgereicht.«

Sie legte eine Hand an seinen Hals und ihr Kinn auf seine Schulter. Ihr warmer Atem strich über seine Wange. Vielleicht war es gar nicht so schlecht, dass sonst niemand im Speisewagen war.

»Bevor du mich ermahnst, dass ich nicht auf meinem Posten bei den beiden Wienerinnen bin: Die Damen kommen viel besser ohne mich zurecht. Überdies wissen wir ja, dass die Frauen nicht das Ziel des Attentäters sind. Aber du«, sie strich ihm eine Strähne seines in Unordnung geratenen Haars beiseite, »du sitzt hier ganz allein und gibst die perfekte Zielscheibe ab.«

Sie hatte recht. Bei der Aufteilung der Abteile in Dreiergruppen hatten sich vier Parteien ergeben, und Georges war allein übrig geblieben.

»Der Orient-Express«, sagte sie leise, »ist ein Erfolg.«

Er schnaubte. »Willst du dich über mich lustig machen?«

»Ein Erfolg, weil alle Passagiere weiterfahren wollen«, fuhr sie fort. »Ich weiß nicht, wie du das gemacht hast, aber du hast etwas mit den Leuten angestellt, sogar mit den beiden aus Wien. Vielleicht liegt es an dem Zug, vielleicht an der zusammengewürfelten Gesellschaft, aber ich glaube, dass du es bist, der etwas in jedem Einzelnen bewegt. Du, Georges, zeigst ihnen, dass man sich nicht unterkriegen lassen darf, dass man weitermacht, auch wenn die Probleme groß und die Feinde in der Überzahl sind. Dabei hast du es nicht mal nötig gehabt, Reden zu schwingen. Du bist einfach, wie du bist, und deine Fahrgäste bewundern dich.«

»Niemand bewundert mich«, widersprach er. »Ich bin nur ein Unternehmer, der zu hoch hinauswollte und nun umso tiefer fällt.«

»Du findest immer wieder Halt, das macht dich aus. Wärest du wie Mortimer Pullman, würdest du nicht müde werden, allen zu erzählen, wie du für deinen Zug und deine Fahrgäste kämpfst, du würdest allen etwas vorspielen. Stattdessen behältst du dein Ziel vor Augen und kämpfst dafür, es zu erreichen.« Ihre Hand legte sich auf seine. »Du bist ein Vorbild, Georges, für deine Fahrgäste. Für mich.«

»Das sehe ich anders, und den Attentäter wird das nicht aufhalten. Er ist nach wie vor unter uns, und er hat ebenfalls dafür gestimmt, bis nach Konstantinopel weiterzufahren. Ich mache mir Sorgen, dass jemand sterben könnte.«

»Das wird nicht geschehen. Heute Nacht bewachen sich die Passagiere gegenseitig. Der Mörder weiß von unseren Vorsichtsmaßnahmen, er ist sogar Teil davon. Und morgen wird er sich nicht rühren, weil er nicht länger überraschend zuschlagen kann. Er muss damit rechnen, erkannt zu werden. Vielleicht hält ihn das allein schon von weiteren Übeltaten ab.«

Lag es an ihren Worten oder an ihrer Nähe? Georges spürte, wie Wärme ihn durchströmte, er spürte seine Erschöpfung, aber er wehrte sich nicht mehr dagegen. Er lehnte sich zurück und hörte zu, wie Hubertine neben ihm atmete. Brauchte er wirklich Schienen, Gleise, Züge? Nein. Doch die Welt brauchte sie, um ein bisschen besser zu werden.

Ihre Hand strich über seine Stirn, bis sich die Falten darauf glätteten. »Nicht alles, was dunkel ist, ist schwarz«, sagte sie und deutete auf das Fenster. Dahinter flog die rumänische Nacht vorbei. Hubertines und Georges' Gesichter zeigten sich als zitternde Spiegelbilder. Mit einem Mal hatte er das Gefühl, draußen fliege nicht nur Raum vorbei, sondern auch Zeit. Hubertine und er fuhren zusammen in einem Zug, dessen Schienen Vergangenheit und Zukunft miteinander verbanden. Er erinnerte sich an die Postkutsche in Bierbeek, an jeden einzelnen Brief, den er ihr aus Amerika geschrieben hatte, an die Zeit auf dem Abstellgleis in Paris, die Arbeit im Lazarett, die Stunden über den Konstruktionsplänen für die Schlafwagen, von denen er nicht einmal dann hatte lassen können, als sie ihm zu später Stunde die Arme um die Brust gelegt und ihm Verlockungen ins Ohr geflüstert hatte. Beinahe hätte der Zug sie getrennt. Aber jetzt saß Hubertine neben ihm, und ihre Arme lagen da, wo sie immer gewesen waren, wenn er sie brauchte.

Er wünschte, er könnte die Zeit zurückdrehen, den Orient-Express in Luft auflösen und jeden Augenblick mit Hubertine auskosten, den er nicht ihr, sondern seinem Traum gewidmet hatte. Aber die Zeit war ein Zug, der nur in eine Richtung fuhr. Und sie ließ sich nicht aufhalten.

KAPITEL 36

Sonntag, 7. Oktober
Bukarest

Als Georges die Augen aufschlug, saß er am Tisch im Speisewagen, und sein Nacken schmerzte. Er war gegen Hubertine gelehnt. Ihr Atem ging ruhig und tief, und sie schnarchte ein bisschen. Wie lange hatten sie in dieser Position zugebracht? Einige Stunden, darauf wies das graue Licht hin, das durch das Fenster fiel. Der Morgen dämmerte, Häuser sausten vor der Scheibe vorbei. Das mussten Vororte von Bukarest sein.

Georges rührte sich nicht. Er wusste, dass es vergebens war, den Moment festhalten zu wollen, doch er genoss die Harmonie ihrer beider Atemzüge.

»Ist das schon Bukarest?« Marie Luise von Flattich betrat im Gefolge von Léonie Tafel den Speisewagen. Die Frauen trugen Kleider aus butterfarbenem Brokat und Tüll in Edelsteintönen, Léonies war mit einer Spitzenschürze verziert, das von Marie Luise überraschte mit Rüschen und Volants. Die eine hatte eine Stola aus Pelz, die andere eine mit Fransen gewählt. Überdies trug Marie Luise marineblaue Lederhandschuhe in der einen Hand und klopfte damit in die andere. Beide sahen aus, als seien sie bereit für einen Ausflug.

Hubertine regte sich. Sie sog die Luft ein und wischte sich mit einer Hand über den Mund.

Die Wienerinnen blieben wie angewurzelt stehen. »Wir stören, Marie Luise«, sagte Léonie.

Bevor Georges sie ins Restaurant hereinwinken konnte, drängten von hinten Passagiere nach und schoben die Frauen zu den Tischen. Nach und nach kamen alle Fahrgäste herein. Georges verfolgte die Prozession und stellte erleichtert fest, dass niemand fehlte.

Das Frühstück wurde aufgetragen. Bis auf Pullman versuchten alle, sich so normal wie möglich zu verhalten, dennoch war zu hören, wie die Gespräche stockten, war zu sehen, wie misstrauische Blicke umherflogen. Noch bevor alle den Schlaf mit einer ersten Tasse Kaffee vertreiben konnten, wurde die Bebauung vor dem Fenster dichter. Der unmissverständliche Pfiff der Lokomotive ertönte, im nächsten Augenblick wurde der Zug langsamer. Georges bat Hubertine aufzustehen und mit ihm auf den Bahnsteig zu gehen. Adolphe-Victor würde ihre Hilfe brauchen, um hier in Bukarest ein Ersatzteil für das Achslager zu finden. Als sie den Speisewagen verließen, erinnerte er noch einmal alle daran zusammenzubleiben. Der Aufenthalt des Zugs würde dreißig Minuten dauern.

»Nur eine halbe Stunde für diese wunderschöne Stadt?«, fragte Léonie. »Ich hatte mit einem halben Tag gerechnet.«

Georges vertröstete sie, indem er auf die Rückfahrt verwies. Er hoffte, den Attentäter bis dahin entlarvt und in ein Zuchthaus befördert zu haben, in einen osmanischen Kerker, wenn es sein musste.

Gerade wollte er aus dem Zug aussteigen, da erklomm ein Fremder die Plattform zum Speisewagen und trat ein. Er war etwa dreißig Jahre alt, hatte eine hohe Stirn und eine gerade Nase. Darunter verliefen zwei horizontale Linien: ein schmaler Schnurrbart und ein schmaler Mund. Er trug einen eleganten Mantel und eine graue Filzmelone mit rotem Seidenripsband, die er nun abnahm, als er sich an Georges und die anderen Fahrgäste wandte.

»Bonjour. Mein Name ist Sorin Olanesco.« Sein Französisch

hatte einen starken Akzent. »Ich begrüße Sie in Rumänien und habe die ehrenvolle Aufgabe, Ihnen die besten Wünsche von Seiner Majestät, König Carol I., auszurichten. Wer von Ihnen ist Monsieur Nagelmackers?«

Zunächst war Georges perplex, dass ein Unbekannter so mir nichts, dir nichts in den Zug gestiegen war. Die Situation an Bord hatte ihn misstrauisch werden lassen, eigentlich war Gastfreundschaft das höchste Gebot im Orient-Express. Er nahm sich zusammen, hieß den Besucher willkommen und bot ihm einen Platz an.

Olanesco blieb stehen. »Ich möchte Ihr Frühstück nicht länger als nötig unterbrechen«, sagte er, »wohl aber mit einer kleinen Überraschung garnieren.«

Bevor Georges ihn bitten konnte, zunächst unter vier Augen miteinander zu sprechen, fuhr der rumänische Gesandte fort: »Es wird Sie freuen zu hören, dass König Carol Sie in sein Schloss einlädt. Sie, Monsieur Nagelmackers, Ihre Passagiere, den ganzen Zug, wenn Sie so wollen. Zum Mittagessen, um dreizehn Uhr.«

Alle Geräusche verstummten.

»Der König?« Jetzt war Georges sicher, es mit einem Scharlatan zu tun zu haben.

»Höchstselbst«, antwortete Olanesco. »Seine Majestät ist ein großer Verfechter der Eisenbahn. In unserem Land sind seit dem Ende der osmanischen Herrschaft mehr Schienenkilometer verlegt worden als irgendwo sonst auf dem Balkan. Carol bewundert den Orient-Express. In den vergangenen Jahren hat er alles gesammelt, was an Berichten darüber aufzutreiben war. Er wollte so gern mit auf die Reise gehen, doch ich habe Seiner Majestät davon abgeraten, nach Konstantinopel zu fahren. Sie verstehen: Das Verhältnis zwischen unserer Nation und dem Osmanischen Reich ist angespannt und würde gewiss nicht besser werden, wenn der König als Ausflügler am Bosporus auftaucht.

Deshalb würde sich Seine Majestät Carol I. freuen, wenn Sie ihm mitsamt Ihrem Zug einen Besuch abstatten.«

Georges versuchte zu lächeln. Täuschte er sich, oder verhöhnte ihn das Schicksal? Er wurde von einem Monarchen in dessen Schloss eingeladen – und musste ablehnen! Der Tiger, der Attentäter und die Zeitnot machten einen Empfang im Palast unmöglich.

»Domnul Olanesco«, Georges hatte die korrekte Anrede für Damen und Herren aller Länder auswendig gelernt, »wir sind für die Einladung dankbar und fühlen uns geehrt …«

»Wunderbar«, unterbrach Olanesco. »Carols Schloss liegt ganz in der Nähe, bei Sinaia, etwas hundertvierzig Kilometer nördlich von hier.«

»Das ist ja mitten in den Bergen«, stieß Jules Verne hervor. »Wie abenteuerlich!«

Unter den Passagieren war ein Raunen zu vernehmen. In Georges' Fantasie wurde das Zifferblatt seiner Taschenuhr zu einem rot glühenden Rad aus Stahl, das sich immer schneller drehte, bis es zerschmolz.

»In den Südkarpaten, um genau zu sein«, sagte der Emissär des Königs. »Das Schloss ist der Stolz unseres großen Herrschers. Daran ist zehn Jahre lang gebaut worden. Erst in der letzten Woche wurde es fertiggestellt. Carol hat die Einweihungsfeier verschoben, denn er wollte sie mit der Ankunft des Orient-Express zusammenfallen lassen. Das Fest findet heute statt. Sie sind ein Teil davon.«

»Wie entzückend!« Léonie klatschte in die Hände.

»Domnul Olanesco«, setzte Georges wieder an. »Leider haben wir ein technisches Problem zu bewältigen, deshalb ist unsere Zeit in Bukarest knapp bemessen.«

Marie Luise von Flattich rammte ihre Kaffeetasse auf den Untersetzer, dass es klirrte. »Monsieur Georges! Wollen Sie uns etwa um einen Besuch beim König bringen?«

Nun kam sich Georges selbst vor wie ein überhitztes Achslager, und allmählich geriet er ins Schlingern. »Diese Einladung kann ich unmöglich annehmen«, erwiderte er und fragte sich, was geschehen würde, wenn er mit einem Tiger und einem Attentäter an Bord den König von Rumänien besuchen würde. Gegen das, was dann geschehen könnte, waren alle bisherigen Schwierigkeiten auf dieser Reise Lappalien. Es konnte zu einer internationalen Krise kommen.

»Aber Georges!« Jules Verne stand auf. »Einen Besuch beim König von Rumänien können wir uns nicht entgehen lassen.« Dieselbe Meinung äußerten auch Pullman, Grimprel und Blowitz, vor allem der Reporter war begierig darauf, das Schloss zu sehen.

»Kann ich Sie einen Augenblick draußen sprechen?« Georges bat Olanesco aus dem Speisewagen, sie gingen auf die Plattform. »Der Orient-Express ist in keinem guten Zustand«, gestand er. »Eines der Lager unter dem Speisewagen ist in Mitleidenschaft gezogen, und bislang konnten wir keinen Ersatz auftreiben. Wenn wir jetzt in die Berge fahren, wird der Stahl so sehr überhitzen, dass der Waggon Feuer fangen könnte. Bitte, richten Sie seiner Majestät Grüße und die besten Wünsche von uns allen aus. Wir sind zutiefst betrübt, ihn nicht besuchen zu können.«

In der Miene Olanescos war nur für einen Sekundenbruchteil so etwas wie Verstimmung zu erkennen, dann lächelte er wieder. »Ich verstehe die Sorge. Vermutlich hofften Sie, das Ersatzteil hier in Bukarest zu bekommen, stimmt's? Leider muss ich Ihnen mitteilen, dass alle Lager und Remisen dem König gehören und er seine Zustimmung zum Verkauf von Material geben muss, vor allem, wenn die Käufer keine Einheimischen sind. Ich könnte natürlich ein gutes Wort für Sie einlegen.«

Georges hielt seinem Blick stand. Olanesco hatte etwas übersehen: Menschen konnte man beugen, aber bei Eisen und

Stahl war das schwieriger. »Der Zug schafft es nicht bis hinauf in die Berge. Ich wiederhole: Eines der Achslager ist kaputt.«

Wieso lächelte Olanesco immer noch?

»Unter diesem Speisewagen, sagen Sie?« Der Rumäne deutete auf die Tür zum Restaurant. »Das hält uns doch nicht auf. Hängen Sie den Waggon einfach ab. Sie werden ihn nicht brauchen. Im Schloss gibt es so viel zu essen, dass man damit ganz Bukarest satt bekommen könnte. Und wenn Sie am Abend zurückkehren, wird das Achslager unter Ihrem Speisewagen repariert sein. Was sagen Sie zu meinem Vorschlag, Georges Nagelmackers?«

Das Angebot wurde allmählich verlockend. Aber Georges fühlte sich von diesem Olanesco genötigt und gekauft. Der Preis für seine Würde war unbezahlbar, sogar für einen König.

»Wir nehmen das Angebot an«, kam es da von Hubertine. Sie musste das Gespräch von der Tür des Speisewagens aus verfolgt haben.

Bevor Georges widersprechen konnte, drehte sie sich um und rief in den Speisewagen hinein: »Wir fahren zum Schloss von König Carol I.« Aus dem Restaurant erklang Applaus.

KAPITEL 37

Sonntag, 7. Oktober
Bukarest

Die halbe Stunde, die Georges für den Aufenthalt in Bukarest vorgesehen hatte, zerrann, während er die Waggons voneinander trennen und neu zusammensetzen ließ. Schließlich stand der Speisewagen verlassen in einem Lokschuppen, und Georges hatte große Mühe, Adolphe-Victor davon zu überzeugen, den Waggon dort zurückzulassen.

»Er ist in guten Händen«, versicherte er dem Lokomotivführer, der neben ihm auf dem Bahnsteig stand.

»Ich werde niemanden an den Waggon heranlassen, wenn ich nicht persönlich die Aufsicht über die Reparaturarbeiten führen darf«, beharrte Adolphe-Victor.

Georges fuhr sich mit beiden Händen durchs Haar. »Und wer soll dann die restlichen Wagen des Orient-Express durch die rumänische Gebirgswelt steuern?«

»Keiner außer mir kann einen Zug von dieser Größe auf einer solchen Strecke bewegen.« Adolphe-Victor verschränkte die Arme vor der breiten Brust.

»Eben«, sagte Georges. »Aber wir haben nur einen von deiner Sorte. Die Reparatur kann ohne dich stattfinden, unsere Weiterfahrt nicht. Wir brauchen dich auf der Lok, Adolphe-Victor.« Er deutete auf die Zugfenster, dahinter waren Léonie Tafel und Gustave Grimprel zu sehen, sie winkten.

Der Lokführer schaute zu den Passagieren hinüber, dann

nickte er Georges zu und ging, etwas Unverständliches murmelnd, zum vorderen Teil des Zuges.

Sie verließen Bukarest um 8.23 Uhr. Sämtliche Fahrgäste standen im Gang des vorderen Schlafwagens und schauten aus den Fenstern, um noch einen Eindruck von der rumänischen Hauptstadt einzufangen. Danach herrschte zwischen den Abteilen ein Kommen und Gehen. Die Passagiere machten aus der Not des fehlenden Speisewagens eine Tugend und besuchten sich gegenseitig in ihren Compartiments. Georges hatte aus Sicherheitsgründen darum gebeten, sämtliche Abteiltüren während der Fahrt offen stehen zu lassen, was der geselligen Atmosphäre zuträglich war und zum Flanieren in den Gängen einlud.

Sorin Olanesco wurde mit Fragen über den König und den Palast überhäuft. Schloss Peleș, erklärte er, liege sechshundert Meter hoch in den südlichen Karpaten, von dort habe man einen wunderbaren Blick auf die Donau. Nach der Fertigstellung könne niemand so genau sagen, ob der Strom oder das Bauwerk die größere Schönheit sei. Zur Einweihung seien alle Freunde des Königs eingeladen, ebenso Vertreter aller Behörden und offiziellen Stellen, mit Ausnahme der Presse. Daraufhin wollte Blowitz wissen, wieso seine rumänischen Kollegen nicht ins Schloss dürften. Olanesco musterte ihn, sein Blick blieb an Blowitz' Notizbuch und Bleistift hängen. »Gehören Sie etwa dieser Zunft an, Monsieur?«

Georges ging dazwischen und stellte gezielt Fragen, deren Beantwortung Olanesco sichtlich genoss, dabei entlockte er dem Gesandten des Königs so viele Informationen, dass Blowitz eifrig mitschreiben konnte. Das Schloss sei im Stil eines Chalets ausgestattet worden, jenes ländlichen Haustyps aus dem Alpenvorland, schilderte der Rumäne. Dorthin reise König Carol I. gern, wenn er seine Verwandten, die Hohenzollern, besuche. Deshalb sei in dem Schloss viel Holz und Fachwerk verbaut, allerdings auch Marmor, Glas und Metall, um die traditionelle Bauweise mit der Moderne zu verbinden. Insgesamt, so zählte Olanesco mit Stolz in der Stimme auf, ständen hundertsechzig Zimmer und dreißig Bäder zur Verfügung. Der Bau habe umgerechnet mehr als drei Millionen Francs gekostet, verriet er.

Die Landschaft vor dem Fenster veränderte sich. Es ging bergauf über schmale Bahndämme und zerbrechlich wirkende Holzbrücken. Schäumende Bergbäche stürzten an Felswänden herab und verschwanden in scheinbar bodenlosen Felstälern. Beim Blick in die Tiefe schwindelte es Georges. Er wandte sich ab, nicht als Einziger, wie er feststellte. Auch Grimprel, Laycock, der Maharadscha und Pullman drehten sich von den Fenstern weg und gaben vor, etwas Interessantes im Gesicht ihres Gegenübers gefunden zu haben. Fortan ging es stetig bergauf. Zunächst zog die Lokomotive kräftig an, sie schien das geringere Gewicht nach dem Abkoppeln des Speisewagens regelrecht zu genießen und schoss vorwärts. Als es nach einer halben Stunde zu regnen begann, drehten die Räder durch, die Fahrt verlangsamte sich, die Waggons ruckelten. An einer besonders steilen Stelle kroch der Zug so langsam den Berg hinauf, dass Georges befürchtete, er könne rückwärts hinunterrollen. Daraufhin ließ es sich Mortimer Pullman nicht nehmen, die Vorzüge der amerikanischen Lokomotiven aufzuzählen. Seine eigenen meisterten die schneebedeckten Rocky Mountains sogar dann, wenn sie ein Dutzend Waggons voller Rinder ziehen mussten, prahlte er.

»Vielleicht«, mischte sich Jules Vernes ein, »lassen amerikanische Ochsen Substanz vermissen.«

Die Steigung lief in einem Hochplateau aus, der Zug nahm wieder Fahrt auf. An den Ufern eines Baches waren Einheimische zu sehen, die etwas aufsammelten und in einen Karren warfen. Olanesco wusste zu berichten, dass die Menschen in den Bergen losen Kalkstein aus den Flussbetten nutzten, um Kalköfen zu befeuern.

Die Fahrt schien kein Ende zu nehmen. Der Zug würde vier Stunden für die hundertvierzig Kilometer von Bukarest bis hinauf zum Schloss benötigen, hatte Georges errechnet. Er wollte die Zeit so sinnvoll wie möglich nutzen, um weitere Nachforschungen anzustellen. Mit einiger Mühe riss er sich von dem atemberaubenden Blick auf schneebedeckte Berge los und gab Missak Effendi, Hubertine und Jules Verne ein Zeichen, ihm in eines der Abteile zu folgen. Ein Gespräch mit dem Osmanen war überfällig, und da die anderen Passagiere abgelenkt waren, war die Gelegenheit günstig.

Georges beschrieb Missak Effendi sein Anliegen und stellte ihm Hubertine und Verne als diejenigen vor, denen er bei der Suche nach dem Attentäter sein Vertrauen entgegenbrachte. »Bevor wir beginnen«, sagte er, »möchte ich betonen, dass Sie nicht unter Verdacht stehen, Missak Effendi. Aber es gibt einige Fragen, die Sie vielleicht beantworten können und die uns helfen würden, den Unbekannten zu entlarven.«

»Nur zu«, sagte der Osmane, »stellen Sie Ihre Fragen.«

Georges gab das Wort an Hubertine weiter. Sie schilderte, wie sie beobachtet hatte, dass jemand den Schrankkoffer im Gepäckwagen geöffnet und den Dolch herausgenommen hatte, der später im Abteil der Wienerinnen aufgetaucht war. »Ich bin ziemlich sicher«, sagte sie, »dass der Mann einen Schlüssel hatte.«

»Die Frage ist«, sagte Verne, »wie viele Schlüssel es für diesen Koffer gibt.«

»Einen einzigen«, antwortete Missak. »Er steckt in meiner Tasche.« Er klopfte gegen sein Jackett.

Georges, Hubertine und Verne schauten sich an. »Waren Sie die ganze Zeit über im Besitz dieses Schlüssels?«, wollte Verne wissen.

Missaks Augen verengten sich. »Natürlich. Ich bin für die Kostbarkeiten verantwortlich, die ich in Paris für den Kalifen zusammengetragen haben. Der Inhalt des Koffers ist äußerst wertvoll. Mein Kalif setzt nicht ohne Grund Vertrauen in mich. Deshalb habe ich nun selbst eine Frage: Wo ist der Dolch jetzt?«

Georges versicherte, dass die Waffe gut verwahrt sei und Missak vor der Ankunft in Konstantinopel übergeben werde, dann hakte er nach: »Und Sie tragen den Schlüssel ständig bei sich?«

Missak nickte, griff in seine rechte Jacketttasche und tastete darin herum, dann suchte er in der linken Tasche, griff hinter das Revers und klopfte schließlich gegen seine Hose. »Er ist nicht da!«, stellte er erstaunt fest.

Georges begegnete seinem Blick. »Wie viele Jacketts haben Sie im Gepäck, Effendi?«

»Zwei«, sagte Missak, sichtlich irritiert, »und einen Mantel.«

»Und haben Sie den Schlüssel für den Schrankkoffer mal in diesem, mal in jenem Kleidungsstück mitgenommen?«, fragte Verne.

»Ja, natürlich, aber ich stecke ihn für gewöhnlich in das Jackett, das ich gerade trage«, sagte Missak. »Jedenfalls habe ich das geglaubt. Warten Sie bitte einen Augenblick, ich sehe in meiner Garderobe nach.« Er verließ das Abteil und kehrte nach kurzer Zeit zurück. »Nichts.« Missak schüttelte den Kopf. »Dabei hätte ich schwören können …«

»Damit sind wir einen Schritt weiter und treten gleichzeitig auf der Stelle«, sagte Verne.

»Warum?«, wollte Georges wissen. »Wir können nun sicher sein, dass jemand den Schlüssel an sich genommen hat, und wenn wir ihn bei dieser Person finden, wissen wir, wer es war.«

»Georges«, sagte Hubertine, »du taugst einfach nicht zum Detektiv.«

Verne führte den Gedanken zu Ende: »Wenn ich der Attentäter wäre, wüsste ich, dass mir der Schlüssel keinen Nutzen mehr bringt, sondern im Gegenteil eine Gefahr für mich ist. Ich hätte ihn aus dem Fenster geworfen.«

Georges schaute hinaus. Die Berge waren näher gerückt, die Sicherheit des Orient-Express hingegen in weite Ferne.

KAPITEL 38

Sonntag, 7. Oktober
Von Bukarest nach Sinaia

Regen klatschte gegen die Scheiben des vorderen Schlafwagens und trommelte auf das Dach. Riesen schienen auf den Gipfeln der umliegenden Berge zu stehen und Wasser kübelweise herabzugießen. Sorin Olanesco musste die Stimme erheben, um sich gegen das Prasseln verständlich zu machen. Der Gesandte des rumänischen Königs erklärte, das Felsmassiv in diesem Teil der Karpaten funktioniere wie eine Wetterscheide, an der sich die Wolken abregneten, bevor sie, leichter geworden, aufstiegen und Richtung Bukarest schwebten.

Über Georges' Stirn zog ebenfalls eine Gewitterwolke, als sie nach vier Stunden Fahrt das Dorf Sinaia erreichten. Der Regen war noch stärker geworden. Durch den Wasserschleier vor den Fenstern leuchteten die hell verputzten Fassaden der niedrigen Häuser. Der Orient-Express hielt an einem Bahnhof, der nur aus einem Wartehäuschen bestand. Niemand stieg aus.

»Wo ist denn nun das Schloss?« Marie Luise von Flattich legte in dem Versuch, etwas zu erkennen, beide Hände gegen die Fensterscheibe und drückte zwischen ihren Fingern die Nase gegen das Glas.

»Schloss Peleş«, sagte Olanesco, »liegt etwa eineinhalb Kilometer bergauf. Das hier ist das Dorf Sinaia, es hat seinen Namen von einem Kloster auf dem Sinai, es ist das einzige Dorf in Transsylvanien, das …«

Der Superlativ ging in Marie Luises Protest unter. »Warum halten wir dann hier? Wir sind doch ins Schloss geladen, oder müssen wir etwa unter Bauern feiern?«

»Natürlich sind alle eingeladen, das Schloss zu besichtigen«, Olanesco senkte die Stimme, »aber die Schienen enden in Sinaia.«

»Dann wird es aber Zeit, dass die Kutschen kommen, um uns abzuholen«, verlangte Marie Luise.

Olanesco deutete in den Regen hinaus. »Der Weg zum Schloss ist leider noch nicht ausgebaut. Wir müssen zu Fuß gehen.«

Sinaia war kein typisches Bergdorf, eher ähnelte es einem mondänen Kurort. Mitten hindurch führte eine Prachtstraße, daran lagen Chalets, Villen und Herrenhäuser. Alles war elegant und, wie Monsieur Grimprel feststellte, nach Pariser Geschmack angelegt, sogar die Gärten und Plätze. »So etwas habe ich nicht mal in Bougival oder Trouville gesehen«, rief Grimprel aus, blieb mit seiner Begeisterung jedoch allein. Die dreizehn Fahrgäste stemmten sich gegen den Regen. Alle waren aus dem Zug gestiegen, um den Weg zum Schloss des Königs auf sich zu nehmen. Georges war froh darüber, dass niemand zurückblieb. Was machte schon das bisschen Regen aus, wenn man dafür verhinderte, dass jemand eine Kugel in den Kopf bekam?

Im Zug hatte er nur zwei Regenschirme auftreiben können. Einen gab er den Wienerinnen und einen Hubertine. Sie trat Marie Luise von Flattich ihr Exemplar ab, nachdem sie bemerkt hatte, dass die beiden Frauen es nicht fertigbrachten, sich unter einem Schirm gemeinsam fortzubewegen. Stattdessen hängte sich Hubertine bei Georges ein und stapfte an seiner Seite durch den Ort und danach einen Fußweg hinauf, der aus nicht viel mehr als Schlamm bestand. Noch bevor sie Schloss Peleș über ihren Köpfen aufragen sahen, waren alle durchnässt, auch die Österreicherinnen, denn ein Fallwind war in ihre Schirme gefahren und hatte aus dem Regenschutz etwas gemacht, das entfernt an einen Fächer erinnerte.

Grimprel verlor seinen Zylinder, Verne die Glut in seiner Pfeife und Pullman erst die Geduld und dann seine Würde. Zunächst brüllte er Georges an und wollte wissen, was der sich bei dieser Expedition gedacht habe, dann rutschte er aus. Der Maharadscha hingegen schien sich – wie Grimprel – nicht unwohl zu fühlen und versuchte, die anderen zu beruhigen, indem er erzählte, was für ein Segen die Regenzeit in Indien sei und dass man es in seiner Heimat als Genuss empfinde, im Niederschlag spazieren zu gehen, allerdings sei es in Indien wärmer. Als er Pullmans Schicksal teilte und seine weiße Paradeuniform, die er anlässlich des Empfangs beim König angezogen hatte, Flecken bekam, verstummte auch er.

Olanesco erging es wie allen anderen, trotzdem versuchte der Emissär des Königs weiterhin auf die Sehenswürdigkeiten am Wegrand aufmerksam zu machen. Er wurde nicht müde, die malerische Bergwelt zu preisen und lieferte Informationen wie die, dass die Karpaten nicht anders als die Alpen beschaffen seien, weil sie nicht in erster Linie aus Granit bestanden. Es sei eine Ähnlichkeit mit dem Apennin feststellbar, das könne an den scharfen Graten des noch relativ jungen Gebirges festgestellt werden.

Georges bildete mit Hubertine das Schlusslicht der Gesellschaft, denn er wollte verhindern, dass jemand zurückblieb, was bei dem furchtbaren Wetter und dem unwegsamen Gelände leicht geschehen konnte. Der Pfad führte nun durch Nadelwald, unter den Ästen ließ es sich etwas leichter gehen, denn der mit trockenen Nadeln bedeckte Boden unter den Bäumen saugte das Wasser auf. Danach ging es unter freiem Himmel weiter an einer Schlucht entlang.

»Wir sind da!«, rief Olanesco von vorn. Alle hoben die Köpfe. Ein Stück den Hang hinauf ragte Schloss Peleș zwischen den

Wipfeln der Kiefern hervor, eine elegante und zugleich bizarre Silhouette, wie man sie aus Märchenbüchern kannte. Die zahlreichen Erker, Türme und Türmchen waren mit Schnitzwerk verziert, der Baumeister hatte augenscheinlich versucht, unterschiedliche Stilepochen zu verbinden. Das war nicht an allen Stellen geglückt, doch auch da, wo das Resultat einer baugeschichtlichen Schimäre glich, zog es die Blicke auf sich. Zwischen den Türmen waren Balkone mit Veranden angelegt, darauf waren Männer in Uniformen zu sehen. Jeder Windstoß wehte Fetzen von Militärmusik herüber, und inmitten einer Rasenfläche, deren Grün wohl erst im nächsten Jahr sprießen würde, schoss der Wasserstrahl eines Springbrunnens in die Höhe.

Das Schloss war voller Menschen. Einige trugen europäische Kleidung, andere waren in die Tracht des Landstrichs gewandet, mit schwarzen Astrachan-Mützen und hohen Stiefeln. Alle schauten die frisch eingetroffene Gesellschaft mit einer Mischung aus Entsetzen und Mitleid an. Wäre die Musik nicht gewesen, wäre das Quatschen der durchnässten Schuhe die Begleitmusik für den Einzug der internationalen Gesandtschaft aus dem Orient-Express gewesen.

Olanesco führte die Passagiere vom Festsaal in einen überdachten Säulengang, von dort über einen Innenhof und schließlich in einen großen, an eine Kaserne erinnernden Raum. »Hier können sich die Herren umziehen«, sagte er. »Die Damen wechseln bitte ins Nachbarzimmer, wo Sie passende Kleider finden werden. Wir versammeln uns in einer Viertelstunde auf dem Gang, dann machen wir dem König unsere Aufwartung.«

Nachdem Hubertine, Marie Luise und Léonie verschwunden waren, hatten die Männer nichts Eiligeres zu tun, als aus den nassen Kleidern zu steigen. Olanesco verteilte Handtücher, fragte nach Kleidergrößen und holte aus mehreren Schränken etwas hervor, das stark an Uniformen erinnerte. Kaum hatte

Georges sein Päckchen erhalten, stellte er fest, dass es tatsächlich eine war: zu einer dunkelblauen Jacke mit roten Applikationen erhielt er eine gleichfarbige Hose, dazu einen schwarzen Gürtel mit Messingschnalle. Er sah sich um. Der Wollstoff wärmte die abgekühlten Glieder und Gemüter. Orjol hatte etwas Mühe, sich mit seiner Armbinde umzuziehen, und Georges ging ihm zur Hand. Als man sich nach einer Weile zufrieden in einem der hohen Wandspiegel betrachtete und wegen der Schneidigkeit von seinen Mitreisenden bewundert wurde, verging die Verstimmung vollends. Einzig Volker von Diehl äußerte die Hoffnung, die Uniform bald wieder ausziehen zu können. Auf Pullmans Frage hin, ob Diehl der Rang zu niedrig sei, den seine neue Garderobe ihm verlieh, antwortete der deutsche Arzt, dass er sich nach seinen Erlebnissen im Deutsch-Französischen Krieg geschworen hatte, nie wieder Uniform zu tragen. Pullman verstummte.

Die Passagiere des Orient-Express hatten sich in eine rumänische Leibgarde verwandelt. Es schien, dass alle die Verkleidung für amüsant hielten, was sich jedoch änderte, als sie auf dem Korridor Hubertine, Marie Luise und Léonie trafen. Die Frauen hatten in Dienstbotenkleidung schlüpfen müssen. Hubertine schien das nichts auszumachen, die Wienerinnen hingegen waren außer sich. Marie Luise wandte sich an Georges und verlangte, sofort nach Wien zurückgefahren zu werden, »in die Zivilisation«, wie sie sagte. Léonie wandte allen den Rücken zu, ihre Schultern zuckten, und sie putzte sich die Nase.

Olanesco versuchte vergebens, die Damen zu beruhigen.

»Was ist mit der Königin?«, fragte Léonie mit verstopfter Nase. »Kann sie uns nicht etwas zum Anziehen leihen, bis unsere Sachen trocken sind?«

»Meine Damen«, sagte Hubertine. Sie trug das schlichte weiße Kleid mit Schürze, als sei sie darin geboren. In gewisser Weise stimmte das, denn sie stammte aus einfachen Verhältnissen und hatte oft als Hausmädchen gearbeitet. »Gewiss wollen Sie den König Rumäniens nicht warten lassen. Was soll er denn für einen Eindruck von uns bekommen?«

Marie Luise funkelte sie an. »Vor die Pünktlichkeit hat der liebe Gott die Eleganz gestellt. In diesen Lumpen können wir uns unmöglich im Thronsaal sehen lassen.«

»Warum nicht?« Hubertine sah an Marie Luise herunter. »Darin sind Sie genauso bewundernswert und elegant wie in Ihrer üblichen Garderobe.«

Marie Luise lächelte kalt. »Vielleicht wenn man blind ist.«

»Was Sie an Würde ausstrahlen, hängt nicht an ein paar Lagen Stoff. Es geht darum, was drinsteckt.« Hubertine deutete auf die anderen Passagiere. »Männer brauchen Uniformen, um das sichtbar zu machen, aber wir nicht.«

»Das sind schöne Worte.« Marie Luises Tonfall war ein wenig sanfter geworden. »Aber ich werde dem rumänischen König trotzdem nicht in diesem Aufzug entgegentreten.«

»Ich schon«, kam es von Léonie. »Die Mademoiselle hat recht. Wir lassen uns zu sehr davon leiten, was andere von uns erwarten. Warum sollen wir nicht in Dienstbotenkleidung vor dem König erscheinen? Stell dir vor, Schwester, was er von uns halten wird, wenn wir ihn sogar darin beeindrucken! Und wenn nicht, dann ist er es, der blind ist, und es ist sein Problem, denn dann hat er etwas verpasst: uns beide, dich und mich.« Sie machte eine Pause. »Und Mademoiselle Hubertine.«

KAPITEL 39

Sonntag, 7. Oktober
Sinaia

Die Gruppe folgte Sorin Olanesco durch die Gänge des Schlosses. Georges wusste nicht, was seltsamer war, der Palast des Königs von Rumänien oder die verkleideten Fahrgäste des Orient-Express. Zum Festsaal kehrten sie nicht zurück, es ging durch extravagant dekorierte Säle und üppig ausgestattete Gemächer, vorbei an einer Bühne, auf der ein Kammerorchester die Instrumente stimmte, und durch einen Speisesaal, in dem für eine Gesellschaft von etwa hundert Gästen die Tische gedeckt waren. Die Verkleideten legten ihre Unsicherheit rasch ab, als sie von den Bediensteten des Schlosses auf militärische Weise gegrüßt wurden. Amüsiert stellte Georges fest, dass sich die Haltung der Männer in den Uniformen veränderte, dass Mortimer Pullman den gewölbten Rücken durchdrückte, dass das leichte Schlurfen Jules Vernes zu einem zügigen Ausschreiten wurde und dass Henri de Blowitz es sich nicht verkneifen konnte, mit der Hand an der Stirn zurückzugrüßen. Und auch die beiden Wienerinnen schienen erleichtert, dass ihnen trotz der Dienstbotenkleidung wohlwollende Aufmerksamkeit geschenkt wurde.

Vor einer zweiflügeligen Tür hielt Olanesco an. Zwei Wachtposten flankierten den Eingang, ihren Gesichtern war anzusehen, dass sie den Mummenschanz durchschauten, doch die Anwesenheit des königlichen Beamten ließ kein Zögern zu. Einer der Posten griff mit weiß behandschuhter Hand nach einem vergoldeten Knauf und zog die Tür auf.

Georges hatte schon viele prunkvolle Räume gesehen. Auf der Suche nach Unterstützern für den Orient-Express war er bei den Reichsten der Reichen ein und aus gegangen, sogar im Arbeitszimmer des belgischen Königs war er gewesen. Trotzdem war er auf das, was er im Herzen von Schloss Peleș sah, nicht vorbereitet.

An der östlichen Seite standen die Throne. Auf einem Podest standen die königlichen Sitzmöbel mit hohen Lehnen und Edelsteineinlagen, davor zwei kleine Bänke mit rotem Samtpolster für die Füße. Hohe Fenster mit gotischen Spitzbögen ließen so viel Licht durch, dass sich Georges fragte, ob es aus einer künstlichen Quelle stammte, denn draußen war der Himmel grau und verhangen. Das Licht beschien eine Reihe von Teppichen, mit denen der Boden und einige Wände ausgekleidet waren. Feine Stoffe lagen über Ottomanen und auf der Tafel, die für sechzehn Personen gedeckt war. Das Dekor all dessen war orientalisch, aus Bögen, Tropfen und stilisierten Blüten zusammengesetzt, von kräftigen Farben getragen, während der Rest des Raums aus Holz bestand, mit Einlegearbeiten an der Decke und an den Säulen. Der Raum war so groß, dass der schwarz lackierte Flügel darin kaum auffiel.

Der König und die Königin saßen nicht auf den Thronmöbeln, sondern daneben auf einem Diwan. Carol I. trug eine Uniform ähnlich der seiner Gäste, aber mit so vielen Orden behängt, dass es ein wenig klimperte, als er die Gesellschaft heranwinkte. Der König war etwa vierzig Jahre alt und von mittlerer Statur. Man sah ihm seine Herkunft aus dem Haus Hohenzollern an: Er hatte blondes, zurückgekämmtes Haar, hellblaue, eng zusammenstehende Augen und einen scharfen Schnurrbart, der an einen Krummdolch erinnerte, über seinem breitlippigen Mund.

Die Frau an seiner Seite, Königin Elisabeth, war in eine Tunika aus cremeweißem, mit Goldfäden durchwirktem Stoff gehüllt. Um den Kopf trug sie einen Schleier aus hellrosa Gaze. Ihr Blick war dunkel, ihre Augen bewegten sich auffallend langsam.

Olanesco verbeugte sich vor dem Paar. Der König wühlte sich aus den Kissen und half seiner Frau auf, bevor er sich an die Gruppe wandte und die Männer per Handschlag begrüßte. Der Griff des Königs war überraschend fest und kräftig. Die Hände von Hubertine, Marie Luise und Léonie schüttelte Carol I. nicht, stattdessen ließ er die Finger der Frauen kurz auf seinen ruhen und nickte zu ihren Reverenzen, als sie vor ihm die Knie beugten.

Erst als der König die in einer Reihe aufgestellten Gäste abgeschritten hatte, begrüßte seine Frau die Besucher. Als sie Marie Luise erreichte, entschuldigte sich die Wienerin für die unübliche Aufmachung und erbot sich mit einer Geste zum Flügel hin, »statt der Augen die Ohren Eurer Majestät zu erfreuen«.

»Aber gern«, sagte die Königin, »nach dem Essen.« Daraufhin nahmen alle Platz, und zwei Diener trugen Tee und Kaviarschnittchen auf. Königin Elisabeth ließ es sich nicht nehmen, den Gästen persönlich einzuschenken.

Olanesco beschrieb dem König, unter welchen Umständen die Passagiere des Orient-Express hergekommen waren. Carol nippte an seinem Tee. »Und ich dachte schon, Sie wollten mir die Aufwartung in Uniformen meines Regiments machen, weil Sie unser Militär so bewundern.« Georges suchte nach einem schalkhaften Aufblitzen in den königlichen Augen, doch da wandte sich Carol um und zeigte auf die Fenster.

»Schauen Sie!«, forderte er seine Gäste auf. »Was sehen Sie?«

»Eine Reihe von Fenstern«, stellte Mortimer Pullman fest.

»Gotisch«, ergänzte Blowitz.

Einen Moment war es still, dann erhob Hubertine die Stimme: »Ich sehe Bäche, Felsen, Bäume, die hundert Jahre alt sein könnten, Täler, in denen das Wasser klarer Quellen für Frische sorgt. Die Schönheit der Karpaten, der Krone des Landes, das Panorama Rumäniens; eingerahmt in gotische Form hängt es wie ein Gemälde an der Wand, ein lebendiges Gemälde.«

»Bravo, meine Dame.« Der König nickte Hubertine zu. »Die schönste Kunst ist immer noch die von der Natur geschaffene, insbesondere, wenn die Natur unserer Heimat am Werk ist.« Er gönnte sich einen Kaviarhappen, bevor er weitersprach. »Wie einige von Ihnen wissen, bin ich selbst kein Rumäne, sondern Hohenzoller, meine Gattin Elisabeth ist eine geborene zu Wied. Trotzdem ist dies unsere Heimat geworden, was allerdings weniger unserer Anpassungsfähigkeit zu verdanken ist, sondern dem, was Sie da draußen sehen. Das Land nimmt einen in sich auf, es macht Sie zu einem Teil von sich. Würden Sie länger hierbleiben, würde es Ihnen ebenso ergehen.«

Das weitere Tischgespräch ergab sich wie von selbst. Diehl brachte die deutsche Vergangenheit des Königs zur Sprache, und man erging sich in Erinnerungen an das alte Berlin. Blowitz ließ seine Kaviarschnittchen stehen, um mitschreiben zu können. Grimprel stand auf, ließ sich entschuldigen und verließ den Saal auf der Suche nach einem Waschraum. Sajadschi Rao III. versuchte, das Gespräch auf die korrekte Anzahl von Salutschüssen für den rumänischen König zu bringen, die Absicht dahinter war nur allzu deutlich, aber niemand stieg darauf ein. Pullman lehnte sich zu Georges hinüber und fragte, wann mit dem zweiten Gang zu rechnen sei. Er riet dem Amerikaner, den Kaviar zu verspeisen, da er bezweifelte, dass noch etwas anderes gereicht werden würde.

Schließlich erhob sich Carol I., und die Gespräche verstummten. »Das offizielle Programm zur Eröffnungsfeier von Schloss Peleș beginnt bald.«

Georges hielt den Atem an.

»Zu meinem Bedauern haben Sie nicht die Zeit, die Theateraufführung, das Sinfoniekonzert und den anschließenden Ball zu genießen. Das verstehe ich.«

Georges atmete aus.

»Aber bevor wir unsere reizvolle Runde auflösen, möchte ich Ihnen noch mitteilen, warum ich Sie hergebeten habe.« Er schaute zum Fenster hinüber, eben jenem Fenster, dessen Ausblick Hubertine vorhin so poetisch beschrieben hatte. »Mein Land, Rumänien, ist ein Land der Gegensätze. Bis vor einigen Jahren stand es unter der Herrschaft der Osmanen. Die Zeiten ändern sich, sonst stände nicht ich hier, sondern Sie.« Er nickte Missak Effendi zu. »Aber ganz gleich, wer regiert: Rumänien bleibt Rumänien. Wir befinden uns hier an einer kulturellen Grenze: Im Westen liegt Europa, der Okzident, auf der anderen Seite der Orient. An den Hängen der Karpaten treffen beide Welten aufeinander, hier gibt es mehr Denkweisen, als man sich vorstellen kann, ein einziger Rumäne vereint ein gutes Dutzend Weltbilder in sich.«

»König eines solchen Landes zu sein ist bestimmt nicht einfach«, warf Marie Luise ein.

»So ist es. Deshalb unterstütze ich die Bemühungen von Monsieur Nagelmackers, den Osten mit dem Westen zu verbinden. Durch einen Zug. Durch den Orient-Express. Und da Sie die Fahrgäste sind, gehören wir in unseren Bemühungen um Verständigung zusammen. Sie und ich sind Brüder im Geiste.«

»Und Schwestern.«

Der König warf Hubertine einen Blick zu und lächelte. Georges war nicht sicher, ob der Monarch den Grund des Einwurfs verstanden hatte und ob er sich Grenzenlosigkeit auch zwischen den Geschlechtern vorstellen konnte. »Leider kann ich selbst nicht mit dem Orient-Express fahren«, verkündete Carol. »Meine Frau meinte, dass ich bei der Einweihung des Schlosses nicht abkömmlich sein dürfe, sonst wäre ich jetzt gern ein Passagier dieses Wunderwerks, so wie Sie. Das ist der Grund, aus dem ich mir erlaubt habe, Sie und den Zug zu mir einzuladen. Wenn ich schon nicht selbst damit fahren kann, so will ich doch den Geist der Internationalität atmen, der aus dem Schornstein Ihrer Dampfmaschine durch mein Fenster weht.«

Georges war überrascht. Er hatte nicht gewusst, dass es einen so hochrangigen Unterstützer für den Orient-Express gab. »Ich hoffe, dass wir den Vorstellungen Seiner Majestät gerecht werden können.«

»Natürlich können Sie das.« Carol warf seiner Frau einen Blick zu. »Indem Sie mir den Zug zeigen. Ich werde mich dafür ein Stündchen von meinen Verpflichtungen loseisen.«

»Aber Karl«, flüsterte die Königin auf Deutsch.

»Oder ein halbes Stündchen«, lenkte ihr Gatte ein. »Was sagen Sie, Monsieur Nagelmackers?«

Ein König im Zug? Darauf war der Orient-Express nicht vorbereitet, er war nicht präsentabel! Der Speisewagen fehlte, im hinteren Gepäckwagen streunte die Raubkatze umher, und einer der Schlafwagen stand leer.

»Es wäre mir eine Ehre«, sagte Georges. Ablehnen kam nicht infrage.

»Wir brechen am besten sofort auf.« Carol warf die Serviette auf den Tisch.

Vermutlich hatte der König deshalb nur Tee und Schnittchen servieren lassen: Er wollte so schnell wie möglich den Zug in Augenschein nehmen.

Marie Luise beugte sich verschwörerisch vor und brachte es fertig, dem Monarchen eine Hand auf den Arm zu legen. »Wollen Sie nicht erst unsere Darbietung genießen, Majestät?«

Carol stutzte. »Aber wir haben ohnehin kaum Zeit für den Zug«, begann er, wurde jedoch von seiner Frau unterbrochen.

»Selbstverständlich«, sagte Königin Elisabeth munter. »Mit einer guten Tasse Tee lässt sich Musik besonders gut genießen. Spielen Sie auf, Madame von Flattich.«

Die Königin hatte das letzte Wort noch nicht gesprochen, da war Marie Luise schon beim Flügel. »Komm Léonie. Wir spielen noch einmal *Wiener Blut*. Diesmal auf unsere Art.«

Aber Léonie erschien nicht. Noch einmal rief Marie Luise nach ihrer Schwester, dann fiel allen auf, dass die jüngere der beiden Österreicherinnen gar nicht anwesend war.

»Sie macht sich bestimmt nur kurz frisch«, sagte Marie Luise entschuldigend. »Das wird nicht lange dauern.«

»Wir gehen!«, ordnete der König an. »Die Zeit drängt.«

Im nächsten Moment hämmerte Marie Luise einen Walzertakt. Nach kurzem Vorspiel begann sie selbst, das Lied zu singen. Ihr Alt passte nicht optimal zu der hellen Melodie, aber sie gab sich Mühe, und mindestens die Königin war von dem Vortrag angetan, denn sie lächelte und nickte.

Die erste Strophe endete im Forte, dann folgte eine leise Passage. König Carol applaudierte in die Musik hinein, kurz und laut. »Jetzt müssen wir aber los«, rief er. »Das ist ein Befehl.«

»Aber …« Marie Luises Finger erschlafften auf den Tasten, und ihre Hände lagen auf dem Elfenbein wie platt getretene Spinnen, »… ich habe doch noch gar nicht alles …« Sie verstummte und folgte dem aus dem Raum stürmenden Carol mit einem Blick, in dem sich Überraschung in Entrüstung verwandelte.

Georges gelang es, sie mit Komplimenten zu ihrem Spiel zum Aufbruch zu bewegen. Langsam schob sie den Klavierhocker zurück, richtete sich kerzengerade auf und schloss sich den anderen an.

Im Korridor trafen sie auf Léonie. Sie kam herbeigelaufen und hielt sich, nachdem sie die anderen erreicht hatte, eine Hand gegen die Brust. »Bin ich zu spät?«, japste sie. »Oh Gott, in diesem Waschraum war es so aufregend, dass ich glatt die Zeit vergessen habe.« Ihre Wangen waren so stark gerötet, und ihr Atem ging so schnell, dass Georges ihr den Arm reichte, um sie zu stützen. Léonie winkte ab. »Geht schon wieder.« Sie reihte sich neben ihrer Schwester in die Gruppe der Fahrgäste ein.

Da die nasse Kleidung der Besucher noch nicht trocken sei, würden sie die Uniformen anbehalten, informierte der König auf dem Weg durch das Schloss, »und als Erinnerungsstücke an einen Empfang beim rumänischen König mit nach Paris nehmen«. Darüber freute sich insbesondere der Andenkenjäger Missak Effendi, der dem König überschwänglich dankte. Die freundlichen Worte des Osmanen, des Vertreters der um Rumänien konkurrierenden Macht, schienen Carol zu gefallen.

Sorin Olanesco übernahm es, die Gruppe noch einmal in das Umkleidezimmer zu führen, dann verabschiedete er sich. Für einen Moment waren alle damit beschäftigt, Hosen, Hemden, Jacketts und Hüte zu Bündeln zusammenzulegen, um sie zum Zug zurückzubringen. Plötzlich fiel Georges auf, dass Gustave Grimprel fehlte. Der Franzose hatte sich kurz vor dem Essen entschuldigt, weil er den Waschraum hatte aufsuchen wollen. Hoffentlich hatte sich Gustave nicht in den labyrinthischen Gängen des Schlosses verlaufen.

Als alle zusammengepackt hatten, Grimprel aber immer noch nicht aufgetaucht war, beschloss Georges, die Kleider des Finanzbeamten an sich zu nehmen. Es würde keine Gelegenheit geben, noch einmal zurückzukehren. Als er Gustaves Besitztümer hochhob, fiel etwas aus dem Stoff heraus und klimperte auf den Terrazzoboden. Ein Schlüssel, silbern und klein wie ein Anhänger für eine Halskette. Georges steckte ihn in die Brusttasche seiner Uniformjacke und machte sich mit den anderen auf zum Zug.

Grimprel stieß erst zu der Gruppe, als die schon auf halbem Weg nach Sinaia war. Erst habe er sich im Schloss verirrt, erklärte er, und sich dann mit einigen freundlichen Menschen über das Bauwerk unterhalten. Ihm war anzusehen, dass ihm die

Verspätung unangenehm war, zugleich schien er von dem kleinen Abenteuer und den Begegnungen beflügelt zu sein, denn er konnte nicht aufhören, von der Schönheit des prächtigen Baus zu schwärmen.

König Carol nahm Grimprels Lobeshymnen kaum wahr. Der Monarch lief der Gruppe vorneweg, von einer Leibgarde eskortiert, seine Orden klapperten bei jedem Schritt. Zum Glück hatte es aufgehört zu regnen, sodass die Kleider trocken geblieben waren, als sie Sinaia erreichten.

»Da ist er ja!«, rief Carol auf Deutsch aus.

Der Orient-Express stand am Bahnhof, der Lack glänzte vom Regen am Morgen. Pascal und Bernard mussten den Zug auf Vordermann gebracht haben. Die beiden standen mit Clément, Adolphe-Victor, Félix und dem Diener des Maharadscha neben dem Kohlentender und unterhielten sich mit Leuten aus dem Ort.

Der König blieb stehen und stemmte die Hände in die Hüften. »Was für ein Bild!«, rief er wie ein Tourist vor einer Sehenswürdigkeit. »Was für eine Schönheit!«

Georges begann, Einzelheiten zu erläutern, doch der König ging bereits weiter. Er schritt die Schlafwagen ab und strich mit den Fingern über die Außenwände der Waggons. Als er am Kohlentender angekommen war, drehte er sich zu Georges um. »Ich glaube, ich habe mich verliebt«, sagte er und setzte einen Fuß auf die unterste Stufe des Einstiegs. »Sie erlauben doch, dass ich mich im Inneren umsehe?« Ohne eine Antwort abzuwarten, zog sich der Monarch hinauf, hangelte sich zum Schlafwagen hinüber und verschwand durch die Tür.

Georges bat die anderen, einen Moment draußen zu warten, folgte Carol und führte ihn durch den Waggon. Er erklärte ihm jedes Detail, erläuterte die Technik unterhalb der schweren und langen Waggons, zeigte die Vorrichtung für die Kühlung in der Klappe unter dem Wagenboden, die Warmwasseranlage für die Waschräume, die Gastanks und Gasleitungen für den Betrieb der Lampen, präsentierte die von ihm selbst entworfenen Verkleidungen, Leitern, Ablagen, Möbel und Lichter. Schließlich kletterten sie am anderen Ende des Schlafwagens wieder aus dem Zug heraus. Die beiden belgischen Löwen im Signet der Internationalen Schlafwagengesellschaft auf den Waggons erkannte der Hohenzoller auch ohne weitere Erläuterung, ebenso den türkischen Halbmond, den Georges daneben hatte anbringen lassen.

Im nächsten Augenblick waren Salutschüsse von Schloss Peleș her zu hören und beendeten die Besichtigung. Erleichtert stellte Georges fest, dass er keine Ausreden erfinden musste, weshalb der hintere Gepäckwagen nicht zu besichtigen war. Carol schüttelte ihm die Hand. »Danke. Ich fürchte, ich muss mich jetzt verabschieden. Die Einweihung des Schlosses beginnt.«

»Das waren Salutschüsse, nicht wahr?« Sayadschi Rao III. näherte sich und deutete zum Schloss hinauf.

»So etwas Ähnliches«, stimmte Carol zu. »In der Regel feuert man erst dann Salut, wenn ich erschienen bin. Aber da ich nun mal hier unten stehe, ist das wohl als Appell zu verstehen. Vermutlich steckt meine Gemahlin dahinter. Also los! Ich wünsche Ihnen allen gute Fahrt. Sie sind glückliche Menschen, denn auf Sie wartet das Abenteuer, auf mich hingegen ein langweiliger Empfang.«

Georges hätte gern seine Uhr hervorgeholt, um zu erfahren, wie viel kostbare Zeit vergangen war, doch entgegen seiner Rede rührte Carol sich nicht vom Fleck. Wie es schien, fiel es dem König schwer, seine Leidenschaft der Pflicht zu opfern. Er stand wie angewurzelt vor dem Zug und schaute auf seine Schuhe, als würde er sich fragen, warum sie sich nicht in Bewegung setzten. Schließlich sah er auf. »Ich habe einen Entschluss gefasst«, kündigte er an. »Ich werde ein Stück mit Ihnen fahren.

Was für ein König wäre ich, wenn ich bei diesem historischen Ereignis nicht dabei wäre?«

Georges war zu perplex, um antworten zu können. Das übernahm Sajadschi Rao III. und schlug vor, dass man sich von Herrscher zu Herrscher unterhalten könne, während der Zug nach Bukarest fuhr. Auch Pullman, Verne, Blowitz und die anderen drückten ihre Freude darüber aus, dass der König sie ein wenig begleiten werde. Georges fragte sich, wie die Königin es aufnehmen werde, wenn ihr Gatte nicht zur Eröffnungsfeier für das Schloss erschien. Würde das neuen Ärger für den Orient-Express bedeuten? »Seine Majestät ist herzlich willkommen«, brachte er hervor – was hätte er sonst sagen können? – »allerdings muss ich darauf hinweisen, dass der Speisewagen abgekoppelt ist und wir uns in den Compartiments im Schlafwagen werden aufhalten müssen.«

»Was denken Sie von mir?«, rief Carol aus. »Ich bin ein Hohenzoller und König einer aufstrebenden Nation.«

Georges zuckte zusammen. »Aber die Schlafwagen sind von höchster Qualität«, erklärte er. »Man schläft nicht nur darin, man kann sie auch wie kleine Salons nutzen.«

»Das kommt nicht infrage«, entfuhr es Carol. »Ich werde vorne auf der Lokomotive mitfahren. Luxus!« Er lachte. »Davon habe ich in meinem Schloss genug. Ich ersticke geradezu darin. Aber das hier«, er klatschte mit der Hand gegen den Waggon, dass das Blech donnerte, »das verspricht ein Erlebnis, das ist Geschwindigkeit, Risiko, Gefahr, Kraft, Perfektion, das ist etwas für Männer. Schicken Sie Ihre Fahrgäste nur in die Schlafwagen, aber überlassen Sie mir einen Platz auf der Lokomotive.«

KAPITEL 40

Sonntag, 7. Oktober
Von Sinaia nach Bukarest

Was sollte Georges tun? Er konnte sich auf der ersten Fahrt des Orient-Express nicht noch mehr Verwicklungen leisten, schon gar nicht mit dem Herrscher des Landes, durch das diese Fahrt noch einen Tag lang führen würde. Deshalb konnte er dem Monarchen den Wunsch, in der Lokomotive mitfahren zu wollen, kaum abschlagen. Im Grunde sprach auch nichts dagegen, solange Carol I. den Heizer und den Lokomotivführer nicht von der Arbeit abhielt. Wie der König zurück zu seinem Schloss gelangen und wann er seinen Verpflichtungen nachkommen würde, war allein seine Angelegenheit.

Georges nahm Adolphe-Victor und Clément beiseite und beschrieb ihnen die Situation. Clément reagierte zurückhaltend, erklärte sich aber bereit, den königlichen Passagier bis nach Bukarest auf der Lok mitzunehmen. Adolphe-Victor stimmte ebenfalls zu, wies jedoch darauf hin, dass die Prunkuniform des Monarchen nach der Fahrt kaum wiederzuerkennen sein werde. »Der König wird zerzaust und schmutzig in der Hauptstadt aus dem Zug steigen«, verkündete er mit einem Zucken seiner mächtigen Schultern. Der König schien mit dem Ergebnis der Besprechung gerechnet zu haben, denn als Georges ihn auf die Lokomotive bitten wollte, stand Carol bereits im Führerhaus der Fünfnullfünf, wo er mit einem Fingerknöchel gegen den Wasserstandsanzeiger klopfte. »Das ist ein sehr akkurates Instrument«, schwärmte er. »Es zieht keine Feuchtigkeit. Nicht mal bei diesem Wetter und dem Luftdruck hier oben. Man kann alles wunderbar ablesen, und der Zeiger bleibt auch bei Gerüttel oder Stößen genau da, wo er sein soll.« Er schob die Unterlippe vor und nickte. »Sie haben an keiner Ecke Ihres Zuges gespart, Georges, nicht einmal hier vorne an der Maschine.«

»Im Orient-Express ist ein Teil so wichtig wie das andere«, entgegnete Georges. »Die Waggons können nicht ohne Zugmaschine fahren. Die Zugmaschine wäre sinnlos ohne Waggons. Ein Zug ist wie eine Familie. Man hält zusammen, auch wenn es mal schwierig wird.«

»Machen Sie mich zum Teil dieser Familie, und fahren Sie los!« Carol deutete zum Schloss hinauf. »Ich fürchte, dass meine wirkliche Familie mich sonst von diesem Abenteuer abhalten wird.«

Insgeheim hatte Georges gehofft, dass jemand vom Schloss heruntergeschickt würde, um nach dem König zu sehen. Eine Autoritätsperson wie Sorin Olanesco konnte ihn vielleicht noch umstimmen. Doch niemand kam den Hügel herab, und Carols Leibgarde blieb ohne Protest am Bahnsteig zurück. Wohl oder übel musste Georges Adolphe-Victor das Zeichen zur Abfahrt geben.

Die Lokomotivführer und der Heizer stiegen ein und wiesen dem König einen Platz auf einer Eisenkante an der Karosserie zu. Dann ließ Adolphe-Victor das Signalhorn ertönen, und der Zug setzte sich in Bewegung.

Der Bahnhof von Sinaia war der letzte auf der Strecke, deshalb musste der Zug einmal um den Ort herumrangiert werden, um schließlich bergab Richtung Bukarest fahren zu können. Sie hatten die Bebauung gerade hinter sich gelassen, da sah Georges vom vorderen Schlafwagen aus eine Gruppe von Uniformierten am Hang des Schlosses. Einer deutete auf den Zug. Dann schoben sich Nadelbäume vor das Bild.

Die Fahrgäste waren bei der Abreise in den Abteilen verschwunden und erschienen nun in ihrer gewohnten Kleidung, einzig Sajadschi Rao III. hatte Gefallen an der rumänischen Uniform gefunden und wollte sie noch eine Weile tragen. Gustave Grimprel und Edmond Laycock glänzten – wohl wegen der Anwesenheit des Königs im Zug – in ihren Fräcken, die sie sonst erst zum Diner anzogen. Marie Luise von Flattich hatte die Dienstbotenkleidung gegen ein Kleid aus rosa Tüll getauscht, das bis zu den Oberschenkeln eng anlag und erst darunter ausladender wurde. Léonie hatte ein Kleid in einem der warmen Rottöne angelegt, wie sie seit einigen Jahren in der Haute Couture beliebt waren: Eine Tournüre unter dem Stoff stellte den hinteren Teil des Kleids aus. Sie zog die Blicke der Männer auf sich.

Die Erlebnisse im Schloss beschäftigten die Fahrgäste. Grimprel meinte, Peleș sei größer als sein Vorbild, Schloss Hohenzollern auf der Schwäbischen Alb. Diehl schätzte beide Bauwerke gleich groß, aber Peleș sei kostspieliger ausgestattet. Sajadschi Rao bat Blowitz, ihm seine Aufzeichnungen zur Verfügung zu stellen, da er in seiner Heimat Baroda etwas Ähnliches errichten lassen wolle. Marie Luise zeigte sich verstimmt. Für das Schloss fand sie Begriffe, unter denen »Kitsch« und »Geschmacklosigkeit« die harmlosesten waren. Den rumänischen König bedachte sie mit keinem Wort, drückte aber ihr Mitleid für die Königin aus. Es sei ganz offensichtlich, so Marie Luise, dass »die arme Elisabeth« unter dem Joch der Ehe mit einem solchen Mann zu leiden habe.

Jules Verne versuchte, die aufgebrachte Marie Luise zu beruhigen, erreichte aber nur das Gegenteil. Georges gab Hubertine ein Zeichen, gemeinsam traten sie auf die Plattform zwischen den beiden Schlafwagen hinaus. Unter ihnen klaffte ein Abgrund. Der Zug fuhr über eine Brücke, die eine Schlucht überspannte. In der Tiefe schlängelte sich ein Fluss. Sie hielten sich fest. Dann war die Brücke passiert, und dunkler Nadelwald ragte neben den Gleisen auf. Kiefernduft erfüllte die Luft.

Georges kramte in der Tasche seines Jacketts, holte den Schlüssel hervor und zeigte ihn Hubertine. »Den habe ich bei unserem Besuch im Schloss im Umkleidezimmer gefunden«, erklärte er, »in den nassen Sachen von Gustave Grimprel.«

Sie nahm ihm den Schlüssel ab, hielt ihn sich vor die Nase und drehte ihn nach allen Seiten, dann sah sie Georges an. »Du glaubst, …«

»… dies könnte der Schlüssel für den Schrankkoffer im hinteren Gepäckwagen sein. Was meinst du?«

Sie rieb mit dem Daumen über den Bart des Schlüssels. »Als der Unbekannte den Dolch aus dem Koffer genommen hat, habe ich nicht gesehen, womit er ihn geöffnet hat. Aber ich weiß, wie der Koffer aussieht, seine Verschlüsse sind aus Messing, die Größe dieses Schlüssels könnte in etwa dazu passen.« Sie spitzte die Lippen. »Angenommen, du hast mit deiner Vermutung recht …«

Georges zögerte ebenfalls, die Schlussfolgerung in Worte zu kleiden. »Grimprel hat den Schlüssel von Missak Effendi gestohlen, ist in den Gepäckwagen gegangen, hat den Schrankkoffer aufgeschlossen und den Dolch herausgeholt. Was er damit vorhatte, wissen wir.«

»Gustave Grimprel?« Skepsis sprühte aus Hubertines Augen. »Dass dieser Finanzbeamte ein Mörder sein soll, ist schwer vorstellbar.«

»Das wäre in der Tat eine Überraschung«, bestätigte Georges, »und eine unangenehme dazu.«

»Und wenn der Schlüssel gar nicht zu dem Koffer von Missak Effendi gehört? Wenn er ins Schloss eines Postfachs der französischen Finanzbehörde passt?«

Georges nickte. »Es gibt nur einen Weg, das herauszufinden. Indem wir Schloss und Schlüssel zusammenbringen.«

»Dann müssen wir erst Madame davon überzeugen, uns Platz dafür zu machen«, sagte sie. Ein Windstoß fegte durch ihr Haar, von der Lokomotive her zog eine Dampfschwade vorbei. Der Zug fuhr schneller.

An die Tigerin hatte Georges auch schon gedacht. Sie war seit drei Tagen im hinteren Gepäckwagen eingesperrt und vermutlich nicht bester Laune. Hubertine und der Diener des Maharadscha hatten die Raubkatze zwar regelmäßig gefüttert, aber die Gefangenschaft in einem rumpelnden Waggon mit wenig Frischluft und Licht musste selbst einem Tier, das in einem Zoo lebte, auf die Nerven gehen.

»Der Koffer ist unerreichbar«, sagte Georges, »jedenfalls solange die Tigerin in dem Waggon haust.«

Hubertine zuckte mit den Schultern. »Zurück in den Käfig wird sie wohl kaum freiwillig gehen.«

Sie sahen sich an, suchten in den Augen des anderen nach einem Geistesblitz. Der Dampf von der Lok wurde dichter, für einen Augenblick hüllte er sie beide ein.

»Die Schlafwagen«, sagte Hubertine schließlich. »Der hintere steht leer. Nur die Waschräume werden hin und wieder genutzt, aber die Abteile sind unbewohnt, seit du alle Fahrgäste aus Sicherheitsgründen nach vorne geholt hast. Wir könnten versuchen, Madame dorthin zu locken.«

»Wie sollen wir das anstellen?«, rief Georges. »Der Abstand zwischen den Waggons ist zu groß, sie könnte entkommen. Außerdem kann ich keinen weiteren Wagen als Raubtiergehege verwenden. Hast du vergessen, wie viel Geld und Mühe in die Ausstattung geflossen ist? Damit jetzt ein Tiger das Interieur zerreißt und beschmutzt? Das kommt nicht infrage.«

»Ist es dir lieber, dass der Schütze doch noch sein Ziel erreicht und einen deiner Fahrgäste umbringt?«

Die Tür wurde aufgerissen. Adolphe-Victor sprang auf die Plattform und stieß mit Georges zusammen. Der Lokomotivführer taumelte, fand sein Gleichgewicht aber schnell wieder. »Georges!« Die Stimme des massigen Mannes zitterte. »Du musst sofort ins Führerhaus kommen.«

»Was ist denn los?« Georges fasste ihn am Ellbogen.

»Der König«, brachte Adolphe-Victor hervor. »Er steuert den Zug. Er fährt mit voller Kraft den Berg hinab.«

KAPITEL 41

Sonntag, 7. Oktober
Von Sinaia nach Bukarest

Georges hastete mit Adolphe-Victor durch den Schlafwagen, sie zwängten sich zwischen den auf dem Gang stehenden Passagieren hindurch. »Der Zug fährt jetzt aber wirklich schnell genug«, rief ihnen Marie Luise hinterher. »Man bekommt es ja mit der Angst zu tun.« Blowitz stimmte ihr zu. »Bei der Geschwindigkeit kann man kaum noch die Landschaft erkennen.«
Hubertine blieb bei den Fahrgästen zurück und versuchte, sie zu beruhigen. Georges folgte dem Lokomotivführer durch den vorderen Gepäckwagen. Schließlich traten sie Seite an Seite ins Freie.
Voraus schaukelte der Schlepptender. Die obenauf liegenden Kohlen kullerten im Fahrtwind umher, einige fielen über den Rand und verschwanden in den Karpaten. Weiter vorn war zu erkennen, dass die Tür zum Führerhaus geschlossen war. Clément stand davor, hämmerte mit der Faust dagegen und rief etwas, das ihm der Fahrtwind von den Lippen riss.
»Der König hat uns ausgesperrt.« Besorgnis und Empörung klangen in Adolphe-Victors Stimme. »Erst war er nur neugierig und fragte nach den Sicherheitsventilen, ließ sich den Riegel für die Feuerbüchse zeigen und den Regler für die Dampfzufuhr. Dann wollte er den Zug steuern. Ich habe ihn gelassen, wollte aber wieder übernehmen, als er anfing schneller zu fahren. Das ist doch Wahnsinn, im Gebirge! Er hat das Tempo gedros-

selt und verlangt, dass wir Kohlen nachlegen, doch er wollte uns hereinlegen. Als Clément und ich auf den Tender gestiegen sind, um Kohlen zu schaufeln, hat er die Tür zum Führerhaus zugeschlagen und verriegelt. Seitdem fährt der Zug schneller und schneller. Auf unser Rufen reagiert dieser Verrückte nicht.«

Daher also war der Dampf gekommen, der Georges und Hubertine auf der Plattform eingehüllt hatte.

»Was ist nur in ihn gefahren?«, wollte Adolphe-Victor wissen.

Die Freude an einem Moment der Ungezwungenheit und ein Geschwindigkeitsrausch, da war sich Georges sicher. Dem König musste die Begeisterung für die Eisenbahn zu Kopf gestiegen sein.

»Das wird schon. Ich rede mit ihm«, sagte Georges. Aber so zuversichtlich war er gar nicht. Warum sollte sich der Monarch ausgerechnet von ihm umstimmen lassen? Außerdem musste Georges zunächst zum Führerhaus gelangen, und dazu musste er über den Schlepptender bis zur Lok laufen. Darin war er geübt – bei normaler Geschwindigkeit. Jetzt raste der Zug über die Schienen, es ging bergab, der Stahl des Tenders und die Kohlen waren nass und rutschig vom Regen. Aber Adolphe-Victor hatte es ja auch geschafft!

Georges machte einen Schritt über den Abgrund zwischen Gepäckwagen und Tender, griff nach der Leiter und stieg auf den schaukelnden Wagen. Oben angekommen, drückte der Fahrtwind ihn zurück. Er duckte sich und setzte einen Fuß auf die Kohlen und einen auf die Seitenwand des Wagens, während der Zug nun durch ein Waldstück rauschte. Der Ast einer Kiefer klatschte gegen die Lokomotive, riss an seinem Haar und streifte seine Kopfwunde. Georges stöhnte auf, doch der Schmerz verlieh ihm Kraft. Er legte die letzten Meter bis zur Lok im Laufschritt zurück und sprang mit einem Satz auf den Laufrost, wo Clément ihn erwartete.

»Er reagiert nicht«, schimpfte der Heizer. »Wenn er so weiterfährt, werden wir entweder entgleisen, oder der Kessel wird platzen.«

Nun hämmerte auch Georges mit der Faust gegen die Stahltür, allerdings war das im Lärm der Dampfmaschine, der Räder und Kupplungsstangen kaum zu hören. »Majestät!«, rief er. »König Carol! Bitte, öffnen Sie die Tür!«

Nichts geschah. Was hatte er auch erwartet? Dass sein Rufen und Hämmern erfolgreicher sein werde als das von Clément?

Georges ging bis zum äußersten Rand des Laufrostes und beugte sich seitlich aus dem Zug heraus, um einen Blick durch die unverglasten Fenster ins Führerhaus werfen zu können. Der Luftzug ließ ihn die Augen zusammenkneifen, aber er konnte König Carol erkennen, der mit dem Rücken zu ihm stand und gerade die Feuertür zuklappte. Vermutlich hatte er Kohlen nachgelegt. Dann langte der Monarch nach oben und zog an einem Drahtseil. Das Signalhorn pfiff.

Der König war ein Kind geworden, ein Kind, das ein riesengroßes Spielzeug in Händen hielt. Mit Rufen und Klopfen würde er bestimmt nicht aufzuhalten sein.

»Sind noch viele Kohlen im Führerhaus?«, wollte Georges von Clément wissen.

»Nein«, kam die Antwort, »deshalb sind wir ja auf den Tender gegangen. Um neue einzuschaufeln.«

»Wie lange kann er damit noch fahren?« Vielleicht würde sich das Problem von selbst erledigen, und der Zug bliebe mangels Antrieb einfach stehen.

»Eine halbe Stunde«, schätzte Clément, »bei dieser Geschwindigkeit vermutlich kürzer. Da muss er ständig nachlegen.«

Was gerade erst geschehen war.

»Lassen wir ihm den Spaß«, schlug Georges vor.

Cléments Augen glühten wie Kohlen im Feuerkasten. »Das können wir unmöglich tun.«

»Warum nicht?«, fragte Georges. »Irgendwann bleiben wir stehen.«

»Es gibt eine kritische Stelle auf dieser Strecke – wir haben sie schon auf der Hinfahrt passiert. Die Schienen schlängeln sich in drei rasch aufeinanderfolgenden Kurven um einen Felsen herum, vermutlich haben es die Rumänen nicht geschafft, einen Tunnel hindurchzutreiben.«

Mehr musste Clément nicht sagen. Wenn der Zug mit dieser Geschwindigkeit durch eine steile Kurve schoss, würde er von der Zentrifugalkraft aus der Spur getragen werden. Zweihundert Tonnen Holz, Glas und Stahl würden wie ein Projektil durch die Luft fliegen und einen Krater in die Karpaten schlagen.

Sollten sie die Lok abkoppeln? Nein, das war bei voller Fahrt unmöglich, und Carol würde trotzdem in den Tod fahren. Jetzt wünschte sich Georges den Speisewagen herbei. Das angeschlagene Achslager wäre längst rot glühend, würde blockieren und die Fahrt verlangsamen. Dafür stünde allerdings der Zug in Flammen.

Es gab nur einen Weg, König Carol zu erreichen.

Georges spähte an der Seite der Lokomotive nach vorne. Der Wald peitschte am Orient-Express entlang, dann wichen die Bäume zurück und machten nassen, nackten Felsen Platz.

Mit Gesten gab er Clément zu verstehen, dass er ihm aufs Dach helfen sollte. Der Heizer faltete die Hände, und Georges stellte einen Fuß in den Steigbügel. Von Clément unterstützt, schwang er sich hoch, bekam die Dachkante der Lok zu fassen und zog sich hinauf. Dampf aus dem Schornstein hüllte ihn ein und machte ihn für einen Augenblick blind, auch das Atmen fiel schwer, dann zerriss die Schwade und gab den Blick frei auf das, was vor ihm lag.

Im nächsten Moment wünschte sich Georges den Nebel zurück. Er hockte auf dem Dach der Fünfnullfünf, der Zug sauste bei Höchstgeschwindigkeit bergab, und vor ihm war nichts weiter zu sehen als der Dampfkessel und der Schornstein. Der Wind riss an seinem Haar, Staub und Schmutz flogen ihm ins Gesicht. Er probierte einen Schritt nach vorn, dann noch einen. Es gab keinen Halt, und er fühlte sich wie eine Schnecke auf dem Rücken eines Gepards. Langsam … langsam … legte er sich bäuchlings auf das Dach und ließ sich bis an den Rand gleiten. Die Beine ließ er ins Freie hängen, tastete mit den Füßen nach der Fensterkante, fand sie aber nicht. Sein Oberkörper rutschte seinen Beinen hinterher, er breitete die Arme aus und presste die Hände auf den kalten Stahl des Dachs. Nun rutschte er langsamer, aber noch immer beständig. Er strampelte mit den Füßen. Eine Schuhspitze fand Widerstand, die andere folgte. Er stand stabil, und dennoch hämmerte sein Herz schneller als die Kolben der Dampfmaschine. Mit der zügigsten Bewegung, zu der er fähig war, griff er nach unten und bekam den Rahmen des glaslosen Fensters zu packen. Er glitt hinein und stand im nächsten Augenblick König Carol I. von Rumänien gegenüber.

»Sofort anhalten!«, brüllte Georges und drängte den König beiseite.

»Was erlauben Sie sich?«, schrie er. »Diesen Zug steuere ich.«

Georges hatte keine Zeit für Diskussionen. Seine rechte Hand stieß vor, um nach dem Regler für die Dampfzufuhr zu greifen, doch Carol stellte sich ihm in den Weg.

»Dieser Zug fährt über mein Land«, eiferte er sich.

Monarchenwürde gegen Menschenleben – Georges ballte die Faust, bereit, den König niederzustrecken. Bevor es dazu kommen konnte, zeigte Carol nach vorn. »Was ist das?«

Der Felsen war deutlich zu erkennen. Er war so hoch wie Schloss Peleș, und die Schienen liefen direkt darauf zu.

»Bremsen!«, schrie Georges. Er stürzte an Carol vorbei und packte das große Bronzerad mit beiden Händen. Der Zug war mit einer Westinghouse-Bremse ausgestattet, die mit Druckluft arbeitete. Damit ließ sich zwar bei allen Waggons gleichzeitig das Tempo drosseln, doch zunächst musste die Druckluft die Räder erreichen. Georges drehte das Bremsrad, bis er Widerstand spürte. Der Zug wurde langsamer, aber nicht schnell genug!

Vor der Lok wuchs der Granitfelsen in die Höhe. Carol schrie etwas auf Deutsch, griff nun seinerseits nach dem Rad für die Bremsen und versuchte, daran zu drehen, doch es war bereits am Anschlag.

Sie konnten nur noch zuschauen, wie der Orient-Express auf die Kurve zuraste. Georges dachte an seine Passagiere, sie zu warnen war unmöglich, aber ans Abspringen war bei dieser Geschwindigkeit und in diesem Gelände ohnehin nicht zu denken. In seinem linken Arm spürte er einen kräftigen Druck. König Carol hatte seine Finger in den Stoff von Georges' Jackett gekrallt. Das Gesicht des Monarchen war so ausdruckslos wie das Gestein vor ihnen. Georges schluckte. Gemeinsam starrten die Männer auf das näher kommende Hindernis. Der Zug wurde langsamer, die Bremsen unter den Waggons griffen, aber er fuhr immer noch viel zu schnell.

Ein dumpfes Geräusch drang wie aus weiter Ferne in Georges' Bewusstsein. Clément hämmerte gegen die Tür, er rief etwas. »Der Sandstreuer!«, brüllte der Heizer. Georges griff zu dem Hebel, der die Sandkiste öffnete. Im nächsten Moment gab es einen Ruck, und er fand sich auf dem Boden wieder. Metall kreischte. Carol schrie. Der Zug fuhr weiter, aber er war deutlich langsamer geworden, als er den Felsen erreichte und in die Kurve einfuhr. Auf dem Boden des Führerhauses rutschte Georges gegen die Wand. Der Zug bekam Schlagseite, wurde aber von der nächsten Kurve in die entgegengesetzte Richtung gedrückt. Es rumpelte und krachte, es roch nach glühendem Metall und nach Angst. Schließlich stand der Orient-Express still.

KAPITEL 42

Sonntag, 7. Oktober
Von Sinaia nach Bukarest

Die Passagiere waren ausgestiegen und redeten aufgeregt miteinander. Adolphe-Victor zog einen Lappen aus seiner Latzhose und wischte sich über die Stirn – wohl zum hundertsten Mal in den vergangenen zehn Minuten.

»Wenn du nicht den besten Stahl für den Orient-Express ausgewählt hättest, die teuerste Technik und die besten Handwerker, um alles zusammenzusetzen, dann würden wir jetzt an den Karpaten kleben«, sagte der Lokomotivführer zu Georges. Zusammen mit Clément gingen sie die Waggons ab, krochen unter jede Achse und leuchteten sie mit der Laterne aus. »Das Material hat ein wenig gelitten«, lautete Adolphe-Victors Diagnose. »Zwei Leitungen für die Druckluft sind abgerissen, und wir brauchen neue Sicherheitsventile. Das kann ich reparieren. Der Zug selbst ist in tadellosem Zustand.«

Was man von König Carol nicht behaupten konnte. Bei der Vollbremsung war der Monarch mit dem Kopf gegen die Armaturen geschleudert worden, jetzt sah er aus wie ein Österreicher nach der Schlacht von Austerlitz. Sein rechtes Auge war zugeschwollen, und er hielt sich Georges' Taschentuch unter die Nase, um das daraus hervorquellende Blut aufzufangen. Trotzdem war Carols Interesse für Eisenbahntechnik ungebrochen. »Verraten Sie mir, Georges«, näselte er, nachdem er sich zu ihnen gesellt hatte, »wie Sie den Zug zum Halten gebracht haben?«

»Mithilfe des Sandstreuers«, gab Georges zurück. »Clément hat mich daran erinnert, ihm ist unsere Rettung zu verdanken.«

»Davon habe ich noch nie gehört«, sagte Carol.

»Es handelt sich um eine amerikanische Erfindung, ich habe sie bei einer Reise durch die USA kennengelernt und in den Orient-Express eingebaut. Zur Sicherheit. Der Aufwand hat sich gelohnt.«

Georges zeigte dem König die Behälter mit dem Sand unter der Lokomotive. Sie waren so vor den Achsen angebracht, dass der Sand direkt vor den Rädern auf die Schienen rieselte, sobald die Behälter vom Führerhaus aus geöffnet wurden. »Das sorgt für stärkere Traktion, für mehr Haftung«, erklärte Georges. »Die Amerikaner hatten Probleme mit Heuschrecken auf den Schienen. Die Räder wurden glitschig von den zermahlten Insekten und griffen nicht mehr – bis jemand auf die Idee kam, Sand zu streuen, der am Stahl haften blieb. Ich habe damit experimentiert und festgestellt, dass der Sand auch hilft, wenn die Schienen vom Regen nass sind, vor allem an Steigungen und beim Bremsen.«

Carol grinste, sein entstelltes Gesicht verzog sich zu einer Grimasse, dabei klopfte er gegen die Lokomotive, so wie man die Flanke eines Pferdes tätschelt. »Der Orient-Express kann wirklich alles. Man muss es nur aus ihm herauskitzeln.«

Georges glaubte, sich verhört zu haben. König Carol war sich keiner Schuld bewusst, mehr noch, er meinte richtig gehandelt zu haben. »Majestät«, sagte Georges scharf, »ich halte eine Entschuldigung für angemessen.«

Carols Hand rutschte von der Lokomotive herab. »Monsieur Nagelmackers«, hob er an. »Ich bin Hohenzoller und König dieses Landes, ich entschuldige mich bei niemandem. Warum auch? Der Einzige, dem etwas passiert ist, bin ich selbst.« Er tastete nach seiner Nase, die Blutung hatte aufgehört.

Einige Passagiere kamen auf die Lokomotive zu, vorneweg

Marie Luise und an ihrer Seite Léonie, die von Grimprel gestützt werden musste. Den Frauen liefen Tränen über das Gesicht. Auch die männlichen Passagiere waren blass.

Blowitz stach mit der Spitze seines Bleistifts Löcher in die Luft. »Majestät, das war ein Mordversuch. Sie haben das Leben Ihrer Gäste aufs Spiel gesetzt für … für …«

»… für Ihr Vergnügen«, ergänzte Orjol. Der Russe hielt sich den in der Schlinge steckenden Arm.

Carol lachte auf. »Hatten meine Gäste nicht gegenüber meinem Gesandten Bedenken angemeldet, dass sie der Besuch auf meinem Schloss zu viel Zeit kosten könnte? Wie unhöflich! Nun habe ich die Verspätung für Sie herausgeholt, das und nichts anderes habe ich getan. Und jetzt achten Sie auf Ihre Worte, und bedenken Sie, wen Sie vor sich haben.«

»Einen eigensinnigen …«, begann Marie Luise und schaute zu Hubertine hinüber, bevor sie »Chauvinisten« anfügte. »Solange Männer wie Sie die Geschicke eines Landes lenken«, fuhr sie fort, »wird die Welt weiterhin von einer Katastrophe in die andere taumeln, denn Sie denken an nichts anderes als an sich selbst.«

»Sie sind mutig«, brummte Carol, »für eine Frau.«

»Und Sie sind kleinmütig – für einen Mann.« Sie tupfte sich mit einem Spitzentaschentuch das Gesicht, dann reckte sie den Kopf. »Überdies sind Sie ein Musikbanause.«

Im Hintergrund applaudierte Blowitz. Die anderen hielten den Atem an. Jedenfalls kam es Georges so vor, denn das tat er selbst.

Carol ging auf Marie Luise zu. Seine Nasenflügel blähten sich, und frisches Blut lief über seinen Mund. Bevor er sie erreichen konnte, stellte sich der Maharadscha vor Marie Luise. »Bitte, Sir!«, sagte er mit sanfter Stimme. »Auch ich bin ein Herrscher. Wir sind alle ein bisschen erregt.«

»Sie?«, platzte es aus Carol heraus. »Wer sind denn Sie? Sie sind nichts weiter als ein Wilder, den man in eine Uniform gesteckt hat. Ich werde Sie alle wegen Majestätsbeleidigung in den Kerker werfen lassen.«

»Wir sollten ihn in den hinteren Gepäckwagen werfen«, knurrte Mortimer Pullman. »Der Tiger wird sich um ihn kümmern.«

»Aber Mister Pullman!«, raunte Léonie.

»Das reicht jetzt.« Georges schaute auf seine Taschenuhr. »Höchste Zeit, dass wir weiterfahren. Die Bremsen sind sicher mittlerweile ausgekühlt.«

»Geben wir den erhitzten Gemütern dazu auch Gelegenheit«, ergänzte Jules Verne und warf Georges einen verschwörerischen Blick zu.

Hufklappern unterbrach die Debatte, darunter waren die Rufe von Männern und das Knacken von Zweigen zu hören.

König Carol stieß einen Laut des Triumphs aus, hob die Stimme und rief etwas auf Rumänisch. Das Klappern wurde lauter, das Schnauben von Pferden kam dazu.

Das bedeutete nichts Gutes. »Alle zurück in den Zug!«, rief Georges. »Wir fahren weiter.«

Bevor die Passagiere reagieren konnten, brach ein Pferd durch das Unterholz, darauf saß ein Reiter in einer jener Uniformen, wie sie die Fahrgäste des Orient-Express auf Schloss Peleș getragen hatten: ein rumänischer Kavallerist – und er war nicht allein. Nach und nach tauchte ein halbes Dutzend Berittene aus dem Wald auf, vielleicht waren das die Männer, die Georges bei der Abfahrt des Zuges in Sinaia gesehen hatte. Als sie des Königs gewahr wurden, zügelten sie die Pferde, saßen ab und salutierten. Der Vordere, an seiner Uniform hingen die meisten Abzeichen, meldete etwas auf Rumänisch, hielt dann aber abrupt inne, als er das Blut im Gesicht des Monarchen bemerkte, und stürzte auf Carol zu. Im letzten Moment besann er sich und hielt gebührenden Abstand. Dann rief er seinen Männern einen Befehl zu, und zwei von ihnen zogen Gewehre aus den Satteltaschen.

Georges spürte, wie der Kaviar in seinem Magen zum Leben erwachte. Ein Blick nach vorn verriet ihm, dass Adolphe-Victor und Clément bereits ins Führerhaus geklettert waren. Eine Schaufel scharrte durch einen Berg Kohlen, die Feuerbüchse klapperte. Er wandte sich Jules Verne zu und flüsterte: »Alle einsteigen, aber langsam.« Dann trat er vor den König und den Hauptmann der Reiterei. »Majestät, ich verlange von Ihnen, dass Sie Ihre Soldaten zurückpfeifen. Sie sind keinesfalls angegriffen worden, weder von mir noch von einem meiner Passagiere. Ihr Zustand ist einzig und allein Ihnen selbst zuzuschreiben.« Er wusste nicht, ob die rumänischen Kavalleristen ihn verstanden, deshalb sprach er laut, damit er sich ihrer Aufmerksamkeit sicher sein konnte.

Niemand rührte sich. Nicht der König, nicht die Soldaten, nicht die Fahrgäste. Die auf Georges gerichteten Blicke wurden immer finsterer. Von seinem Vater hatte er gelernt, dass man eine Waffe stets bei sich trug: Freundlichkeit. Georges machte einen Schritt auf den König zu, legte ihm eine Hand auf die Schulter, ergriff dessen Rechte und schüttelte sie. »Majestät«, sagte er mit feierlichem Ernst, »ich bedanke mich für den Empfang auf Schloss Peleș.« Irgendwie gelang es ihm, jenes Lächeln aufzusetzen, das er nach abgeschlossenen Verhandlungen zur Schau zu stellen geübt war. »Wir werden Sie und Ihr Schloss in Erinnerung behalten.« Wie das der Wahrheit entsprach!

Carol versuchte sich zu befreien, doch Georges hielt die Hand fest. Der König hatte sich im Schloss mit kräftigem Griff vorgestellt, jetzt war die Reihe an Georges, dem Monarchen zu zeigen, wie man eine Hand schüttelte. Schließlich zog Georges ihn zu sich heran und umarmte ihn, wobei er ihm kameradschaftlich den Rücken klopfte. Die Soldaten griffen nicht ein, vor allem wohl, weil der König selbst nicht recht wusste, wie er auf Georges' vermeintlichen Gefühlsausbruch reagieren sollte. Carol ließ die Umarmung zu, erwiderte sie sogar mit zaghafter Geste.

Das Signalhorn der Lok gellte. Der Zug fuhr an. Nun kam Bewegung in die Versammelten. Die Passagiere halfen sich gegenseitig beim Einsteigen, Befehle erklangen, Carol wurde aufmerksam.

»Sie entkommen!« Der König war wieder ins Deutsche verfallen, trotzdem verstanden ihn die Soldaten. Der Vordere zückte eine Pistole und legte auf den Zug an. Georges packte Carol am Arm und zog ihn mit sich, sodass der Überrumpelte dem Hauptmann in die Schusslinie taumelte. Der Offizier riss die Waffe in den Himmel, ein Schuss löste sich.

Es drängte Georges, die Flucht zu ergreifen und zu den anderen auf den Zug zu springen, doch er blieb noch einen Augenblick, wo er war. Schließlich ließ er Carol los und lief auf den Zug zu.

Der Orient-Express rollte. Georges bekam das Geländer am hinteren Ende zu fassen und schwang sich auf die Plattform. Er zog den Hut und grüßte die Rumänen ein letztes Mal. Jedenfalls hoffte er, dass es das letzte Mal war, denn der Zug nahm Fahrt auf.

Die Reiter stiegen auf die Pferde. Sie brachen durch die Sträucher, angestachelt von etwas, das der König ihnen hinterherrief. Der wurde bereits kleiner, seine Stimme leiser, und schließlich verschwand er in der Entfernung wie ein Gespenst im Tageslicht.

Der Spuk war noch nicht vorbei. Die Kavalleristen preschten hinter dem Zug her, schneller als Georges es für möglich gehalten hatte. Wie gelang es ihnen bloß, im Galopp über die Schwellen zu jagen? Die vorderen beiden Reiter ließen die Zügel los und legten mit den Gewehren auf Georges an.

Es gab keine Deckung. Die Plattform bestand nur aus einem Stahlgitter mit Geländer.

Ein Schuss krachte. Holzsplitter sprühten neben Georges' Kopf aus der Waggonwand. Er erstarrte. Dem nächsten Knall folgte ein Klingeln, als eine Kugel von der Plattform abprallte.

In seinem Rücken spürte er die Tür des Gepäckwagens. Den Schlüssel dazu hatte er in der Tasche, doch in der vermeintlichen Zuflucht lauerte eine noch größere Gefahr: Madame, die Tigerin aus dem Londoner Zoo. Georges beschloss, lieber auf sein Glück mit den Schützen zu vertrauen und ging in die Knie, um ein schlechteres Ziel abzugeben.

Die hinteren Reiter fielen zurück, die beiden vorderen holten auf, doch sie hatten ihre Munition verschossen. Einer von ihnen versuchte nachzuladen, dabei verlor er das Gleichgewicht und musste sein Pferd zügeln, um nicht aus dem Sattel zu fallen. Der andere wiederholte den Fehler seines Kameraden nicht. Er warf das Gewehr weg, griff nach den Zügeln und trieb sein Pferd an.

Es vollbrachte das Kunststück, die Plattform zu erreichen, ohne zu straucheln, der Reiter lehnte sich aus dem Sattel, griff nach dem Geländer und schwang sich mit einer zirkusreifen Bewegung auf die Plattform.

Im nächsten Augenblick spürte Georges die Hand des Rumänen an seinem Hals. Er wurde gegen die Rückwand des Gepäckwagens gepresst. Das Gesicht des Kavalleristen war so nah, wie es sonst nur das von Hubertine sein durfte. Der Mann war jung, zwanzig Jahre vielleicht, vermutlich erklärten sich damit auch seine Gewandtheit und sein Mut. Gewiss würde er für seine Heldentat eine Belobigung vom König bekommen. Aber noch hatte er sein Ziel nicht erreicht, noch fuhr der Zug, noch waren die Passagiere dabei, dem Zorn König Carol I. zu entfliehen.

Der Rumäne plärrte Georges ins Gesicht und deutete auf die Tür.

Wie sagte man »Tiger« auf Rumänisch? Georges schüttelte einfach den Kopf. Der Soldat rammte ihm die Faust in den Magen. Wenn er ihn nicht festgehalten hätte, wäre Georges von der Plattform gekippt. Seine Eingeweide standen in Flammen, ein Teil davon schien zu versuchen, ihm durch die Kehle in Richtung Mund zu steigen. Er schnappte nach Luft.

Der Rumäne wiederholte den Befehl.

Georges hielt es für klug, nicht einfach in seine linke Rocktasche zu greifen, wo der Schlüssel für das Sicherheitsschloss war, sondern nur auf die Tasche zu zeigen. Der Soldat verstand die Geste, stieß mit einer Hand in die Jacke und holte den Schlüssel hervor. Er drückte ihn Georges in die Hand und zeigte noch einmal auf die Tür.

Offenbar wollte der junge Mann den Zug erobern, zum Halten bringen und seinem König präsentieren. Er wähnte sich wohl nur wenige Schritte davon entfernt, sein Ziel zu erreichen.

Georges wollte kein Blutvergießen. Nicht in seinem Zug, nicht durch einen Attentäter, nicht durch eine Tigerin, nicht durch einen Soldaten. Der Orient-Express war ein Zug des Friedens, selbst dann noch, wenn ihn eine Horde Kavalleristen im Auftrag eines verrückt gewordenen Königs in Besitz nehmen wollte.

»Dadrin ist ein Tiger!«, rief Georges, deutete auf die Gepäckwagentür und machte keinerlei Anstalten, sie zu entriegeln.

Der Soldat riss ihm den Schlüssel aus der Hand, stieß ihn weg und machte sich selbst an dem Schloss zu schaffen. Er nahm es ab und warf es zur Seite, dann legte er eine Hand auf die Klinke.

Georges legte seine Hand darüber. Der Kavallerist schrie auf und versetzte ihm eine Ohrfeige. Georges' Kopf flog zurück. Ihm wurde schwarz vor Augen; schnell griff er nach dem Geländer, um nicht von der Plattform zu stürzen. Nach zwei Atemzügen sah er wieder klar.

Der Soldat hatte die Tür aufgezogen, stand im Durchgang und rührte sich nicht. Sein Blick war auf das Innere des Gepäckwagens gerichtet, und alle Farbe war aus seinem Gesicht gewichen. Er fuhr zu Georges herum und schrie: »Tigru!« Viel zu spät kam er darauf, die Tür wieder zu schließen, und als er es versuchte, prallte sie gegen ein Hindernis. Der Kopf der Raubkatze erschien in dem Spalt. Ihr Maul stand auf, sie fletschte die Zähne, fauchte und versuchte, sich hindurchzuzwängen.

Der Rumäne sprang. Er verschwand einfach zwischen den Kiefern, die am Rand der Schienen wuchsen. Georges wollte sich gegen die Tür lehnen, doch es war zu spät. Madames mächtige Schultern waren schon im Freien. Der Rest drängte hinterher.

So weit, wie es möglich war, drückte sich Georges an den Rand der Plattform. Ein Sprung nur, und er wäre in Sicherheit. Vielleicht riskierte er ein gebrochenes Bein, vielleicht würde er gegen einen Baum prallen und mit zerschmettertem Schädel liegen bleiben, aber selbst das wäre besser, als von der Raubkatze zerrissen zu werden.

Noch hatte Madame ihn nicht bemerkt. Sie schien verwirrt von der plötzlichen Freiheit, von der Geschwindigkeit, mit der der Boden unter ihr davonzog, von dem Rattern der Räder, von den Gerüchen. Sie brüllte.

In der Entfernung hatten die Verfolger alle Hände voll damit zu tun, ihre scheuenden Pferde unter Kontrolle zu bringen.

Jetzt wandte Madame Georges den Kopf zu. Als sie erkannte, dass sie nicht allein auf der Plattform war, legte sie die Ohren an und zeigte die Zähne – sämtliche Zähne. Sie war so nah, dass er die Wärme ihres Atems spürte und einen Geruch wahrnahm, für dessen Beschreibung es keine Worte gab. Trotzdem sprang er nicht. Lieber wollte er einen schrecklichen Tod sterben, als sich von seinem Orient-Express vertreiben zu lassen. Seine Finger krallten sich um das Geländer. Er sah der Raubkatze in die

Augen, er senkte die Lider und öffnete sie wieder. Die Tigerin schloss das Maul. Die entsetzlichen Zähne verschwanden. Sie wandte den Blick von ihm ab, dann machte sie einen Satz von der Plattform herunter. Sie sprang so ungeheuer weit, dass ein Rappe blass geworden wäre. Die Tigerin flog durch die Luft, landete im Schotter zwischen den Schwellen auf allen vieren. Die Fliehkraft riss sie zur Seite, sie stürzte auf die rechte Flanke, war im nächsten Augenblick wieder auf den Pranken und brach durchs Unterholz. Dann war nichts mehr von ihr zu sehen.

KAPITEL 43

Sonntag, 7. Oktober
Von Sinaia nach Bukarest

Georges war nicht da! Hubertine rief seinen Namen im vorderen Schlafwagen, wo alle versammelt waren und durcheinanderredeten. Vor Aufregung war Sajadschi Rao III. in seine Landessprache verfallen. Doktor Diehl versuchte ihn zu beruhigen, hatte aber seinerseits Schwierigkeiten, wieder zu Atem zu kommen. Pullman redete auf Blowitz ein. Grimprel hatte seine Pistole gezogen und schob justament eines der Fenster herunter, während Verne versuchte, den Finanzbeamten daran zu hindern hinauszuschießen. Der Zug hatte sich in ein Tollhaus verwandelt.

»Georges!«, rief Hubertine noch einmal. »Hat jemand Georges gesehen?« Die Lok! Vielleicht war er vorne auf die Lok gestiegen.

Marie Luise hielt Hubertine fest, als sie loslaufen wollte. Mit Beileidsmiene teilte ihr die Wienerin mit, dass sie Georges bei den Reitern habe stehen sehen, als sich der Orient-Express in Bewegung gesetzt hatte und alle anderen eingestiegen waren. »Ich fürchte«, sagte Marie Luise leise, »Monsieur Georges ist dortgeblieben.«

»Anhalten!« Hubertine sah sich nach dem Seil für die Notbremse um. Georges hatte eine Rollleine einbauen lassen, um den Zug bei Gefahr zum Stehen bringen zu können. Normalerweise verlief die Rollleine außen an den Wagen und war nur vom Fenster aus zu erreichen, aber Georges hatte ein System entwickelt, dank dem der Seilzug durch das Innere der Waggons geführt wurde. Trotzdem wirkte die Notbremse nicht unmittelbar, sie gab nur ein Signal nach vorn ins Führerhaus, wo die Maschinisten das Bremsrad drehen mussten.

Hubertine streckte eine Hand nach dem Seil aus.

Mortimer Pullman fiel ihr in den Arm. »Was tun Sie da?«, polterte er.

Hubertine versuchte, sich aus dem Griff des Amerikaners zu befreien. »Ich ziehe die Notbremse. Georges ist nicht im Zug.«

Pullman verstärkte seinen Griff und rüttelte an ihrem Arm. »Haben Sie darüber nachgedacht, was das für uns bedeutet? Wenn der Zug hält, werden uns die Reiter des Königs einholen. Man wird uns in ein Loch unter Schloss Peleș werfen oder gleich hier erschießen. Dann kann König Carol den Orient-Express zu seinem Besitz erklären.«

»Niemand wird schießen«, erwiderte Hubertine. »Dies ist ein Zug des Friedens. Wir sind hier in Europa, nicht im Wilden Westen.« Sie wand sich in Pullmans Griff.

»Verstehen Sie doch!«, sagte der Amerikaner. »Unser Schicksal hängt an diesem Drahtseil.«

Ein Finger tippte auf Pullmans Schulter. Blowitz' Gesicht tauchte auf. »Lassen Sie bitte die Dame los, Monsieur.«

»Verschwinden Sie, Henri!«, erwiderte der Amerikaner. »Sehen Sie denn nicht, dass ich Ihnen das Leben retten will?«

»Um den Preis, dass Monsieur Georges in einem rumänischen Verlies endet? Nachdem er uns alle gerettet hat, indem er sich dem König und seinen Schergen in den Weg gestellt hat? Das entspricht nicht meinem Verständnis von Dankbarkeit. Und von Tapferkeit schon gar nicht. Monsieur, was glauben Sie, mit wem Sie es zu tun haben? Ich bin Franzose!«

Pullman wollte noch etwas sagen, da rief Verne »dann kämpfen wir eben!« und zog an der Leine.

Der Zug fuhr mit unverminderter Geschwindigkeit weiter.

Pullman ließ Hubertine los. Sie rieb sich den Arm, dann hielt sie Pullman die ausgestreckte Hand hin. »Geben Sie mir Ihre Waffe, Mortimer.«

»Sagten Sie nicht gerade erst, dies sei ein Zug des Friedens und niemand werde schießen?«, fragte der Amerikaner.

»Das gilt nicht, wenn jemand Georges Nagelmackers etwas zuleide tun will. Außerdem lauert die Gefahr außerhalb des Zuges.«

Die Fahrt verlangsamte sich.

»Ich komme mit Ihnen, Mademoiselle«, stellte sich Verne zur Verfügung. Grimprel und Laycock schlossen sich an, die Pistolen schussbereit in Händen.

»Ich auch«, rief Léonie und ergriff Marie Luises Hand. Diehl, Sajadschi Rao III. und Blowitz waren bereits unterwegs zum Ausgang des Schlafwagens, nur Pullman blieb zurück.

Hubertine erreichte die Tür als Erste. Sie riss sie auf – und vor ihr stand Georges.

Das Haar hing ihm in die Stirn, sein Anzug war zerrissen, und er hatte einen Bluterguss im Gesicht. Sein Blick flog über die vor ihm Stehenden. »Sind alle Fahrgäste im Zug?«

Sie ließ ihn erst los, als Verne sich beschwerte. »Wenn ich unserem Retter bitte die Hand schütteln dürfte? Immerhin hat er sein Leben für uns aufs Spiel gesetzt.« Die Fahrgäste umringten ihn und bedrängten ihn mit Fragen, die er geduldig beantwortete. Mortimer Pullman hatte sich den anderen nicht angeschlossen. Hubertine sah ihn an einem Fenster lehnen. Als sich ihre Blicke trafen, schaute er zu Boden. Dann rief er über die Köpfe hinweg, er werde nach vorn gehen, um dem Lokführer mitzuteilen, dass es weitergehen könne. Niemand sonst achtete auf ihn.

»Und dann ist die Raubkatze vom Zug gesprungen«, berichtete Georges. Hubertine zuckte zusammen. »Madame?«

Mit Staunen hörte sie, dass die Tigerin die rumänischen Soldaten in die Flucht geschlagen und damit nicht nur Georges, sondern den gesamten Zug gerettet hatte. »Aber was wird nun aus ihr?«, fragte sie.

»Aus wem?«, wollte Marie Luise wissen.

»Aus Madame«, antwortete Hubertine, »aus unserer Tigerin.«

»Madame?«, wiederholte die Österreicherin und schaute ihre Schwester mit hochgezogenen Brauen an.

Sajadschi Rao III. schaltete sich ein. »Es ist bedauerlich, dass das Tier nicht mit nach Indien reisen kann, in das Land seiner Vorfahren. Welch ein stattlicher Tiger! Was für ein Abenteuer wäre es gewesen, ihn zu jagen! Allerdings muss ich gestehen, dass es mir vermutlich schwergefallen wäre, ihn zu erschießen, denn ich war dabei, als Mademoiselle Hubertine mit ihm gesprochen hat. Hubertine, Sie haben mir gezeigt, dass im Kopf einer Raubkatze mehr Licht brennt, als ich bisher angenommen habe. Ich bin sicher, sie wird sich ganz wunderbar in dieser unwirtlichen Bergwelt zurechtfinden.«

»Aber«, wandte Blowitz ein, »wird der Tiger denn da draußen nicht Menschen und Tiere anfallen? Ist das nicht gefährlich?«

»Die Karpaten sind eine wilde Gegend, weitgehend unbesiedelt«, erläuterte Verne. »Natürlich kann es zu Zwischenfällen kommen.« Er kratzte sich den Kopf. »Ich stelle mir gerade vor, wie die rumänischen Bauern ratlos vor ihren dezimierten Schafherden stehen. Das ist der Stoff, aus dem Schauergeschichten sind.« Er tastete an seiner Weste herum. »Ein blutrünstiges Ungeheuer in Transsylvanien ... Ah, Monsieur Blowitz, würden Sie mir bitte Stift und Papier leihen? Diesen Einfall muss ich festhalten.«

*

Sie erreichten Bukarest in der Abenddämmerung. Georges sprang auf den Bahnsteig und sah sich um. Reisende blieben stehen, um den Orient-Express zu bestaunen, doch niemand sonst. Weder Gendarmen noch Soldaten, weder Waffen noch Ketten warteten auf sie. Carol hatte es nicht geschafft, eine Nachricht in die Stadt zu senden. Noch nicht.

Wie lange würden die Verfolger brauchen, um die Hauptstadt zu erreichen? Der Orient-Express war in Windeseile die Südkarpaten hinuntergerattert. Er war über Eisenbahnbrücken gefahren, die kein Pferd überqueren konnte. Carol und seine Kavalleristen mussten Umwege nehmen, um den Zug zu einzuholen.

»Ist alles bereit?« Hubertine war aus dem Zug gestiegen. »Wir müssen sofort weiter zur Grenze nach Bulgarien.«

Georges deutete zur Remise hinüber. »Wir brauchen noch eine Viertelstunde, um den Speisewagen wieder anzukoppeln.«

»Wenn uns Carol erwischt, sind wir erledigt. Vergiss den Speisewagen.«

Das durfte doch nicht wahr sein! »Der Speisewagen ist«, begann Georges … Mein Meisterwerk, wollte er sagen, der schönste Waggon, den je eine Dampflokomotive gezogen hat, wollte er sagen. Dann verschwamm sein Blick, und alles bis auf Hubertine löste sich an den Rändern seines Gesichtsfelds auf. Warum hatte sie nur immer und immer wieder recht?

»Georges!«, rief jemand. Das war Adolphe-Victors Stimme. »Georges!« Im nächsten Moment erschien der Lokomotivführer bei ihnen. »Wo bleibst du? Wir müssen den Speisewagen aus der Remise holen.«

Georges blinzelte, bis er alles klar erkennen konnte.

»Was ist los?«, fragte Adolphe-Victor und deutete auf die Bahnhofsuhr über dem Bahnsteig. »Ich dachte, wir haben es eilig.«

Die Zeiger der Bahnhofsuhr pickten die Zeit auf. Eine Sekunde, zwei, drei, vier, fünf. »Das stimmt«, sagte Georges. »Also los, gehen wir.«

Hubertine folgte ihnen nicht. Georges lief neben Adolphe-Victor durch das Tor der Remise, sah den Speisewagen vor sich, und alles andere war für einen Moment vergessen.

Da stand er: in seinem tannengrünen Lack, mit den goldenen belgischen Löwen und dem osmanischen Stern auf der Seite. Durch die Fenster konnte man die Kronleuchter sehen, sie glitzerten und funkelten sogar jetzt noch, obwohl das Licht überhaupt nicht angeschaltet war.

Funken flogen auf.

Vor den Rädern kniete ein Mann mit Lederschürze und Schutzbrille. Er schlug mit einem Hammer gegen eine Eisenstange, die ein junger Bursche gegen eines der Räder drückte.

»Ist das Lager etwa noch nicht fertig?«, bellte Adolphe-Victor.

Der Wagenmeister und sein Gehilfe schauten auf und zuckten mit den Schultern.

Georges deutete auf das Rad und zeigte den Männern seine Taschenuhr. Das war deutlich genug. Der Wagenmeister schüttelte mit dem Kopf, mit den Händen zeigte er nacheinander unterschiedliche Abstände an.

»Das Lager hat nicht gepasst«, übersetzte Georges. Vielleicht war es besser so, vielleicht sollten sie wirklich sofort losfahren, ohne den Speisewagen anzuhängen. Er schaute zum Bahnsteig hinüber. Hubertine war nirgendwo zu sehen.

»Gebt mal her!« Adolphe-Victor nahm dem Wagenmeister den Hammer und dem Gesellen die Eisenstange aus den Händen, dann machte er sich mit beidem an dem Rad zu schaffen. Erst tastete er an der Rückseite herum, dann setzte er einige gezielte Schläge in schneller Reihenfolge auf die tassengroßen Schrauben. Aus den vereinzelten Funken von vorhin wurde ein Funkenregen. Das Hämmern erfüllte die Halle, bis alle darin Arbeitenden sich zu dem Speisewagen umdrehten. Nach einer Weile befühlte Adolphe-Victor noch einmal das Rad und schaute anschließend zu Georges auf. »Besser wird's kaum gehen. Das Rad sitzt nicht ganz sauber in der Führung. Damit können wir fahren, aber ich garantiere für nichts. Deine Entscheidung.«

Für Bedenken war keine Zeit. »Wir koppeln den Waggon an. Jetzt!«, rief Georges und versuchte den Rumänen klarzumachen, dass ihre Arbeit beendet sei und der Zug weiterfahren müsse. Als Übersetzungshilfe zahlte er den Männern einen Lohn, den sie gewiss verdient, aber wohl nicht erwartet hatten, wie ihre Mienen verrieten. Das Geld wirkte wie Treibstoff.

Der Wagenmeister winkte zwei Kollegen und trieb sie zur Eile an. Dann verständigte er sich mit Adolphe-Victor darüber, wer welche Zugmaschine auf welches Gleis rangieren musste, um den Orient-Express wieder in seine ursprüngliche Waggonreihung zu bekommen. Georges atmete durch. Die Anspannung machte einer gewissen Erleichterung Platz. Der Zug würde wieder vollständig sein, so wie er selbst. Das seltsame Gefühl, das ihn befallen hatte, als sie den Speisewagen am Vormittag zurückgelassen hatten, verflog. Jetzt war alles so, wie es sein sollte, jetzt konnte er es mit allen Königen der Welt aufnehmen.

KAPITEL 44

Sonntag, 7. Oktober
Von Bukarest nach Varna

Die Larcum Kendall zeigte 21.36 Uhr, als der Orient-Express aus dem Bahnhof von Bukarest herausfuhr. Von König Carol I. war ebenso wenig zu sehen wie von den Kavalleristen. Die Verfolger hatten es nicht geschafft, die Stadt rechtzeitig zu erreichen. Stattdessen winkte der Wagenmeister dem Zug hinterher.

Georges lief durch die Waggons, angetrieben vom Übermut, und schaltete alle Lichter an, sogar in den Abteilen des unbelegten hinteren Schlafwagens und in den Gepäckwagen. Der Orient-Express sollte in der Dunkelheit leuchten wie ein Freudenfeuer, und Carol sollte sehen, wie der Zug, dessen er sich bemächtigen wollte, in der Ferne verschwand, Richtung Konstantinopel.

Doch zwischen Bukarest und dem Bosporus lag ein ganzer Staat: Bulgarien. Und nach den Erfahrungen der vergangenen vier Tage konnte auf jedem Kilometer der Fahrt viel geschehen.

Im Speisewagen saßen die Fahrgäste bei einem späten Diner, das Félix in aller Eile zubereitet hatte. Der Koch war nicht mit zum Schloss hinaufgegangen, sondern hatte die Zeit genutzt, um in Sinaia frische Lebensmittel einzukaufen. Nun lag die Beute auf den Tellern der Passagiere: geräucherte Schweinefüße. Nicht alle teilten Félix' Begeisterung für das rustikale rumänische Gericht, aber einige schienen es zu genießen. Jules

Verne spähte kauend auf den Teller seines Nebenmanns, Mortimer Pullman.

Als Georges das Restaurant betrat, legten alle das Besteck beiseite, um zu applaudieren. Georges errötete und hob abwehrend eine Hand. »Ich habe nur getan, was jeder von Ihnen an meiner Stelle getan hätte.« Er suchte Hubertines Blick. Sie saß mit den Wienerinnen am Tisch, hatte ihren Schweinefuß bereits zur Hälfte verspeist und lächelte ihm zu.

Wie gern hätte er sich zu Verne und Pullman an den Tisch gesetzt! Ihn dürstete nach einer normalen Unterhaltung, nach Pullmans Sticheleien und nach Vernes bissigen Repliken in Richtung des Amerikaners. Aber noch war die Reisegesellschaft nicht in Sicherheit, noch war ein Verbrecher unter ihnen, und solange dieser Mann unerkannt blieb, konnte alles in diesem Zug passieren.

Er griff in seine Jackentasche, seine Finger fanden, was sie suchten. Gut. Dann war es jetzt wohl Zeit, die Suche nach dem Attentäter fortzusetzen. Er raunte Verne zu, dass er ihn sprechen müsse, dann bat er Hubertine, ihm zu folgen. Sie verließen den Speisewagen – verfolgt von neugierigen Blicken, Getuschel und Mutmaßungen – und gingen in den hinteren Schlafwagen.

»Die Ereignisse haben eine neue Wendung erhalten«, eröffnete Georges, während sie entgegen der Fahrtrichtung den Gang entlangliefen. Hinter den Fenstern rauschte die Nacht vorbei.

»Geht es um unsere Verfolger, die Rumänen, oder um den Attentäter im Zug?«, wollte Verne wissen.

Vor der Tür zum hinteren Gepäckwagen wandte sich Georges um, hielt den Schlüssel aus Grimprels Kleidern in die Höhe und berichtete, wie er ihn im Schloss Peleș gefunden hatte. Hubertine kannte die Zusammenhänge bereits. »Leider war bislang nicht genug Zeit, Ihnen den Schlüssel zu zeigen, Jules.«

Verne lächelte nachsichtig und ließ sich den Schlüssel reichen. Er untersuchte ihn kurz und stellte dann fest: »Wenn er zu dem Schrankkoffer von Missak Effendi passt, dann ist derjenige, der ihn hatte, vermutlich auch derjenige, der den Dolch daraus hervorgeholt hat, und könnte damit der Attentäter sein. Zugegeben: Es fällt mir schwer, mir Monsieur Grimprel in dieser Rolle vorzustellen, aber wir müssen diese Möglichkeit wohl in Betracht ziehen.«

»Zunächst einmal«, wandte Hubertine ein, »müssen wir herausfinden, ob der Schlüssel wirklich den Schrankkoffer öffnet. Da Madame uns nicht länger davon abhält, können wir das Experiment wagen.«

Das Sicherheitsschloss war noch an der Tür zum Gepäckwagen angebracht. Georges öffnete es und hängte es an das Geländer neben der Plattform. Er zögerte einen Moment und dachte an die Tigerin, an den Anblick ihres kraftvollen Körpers, wie sie geschmeidig ins Unterholz eingetaucht war. Fast kam es ihm vor, als hätte ihm seine Fantasie das nur vorgegaukelt.

Er zog die Tür auf. Madame war nicht mehr da, jedenfalls nicht körperlich. Aber ihr Geruch hing zwischen den Wänden und stach ihnen in die Nase, sodass Georges für einen Moment der Atem wegblieb.

»Nicht gerade eine Pariser Parfümerie«, kommentierte Verne und ging an ihm vorbei, schnurstracks auf den Schrankkoffer zu. »Hoffentlich muss der Kalif seine Juwelen nicht wegwerfen, weil sie nach Raubkatze riechen. Andererseits gefällt ihm das vielleicht. Welcher Herrscher möchte nicht gern mit einem Tiger verglichen werden?«

Hubertine blieb vor dem Käfig stehen. Die Tür stand offen, ein umgestürzter Napf lag davor.

Georges legte ihr eine Hand auf die Schulter. »Ich bin sicher, dass es der Tigerin gut geht. Sie hat es in den Wäldern dort oben bestimmt besser als in Indien. Denk doch nur daran, welch weite Reise sie noch vor sich gehabt hätte: auf einem Schiff von

Konstantinopel bis an die Ostküste des indischen Subkontinents. Das würde ich nicht mal dann auf mich nehmen wollen, wenn der Dampfer so eingerichtet wäre wie der Orient-Express.«

Sie schenkte ihm ein Lächeln, aber es gelang nicht recht.

»Sim…«, rief Verne, hielt wie ein Zauberkünstler den Schlüssel in die Luft und steckte ihn ins Schloss an einer der Messingklappen, »…sala…«, er drehte den Schlüssel nach rechts, ein kleines Knacken war zu hören, »…bim.« Er wiederholte den Vorgang an den anderen drei Verschlüssen. »Sesam, öffne dich!« Verne zog die Tür des Schrankkoffers auf.

Georges hatte schon Prunkwaffen gesehen, in der Sammlung ägyptischer Altertümer des Louvre. In dem Museum waren Dolche aus Bronze ausgestellt gewesen, in deren Knauf ein oder zwei Saphire in Cabochon-Technik eingelegt gewesen waren; auch Klingen aus reinem Gold hatte er gesehen, für Zeremonien bestimmt. Doch was ihm jetzt aus dem Schrankkoffer Missak Effendis entgegenfunkelte, übertraf die Schätze des Louvre so sehr, wie Schloss Peleș die Berghütte eines Karpatenbauern in den Schatten gestellt hätte. Das Innere war mit violettem Samt ausgeschlagen. In den Fächern standen Schatullen, die an sich schon kostbar waren, so fein waren sie mit Einlegearbeiten ausgestattet. In der Tür hingen die Prunkwaffen: Schwerter, Dolche, eine Lanze und sogar ein Morgenstern. Die Rubine an der mit Spitzen bewehrten Eisenkugel sollten vermutlich an Blutstropfen erinnern.

Eine der Schlaufen war leer.

»Der Schlüssel passt, und wenn mich nicht alles täuscht, sollte auch der verräterische Dolch in diese Lücke passen«, stellte Verne fest. »Was wohl in den Schatullen steckt?« Er streckte eine Hand danach aus, Georges konnte ihn gerade noch daran hindern, ein Kästchen aus Elfenbein hervorzuziehen. Sanft schob er Verne zurück und drückte die Tür des

Koffers zu. »Das genügt. Jetzt wissen wir alles, was wir wissen müssen.« Er nahm Verne den Schlüssel wieder ab und sicherte die Schlösser. Den Schlüssel wollte er so schnell wie möglich Missak Effendi zurückgeben.

»Wir wissen alles, was wir wissen müssen?« Verne schaute missmutig den Schrankkoffer an. »Das, mein lieber Georges, ist eine Behauptung, die hinterfragt werden sollte.«

»Aber der Schlüssel passt doch«, schaltete sich Hubertine ein.

»Gewiss.« Verne tastete nach seiner Pfeife, fand sie in seiner linken Westentasche und zog sie hervor. »Aber können wir denn mit Sicherheit sagen, dass Monsieur Grimprel ihn Missak Effendi entwendet hat?«

»Was wollen Sie damit sagen?«, fragte Georges.

»Zunächst einmal, dass ich gern woanders weiterreden würde. Dieser Geruch hier drin ist geradezu betäubend, außerdem würde ich gern meine Pfeife entzünden und ihr Aroma genießen, ohne dass sich weitere Duftstoffe hineinmischen.«

Georges suchte ein Abteil im hinteren Schlafwagen aus und vergewisserte sich mit einem Blick in die angrenzenden Compartiments, dass niemand dort war und das Gespräch belauschen konnte. Dann ließ er sich neben Hubertine auf dem Diwan nieder. Verne nahm in einem der Sessel Platz. »Wir haben also den Schlüssel, der zum Koffer und damit zum Dolch und damit zum ersten Attentat passt.« Er nahm sich Zeit, seine Pfeife zu stopfen. »Den Schlüssel haben Sie, Georges, in der Kleidung von Monsieur Grimprel gefunden. Und Grimprel ist ohnehin einer unserer Verdächtigen.«

»So ist es«, stimmte Hubertine zu. »Von allen Fahrgästen kommen nur Grimprel, Laycock und Sajadschi Rao als Attentäter infrage, weil sie nicht im Speisewagen waren, als die Schüsse fielen.«

»Die Hinweise sind eindeutig«, fasste Georges zusammen. »Warum zögern Sie, Jules?«

»Hören Sie!« Verne zündete die Pfeife an und sog daran. »Ich bin genauso wie Sie beide begierig darauf, den Täter zu entlarven und unschädlich zu machen, bevor er Gott weiß was anrichtet. Trotzdem«, er hob das abgebrannte Streichholz in die Höhe, »sollten wir nichts überstürzen.«

»Worauf wollen Sie hinaus?« Alles in Georges drängte danach, Gustave Grimprel mit dem Schlüssel zu konfrontieren und den Finanzbeamten für den Rest der Fahrt in einem Abteil einzusperren. Solange er sich noch frei im Zug bewegen konnte, war niemand sicher.

»Wenn ich mich richtig erinnere«, fuhr Verne fort, »hatten wir schon festgestellt, dass der Attentäter den Schlüssel auf keinen Fall behalten hätte. Er musste davon ausgehen, dass wir nach diesem kleinen Ding suchen, und wenn wir es bei ihm finden, wäre er entlarvt.«

»Stimmt«, sagte Georges. »Sie sagten, dass Sie den Schlüssel an seiner Stelle aus dem Fenster geworfen hätten. Vielleicht hatte er das vor, hat es aber dann versäumt.«

»Ja, vielleicht«, stimmte Verne zu. »Vielleicht hat er aber auch erkannt, dass ihm der Schlüssel auf andere Art von Nutzen sein kann. Er konnte sich ausrechnen, dass wir danach suchen. Also hat er ein kleines Risiko auf sich genommen und das Beweisstück noch etwas länger bei sich behalten. Jedenfalls so lange, bis sich die Gelegenheit bot, es jemand anderem unterzuschieben – und zwar einem der Männer, die zu den Verdächtigen zählen, so wie er selbst.«

»Also Rao oder Laycock«, sagte Hubertine. »Sie glauben, dass es einer von den beiden war?«

»Ich würde nicht so weit gehen, Gustave Grimprel aus dem Trio der Verdächtigen auszuschließen.« Verne schüttelte den Kopf. »Wissen Sie: Als Gustave mir als Leiche für die Nachforschungen zu meinem Roman zur Verfügung stand, da verriet er mir, dass er selbst mit Schusswaffen umzugehen wisse. Überdies hat er in Gesellschaft betont, ein leidenschaftlicher Jäger zu sein.«

»Dann bleibt nur eins zu tun.« Hubertine stand auf. »Wir müssen ihn zur Rede stellen.«

KAPITEL 45

Sonntag, 7. Oktober
Von Bukarest nach Varna

»Worum geht es?«, fragte Grimprel, als er Jules Verne im Abteil erblickte. »Soll ich wieder für eine Romanszene Modell stehen?« Der französische Finanzbeamte verneigte sich vor Hubertine und setzte sich Verne gegenüber in den freien Sessel.

Er war Georges sofort gefolgt, als der ihn im Speisewagen aufgesucht und in den benachbarten Waggon gebeten hatte. Die anderen Passagiere hatten vorgegeben, nichts davon zu bemerken, aber Georges wusste, dass es anders war. Mittlerweile war so viel auf der Jungfernfahrt des Orient-Express geschehen, dass jede Kleinigkeit verdächtig erschien.

Georges umschloss den Schlüssel zum Schrankkoffer mit der Faust. Er mochte den Franzosen mit der korrekten, aber herzlichen Art, und doch musste er ihn mit dem Verdacht konfrontieren, der Attentäter zu sein. »Ich will offen mit Ihnen sprechen, Gustave«, sagte er. »Sie gehören zu den drei Männern, die nicht im Speisewagen waren, als auf Fürst Orjol geschossen wurde. Sie haben den Waggon sogar als Erster verlassen. Würden Sie uns sagen, wohin Sie gegangen sind?«

Grimprels Miene verdüsterte sich. »Sie ... Sie glauben, dass ich der mysteriöse Attentäter bin?« Alle Wärme wich aus seiner Stimme. »Dann ist das hier wohl keine Szene, die Monsieur Verne probt, sondern bitterer Ernst.«

»Diese Situation ist für uns genauso unangenehm wie für

Sie«, versicherte Verne. »Wenn Sie sich geäußert haben, können wir wieder wie normale Menschen miteinander umgehen.«

Grimprel presste die Lippen zusammen. Seine Augen suchten nach etwas an der Decke des Abteils. »Also gut. In mein Abteil bin ich gegangen. Ich wollte mich frisch machen.«

Das kam einem Geständnis gleich.

»Tatsächlich?«, entfuhr es Georges. »Gustave, bitte überlegen Sie genau, was Sie sagen. Sind Sie wirklich in Ihr Abteil gegangen?«

»Wie oft soll ich mich wiederholen?«

»Sie teilen sich ein Compartiment mit Doktor Diehl und Fürst Orjol«, erklärte Georges. »Die Schüsse auf den Fürsten sind in genau diesem Abteil abgefeuert worden. Nur Augenblicke nachdem Sie, wie Sie sagen, dorthin gegangen sind.«

Grimprel öffnete den Mund und schloss ihn gleich wieder. Er blinzelte. »Ich …« Hinter seiner Stirn waren die Gedanken zu sehen, wie sie in Schwärmen aufflogen. »Ja, ich … Nein. Vielleicht habe ich mich ja in der Nummer geirrt. Wir hatten neue Compartiments erhalten, und in dem Durcheinander habe ich wohl die Zahlen verwechselt.«

»Monsieur Grimprel«, sagte Verne, »Sie wollen uns doch nicht weismachen, dass Sie als einer der Leiter der Pariser Finanzverwaltung zwei zweistellige Zahlen miteinander verwechseln könnten? Und dadurch in einem Abteil landen, das nicht das Ihre ist, und diesen Umstand nicht bemerken?«

Grimprel warf die Arme in die Luft. »Natürlich kann so etwas passieren. Es war dunkel und außerdem …«

Gerade wollte Georges darauf hinweisen, dass die Gänge und Abteile im Orient-Express stets bis zur Schlafenszeit hell erleuchtet waren und danach noch Nachtlichter brannten, da lehnte sich Hubertine vor und legte Grimprel eine Hand auf den Arm.

»Gustave«, sagte sie mit sanfter Stimme, »was Sie hier tun, ist heldenhaft. Aber Sie stürzen sich ins Unglück, und alle, denen Sie etwas bedeuten, werden darüber sehr traurig sein.«

Grimprel zog den Arm weg und sprang auf. »Ich weiß nicht, worauf Sie hinauswollen, Mademoiselle, aber es ist impertinent. Ich bitte um Erlaubnis, dieses Tribunal verlassen zu dürfen.« Ohne die Antwort abzuwarten, riss er die Tür auf.

Georges wollte ihn festhalten, doch Hubertine gab ihm zu verstehen, sitzen zu bleiben. »Gustave«, sagte sie leise.

Grimprel drehte sich um. »Was ist denn noch?«

»Danke für Ihre Hilfe.«

»Impertinent!«, stieß der Franzose noch einmal hervor und stürmte auf den Gang. Seine Schritte verklangen.

»Wollen wir ihn nicht aufhalten?« Vernes Blick flog von einem zur anderen.

»Das ist nicht nötig«, sagte Hubertine. »Gustave Grimprel ist unschuldig.«

Georges hob die rechte Augenbraue. »Ich glaube, das musst du uns erklären.«

Verne spitzte genüsslich die Lippen. »Das verspricht, interessant zu werden.«

Hubertine bewegte den Mund. Sie schien die Worte erst auf der Zunge reifen zu lassen, bevor sie sie freiließ. »Monsieur Grimprel war nicht in seinem Abteil. Er hat uns nicht die Wahrheit gesagt und sich stattdessen in Widersprüche verstrickt, weil er jemand anderen nicht in Verlegenheit bringen will.«

»Er schützt den Täter?« Georges runzelte die Stirn. »Aber warum?«

»Nicht den Täter, sondern Léonie Tafel«, korrigierte Hubertine. »Er ist der jungen Wienerin zugetan. Und sie ihm auch, wenn ich das richtig beobachtet habe.« Dann zählte Hubertine die Gelegenheiten auf, bei denen sich das gezeigt hatte. »Zuerst waren sie mir auf dem Bahnhof von Budapest zusammen aufgefallen, da flanierten sie Arm in Arm den Bahnsteig entlang.

Kurze Zeit später bewies Gustave, dass er eifersüchtig auf jeden war, der sich Léonie näherte. Als die Musiker in Szegedin zustiegen und einer versuchte, mit Léonie zu tanzen, da ging Gustave dazwischen, ziemlich rüde, wie ich fand. Und dann, als Fürst Orjol angeschossen wurde, war nicht nur Grimprel aus dem Speisewagen verschwunden, sondern auch Léonie.« Sie schaute Georges und Jules Verne an und schien darauf zu warten, dass sich das Bild in der Fantasie der anderen vervollständigte.

»Sie glauben, die beiden hatten ein Stelldichein, während nebenan ein Attentat verübt werden sollte?« Vernes Pfeife hing ungeschmaucht in seiner reglosen Rechten.

»Ja, und es war nicht ihr einziges Rendezvous«, fuhr Hubertine fort. »Ist Ihnen nicht aufgefallen, dass sie ihr Versteckspiel auf Schloss Peleș wiederholt haben? Erst verschwand Gustave im Waschraum, kurze Zeit drauf Léonie.«

»Natürlich!« Georges hielt sich eine Hand gegen die Stirn. »Marie Luise hat nach ihrer Duettpartnerin gesucht, als sie dem Königspaar am Flügel aufspielen wollte, konnte Léonie jedoch nirgendwo finden. Und Grimprel blieb so lange weg, dass er nicht mehr rechtzeitig zum Umkleiden kam. Ich musste seinen Anzug mitnehmen. Auf dem Weg vom Schloss zum Bahnhof in Sinaia kam Gustave dann hinter uns her.«

»Aber da war Léonie längst wieder bei der Gruppe«, wandte Verne ein. »Sie unterhielt sich mit mir.«

Hubertine schüttelte den Kopf. »Die beiden sind natürlich nicht gleichzeitig verschwunden und wieder aufgetaucht. Das wäre jedem sofort aufgefallen. Gustave ließ Léonie vorgehen, wartete eine Weile und kehrte dann selbst zurück.«

»Ich muss zugeben«, sagte Verne, »dass ich in heimlichen Liebesdingen unerfahren bin. Aber ich lerne gerne etwas dazu. Wer weiß, wann es nützlich sein wird.«

Jetzt verstand Georges, warum Grimprel sich um Kopf und

Kragen geredet hatte. »Er will Léonie schützen. Er gerät lieber unter Mordverdacht, als seine Geliebte in Verlegenheit zu bringen.«

»Ich werde einen Ritterroman schreiben«, sagte Verne, »und Gustave wird der Parzival sein. Aber seien Sie mir bitte nicht böse, Mademoiselle, wenn ich Ihrer Theorie die Daumenschrauben anlege. Wir müssen prüfen, ob sie auch unter Belastung standhält.«

»Nur zu«, forderte Hubertine ihn auf.

»Könnte es sein, dass Monsieur Grimprel der Attentäter ist und sich mit seiner kleinen Liebelei ein Alibi verschafft? Das wäre raffiniert, nicht wahr? Er erzählt uns nichts von Léonie, sondern fädelt alles so ein, dass wir von selbst darauf kommen. Das macht ihn nur noch glaubwürdiger.«

»Monsieur Verne«, hob Hubertine an, »Sie schreiben zu viele Romane. Gustave Grimprel ist unschuldig. Wenn meine bisherigen Beobachtungen nicht genügen, um Sie davon zu überzeugen, wie wäre es dann mit einer weiteren? Am Anfang unserer Reise hockte ich im Gepäckwagen hinter dem Tigerkäfig, als der Unbekannte kam und den Dolch aus dem Koffer nahm.«

Der kleine Schlüssel in Georges' Hand fühlte sich warm an. »In dem Moment hätte er mich beinahe entdeckt, denn die Tigerin machte ein Geräusch«, fuhr Hubertine fort. »Wenn er zum Käfig hinübergeschaut hätte … ich weiß bis heute nicht, was mit mir geschehen wäre. Aber er tat es nicht. Stattdessen setzte er sein Werk fort, als sei nichts geschehen. Versteht ihr? Keine vier Schritte von ihm entfernt knurrt eine Raubkatze, und er schaut nicht hin!«

»Das kann nur eins bedeuten«, sagte Georges.

»Es kann zweierlei bedeuten«, verbesserte Verne. »Entweder wusste der Unbekannte, dass der Tiger im Gepäckwagen war. Oder er hat das Geräusch nicht gehört.«

»Dann müsste er aber ein Problem mit den Ohren haben«,

kommentierte Hubertine. »Doch auf Grimprel trifft das nicht zu. Als ich ihm gerade noch leise etwas gesagt habe, hat er sofort reagiert, obwohl er quasi schon auf dem Gang stand.«

»Er wusste auch nichts von der Tigerin«, sagte Georges. »Das wussten nur meine Zugbegleiter sowie Sajadschi Rao und Edmond Laycock.«

»Laycock und Rao sind außerdem die Einzigen, die außer Grimprel den Speisewagen verlassen haben, kurz bevor der Schuss fiel«, sagte Verne. »Wir kommen der Lösung näher.«

KAPITEL 46

Sonntag, 7. Oktober
Von Bukarest nach Varna

Ein Pfiff gellte durch die Nacht. Georges sprang auf. »Das ist das vereinbarte Signal!«, sagte er zu Hubertine und Jules Verne, die ihn überrascht ansahen. »Ich habe Adolphe-Victor gebeten, die Pfeife zu betätigen, wenn die Grenze nach Bulgarien in Sicht kommt.«

»In Sicht?« Verne deutete zum Fenster. »Aber draußen ist es stockfinster.«

»Nicht mehr lange.« Georges beugte sich zum Fenster, öffnete die Schnappriegel, schob es hinunter und lehnte sich hinaus, um nach vorn zu sehen. Frische Nachtluft wehte herein, das Rattern der Räder wurde hörbar. Er musste einige Augenblicke warten, doch als der Zug in eine Kurve fuhr, bot sich ihm der Blick nach vorn – auf eine Kette von Lichtern in der Ferne.

»Die Grenze nach Bulgarien führt über die Donau«, erklärte er, nachdem er sich wieder zu Hubertine gesetzt hatte. »Eigentlich muss man den Fluss in Giurgiu mit einer Fähre überqueren, um in Rustschuk zu landen. Das hätte bedeutet, dass wir den Orient-Express hätten zurücklassen müssen. Erst kurz vor unserer Abfahrt aus Paris habe ich die Bestätigung erhalten, dass eine Brücke über den Fluss fertiggestellt worden ist, die König Carol hat bauen lassen, damit seine geliebten Eisenbahnen übersetzen können und sich Rumänien mit dem Nachbarland Bulgarien verbindet.« Er lächelte. »Wie ich sehe, führt sie, hell erleuchtet, von Ufer zu Ufer. Wir entkommen dem König mit dessen eigener Unterstützung.«

Kurz darauf war das unverwechselbare Rattern zu hören, das erklang, wenn der Zug über eine Brücke fuhr. Hubertine und Verne versuchten, einen Blick auf den Fluss zu erhaschen. Doch die Lichter der Brücke ließen alles, was dahinter und darunter lag, in Schwärze versinken.

»Wir sind in Bulgarien«, stellte Georges fest. »Jetzt kann uns nichts mehr passieren.« Er runzelte die Stirn. Warum hörte das Rattern nicht auf? Sie waren doch von der Brücke herunter!

»Dann sollten wir uns den nächsten Verdächtigen vornehmen.« Verne stopfte seine Pfeife neu. »Ich kann es kaum erwarten, diesen Fall zu lösen, und wir sind nah dran.«

Georges teilte die Begeisterung des Schriftstellers nicht. Immerhin waren sie im Begriff, jemanden zu überführen, der es fertigbrachte, mit einem Dolch und einer Pistole auf andere Menschen loszugehen.

»Wer ist als Nächster dran?«, fragte Georges.

In diesem Moment öffnete sich die Tür, und Edmond Laycock steckte den Kopf ins Abteil. »Monsieur Georges?«, fragte er. »Der Lokomotivführer war im Speisewagen und hat nach Ihnen gesucht. Er sagte, es sei dringend.«

Georges wechselte einen verwunderten Blick mit Hubertine und Verne. »Hat er gesagt, worum es sich handelt?«

»Er rief etwas von einem Achslager unter dem Speisewagen. Und er schien aufs Äußerste erregt zu sein. Als Mister Pullman ihm sagte, Sie seien im hinteren Schlafwagen zu finden, bat er uns, Sie herbeizuholen, damit er sofort zu der schadhaften Stelle zurückkehren könnte.«

Georges drängte an Laycock vorbei und war schon auf dem Gang, als Hubertine ihm etwas hinterherrief. Er verstand die Worte nicht, drehte sich nicht nach ihr um. Der Zug. Der Zug musste weiterfahren.

Im Speisewagen saßen, obwohl es bald Mitternacht war, noch fast alle beisammen. »Sind wir jetzt in Bulgarien?«, fragte Marie Luise. Georges hörte Blowitz antworten, dann war er schon durch das Restaurant hindurch. Er riss die Tür zum Rauchsalon auf, erwartete, dass ihm Qualm entgegenschlug, aber die Luft war klar. Es roch nicht mal verbrannt. Wo war Adolphe-Victor? Er wollte sich doch hier mit ihm treffen! Oder was hatte Laycock gesagt? Georges fasste sich ins Haar. Er konnte sich nicht genau erinnern. War das Problem denn nicht das Achslager unter dem Speisewagen? War etwa ein weiteres kaputtgegangen?

Er lief weiter nach vorn, irgendwo musste der Lokomotivführer ja sein. Doch weder im vorderen Schlafwagen noch im Gepäckwagen traf Georges jemanden an, und als er schließlich am Schlepptender angekommen war und über die Kohlen hinweg zum Führerhaus spähte, sah er zwei Gestalten im Widerschein der Feuerkiste an den Reglern hantieren: Clément und Adolphe-Victor.

Was dachte sich dieser Kerl bloß dabei, Georges durch den ganzen Zug laufen zu lassen? So brenzlig schien die Situation doch nicht zu sein. »He, Adolphe-Victor!«, rief er über den Tender hinweg, doch die beiden Männer im Führerhaus hörten ihn nicht. Er musste wohl oder übel nach vorn gehen.

»Was ist denn los?«, fragte er, als er die Lok erreicht hatte.

Adolphe-Victor und Clément schauten ihn an, überrascht, wie es schien, aber das war im Licht der glühenden Kohlen nicht genau zu erkennen. »Was soll los sein?«, fragte der Lokomotivführer. »Wir sind in Bulgarien«, sagte Clément. »Ich wollte dir erst nicht glauben, dass es diese Brücke gibt, Georges, aber du hast recht behalten.«

»Was ist mit dem Achslager?«, rief Georges über das Stampfen der Kolben hinweg. »Funktioniert es wieder?«

»Bis jetzt ja. Wenn wir damit bis nach Konstantinopel kommen, spendierst du uns aber mal kräftig einen!« Adolphe-Victor hob die Fäuste. »Mit diesen Händen habe ich das Ding repariert.«

Im ersten Moment war Georges froh, dass es sich um falschen Alarm gehandelt hatte. Im nächsten überfiel ihn ein ungutes Gefühl. »Warum hast du dann nach mir gesucht?«

»Ich?«, fragte Adolphe-Victor. »Ich hab nicht nach dir gesucht.«

Das ungute Gefühl wurde zu Übelkeit. »Du warst nicht im Speisewagen und hast einen der Fahrgäste gebeten, mich zu holen?«

Adolphe-Victor hatte sein Kopfschütteln noch nicht beendet, da stürzte Georges bereits aus dem Führerhaus und erklomm den Kohlentender. Er musste so schnell wie möglich zurück zu Hubertine und Jules Verne.

*

»Bitte, Sir Laycock, nehmen Sie doch Platz!« Verne machte eine einladende Geste zu dem Sessel hinüber, auf dem zuvor Gustave Grimprel gesessen hatte.

Hubertine fuhr zusammen. Was tat Verne da? »Sollten wir nicht besser auf Georges warten? Er wird bestimmt gleich zurückkehren.«

»Warten?«, fragte Laycock. »Womit?« Er betrat das Abteil und schloss die Tür. Der Aufforderung, sich zu setzen, folgte er nicht. Er hatte seinen Spazierstock dabei und stützte sich mit einer Hand darauf.

Verne räusperte sich. »Bevor Sie herkamen, Sir Laycock, stellten wir uns gerade einige Fragen, bei deren Beantwortung Sie uns vielleicht helfen können.«

»Aber gern«, sagte der Brite, »ich hoffe nur, Sie setzen nicht zu viele Erwartungen in mich. Ich fände es bedauerlich, Sie enttäuschen zu müssen.«

Hubertine suchte nach einer Möglichkeit, Verne aufzuhalten. Die Neugier trieb den Schriftsteller dazu, überstürzt zu handeln. Irgendwie musste sie Zeit gewinnen, bevor …

»Ich habe ebenfalls eine Frage«, sagte Laycock. »Wenn Sie erlauben, stelle ich meine zuerst.«

Hubertine erhob sich. Sie musste verhindern, dass Georges das Gespräch verpasste. Am besten war es wohl, das Ganze ein wenig zu verzögern. »Ich hole etwas zu trinken. Für Sie ein Glas Wein, Jules? Und was kann ich Ihnen bringen, Edmond?« Ihre Hand lag bereits auf der Türklinke, da versetzte ihr Laycock einen Stoß, dass sie zurück auf den Diwan fiel.

Im nächsten Augenblick hielt der Brite eine Pistole in der Hand, der Lauf war auf Hubertine gerichtet. »Ich trinke heute Abend nichts«, sagte Laycock. »Ihre Unvorsichtigkeit ist schon berauschend genug.«

Einen Moment lang herrschte Stille im Abteil – der Anblick der Pistole hatte alle zum Schweigen gebracht. Hubertine dachte daran, Laycock die Waffe aus der Hand zu schlagen. Sie war schon mit kräftigeren Männern fertiggeworden, aber die hatten sie nicht mit dem Tode bedroht.

»Also waren Sie es, Edmond«, stellte Verne fest. »Viele Möglichkeiten blieben ja nicht. Ich muss gestehen, ich hatte auf Ihren Begleiter, den Maharadscha, gesetzt.«

»Rao? Der kann vielleicht auf Tiger schießen, vielleicht sogar von Angesicht zu Angesicht, aber Subtilität und Zurückhaltung liegen ihm fern. Jedes Kind hätte geglaubt, dass er der Attentäter ist, und Sie, Monsieur Verne, erst recht.«

Verne verzog den Mund. »Der Täter macht seinem Opfer ein fragwürdiges Kompliment. Das muss ich mir merken.«

Laycock klopfte mit dem Stock auf den Boden. »Lange werden Sie Ihr Gedächtnis nicht strapazieren müssen, Jules. Sie erreichen bald die Endstation.«

Hubertine suchte nach einer Möglichkeit, Laycock anzugreifen, die Pistole wegzustoßen, aber dazu hätte sie sich zunächst aus dem weichen Polster des Diwans hocharbeiten müssen. Auf einer einfachen Holzpritsche wäre das kein Problem gewesen. Verdammter Luxus! »Was haben Sie vor, Edmond? Georges wird gleich zurückkehren. Dann sind Sie geliefert.«

Laycock ging nicht darauf ein. Er trat einen Schritt vor und drückte Hubertine den Lauf der Pistole gegen die Stirn. Das Metall war kalt. Ihre Bauchdecke verkrampfte sich. Sie versuchte zurückzuweichen, aber die Lehne des Diwans hielt sie auf.

»Erschießen Sie uns jetzt?«, wollte Verne wissen.

»Keine schlechte Idee«, erwiderte Laycock.

»Ich muss widersprechen«, wandte Verne ein. »Es wäre eine schlechte Idee. Denn der Schuss wird im nächsten Waggon zu hören sein. Sie erinnern sich gewiss an den Menschenauflauf vor Ludomir Orjols Abteil, nachdem Sie ihn in den Rücken geschossen hatten. Und Sie erinnern sich wohl auch daran, wie schnell alle vor meinem Abteil standen, als ich mit Monsieur Grimprel für den Roman geprobt habe.«

»Halten Sie den Mund!«, schnauzte Laycock und richtete die Waffe auf den Schriftsteller. Sein Zorn loderte auf der Flamme, die Verne unter ihm angezündet hatte. Es stimmte: Die Passagiere saßen nebenan im Speisewagen, und ein Schuss würde sie in Aufruhr versetzen.

»Was für ein einfältiger Tölpel Sie doch sind, Verne«, knurrte Laycock. »Es gibt mehr Möglichkeiten als eine Kugel, um Sie beide zum Schweigen zu bringen. Sie tun jetzt genau, was ich sage.«

TAG 5

KAPITEL 47

Montag, 8. Oktober
Von Bukarest nach Varna

Nie zuvor waren Georges die Waggons zu lang erschienen. Stets hatte er sie sich noch größer gewünscht, um noch mehr Platz für seine Einfälle zu haben. Den vorderen Gepäckwagen durchmaß er mit wenigen Schritten, im vorderen Schlafwagen kam ihm Bernard mit einem Stapel Handtücher entgegen. Georges stieß ihn beiseite, die Tücher landeten auf dem Boden. Er riss die nächste Tür auf, hastete über die Plattform in den Speisewagen und eilte am Rauchsalon vorbei. Im Restaurant saßen die Fahrgäste. Laycocks Platz war leer.

Laycock war der Attentäter. Der Brite musste mitbekommen haben, dass Grimprel verhört worden war, vielleicht hatte der Franzose nach seiner Rückkehr in den Speisewagen eine entsprechende Bemerkung fallen lassen. Laycock wusste, dass es nur drei Verdächtige gab und dass er einer davon war. Da Grimprel noch immer frei herumlief, blieben nur zwei Passagiere übrig, und er hatte die Initiative ergriffen, um seiner Überführung zuvorzukommen.

Georges' Schritte polterten durch die gedämpften Gespräche, seine Füße waren schwer, seine Beine arbeiteten zu langsam. Wie weit war es denn noch? Auf eine absurde Art vermeldete sein Gehirn, dass er gerade versuchte, gegen die Fahrtrichtung des Zugs zu laufen und, wenn er schnell genug rannte, auf der Stelle treten würde.

Der Gang im hinteren Schlafwagen war leer. Georges erreichte das Abteil, er riss die Tür auf. Darin war es dunkel. Etwas blitzte auf.

In einer Wolke aus Schmerz explodierte Georges' rechtes Knie, Blitze schossen durch sein Bein, Qual verschlang alle anderen Sinne, sein Blick verschwamm. Alle Nervenenden in seinem Knie mussten freigelegt worden sein. Er ging zu Boden, suchte mit zitternder Hand nach Halt, fand jedoch nur einen Stock, Laycocks Stock, den dieser außer Reichweite brachte. Damit musste der Brite zugeschlagen haben.

»Georges! Nein!«, rief Hubertine.

»Damit ist die Gesellschaft komplett.« Das war Laycocks Stimme.

Irgendwie gelang es Georges, auf dem linken Bein zu knien und das andere nicht zu belasten. Er tastete danach und spürte, wie sich der Stoff seiner Hose mit Blut vollsog. Laycock hatte ihm übel zugesetzt. Der Hieb war klug platziert, einem Schlag gegen den Kopf hätte er vielleicht ausweichen können, wer aber dachte daran, seine Beine zu schützen?

»Laycock.« Georges presste die beiden Silben zwischen den Zähnen hindurch. Mit jedem Augenblick wurde der Schmerz größer, doch die Flammen, in denen sein Knie schmorte, entzündeten noch etwas anderes: Widerstand. Es gelang ihm, die Tränen wegzublinzeln. Undeutlich erkannte er Hubertine auf dem Diwan, die Hände auf dem Rücken. In derselben Position saß Verne auf dem Sessel. Laycock musste die beiden gefesselt haben. Er konnte die Anspannung und Angst im Abteil riechen. Und noch ein Geruch lag in der Luft.

»Die Hände auf den Rücken«, befahl Laycock, »oder ich nehme mir das andere Knie auch noch vor.«

Georges blieb nichts anderes übrig, als zu gehorchen. Laycock schlang etwas um seine Handgelenke und zog es straff. Die Blutzirkulation wurde unterbrochen, und schon im nächsten Augenblick fühlten sich seine Finger wie Presswürste an.

»Sind alle versorgt?« Laycocks Stimme troff vor Überheblichkeit. »Dann wünsche ich Ihnen noch eine gute Reise. Genießen Sie die Fahrt, solange das noch geht.«

Was hatte Laycock vor? Seine Gefangenen erschießen? Warum tat er das nicht einfach? Benebelt vom Schmerz tastete Georges mit geschwollenen Fingern über seine Fessel. Laycock hatte keinen Strick, kein Seil benutzt, sondern etwas Dickeres, etwas mit einem Stoffüberzug. Die Gasleitungen. Sie führten durch den Waggon und versorgten die Lampen mit Propan. Die Leitungen waren aus Gummi und verliefen weitgehend unter der Verkleidung, aber da, wo sie zum Vorschein kamen, hatte Georges sie mit Stoff ummanteln lassen, damit sie auf dem kostbaren Teakholz nicht auffielen. Wäre es hell gewesen im Abteil, hätte er vermutlich sehen können, dass die Leitungen von der Wand gerissen worden waren.

»Sir Laycock«, hörte Georges Verne sagen, »erlauben Sie eine Frage, nichts Persönliches, nur professionelles Interesse.«

Laycock lachte kalt. »Wollen Sie immer noch einen Kriminalroman schreiben, Jules? Sie werden sich damit ein wenig beeilen müssen.«

»Reine Neugier. Die Motivation des Schurken ist immer ein wichtiges Element. Welches Ziel er verfolgt, treibt die ganze Geschichte an. Aber Ihres verstehe ich nicht ganz. Sie hatten es auf Ludomir Orjol abgesehen, haben den Verdacht aber auf Missak Effendi gelenkt. Warum?«

Der Klang von Laycocks Stimme veränderte sich leicht. »Das haben Sie herausgefunden, nicht wahr? Und sich gefragt, welches Motiv dahinterstecken könnte. Habgier vielleicht? Oh nein! In meinem Fall war es das Wohl einer ganzen Nation, meiner Heimat, des britischen Commonwealth.«

»Wie edel!«, keuchte Georges.

»Also steckt doch die große Politik dahinter«, fasste Verne zusammen. »So etwas hatte ich schon vermutet. Sie wollten die internationale Zusammensetzung der Passagiere hier im Zug nutzen, um die Russen gegen die Osmanen aufzubringen, damit der Krieg zwischen den beiden Reichen wieder aufflammt. Wenn Sie mit den Osmanen beschäftigt wären, müssten die Russen ihre Bemühungen einstellen, Einfluss auf den Balkan zu bekommen. Das wäre ein Vorteil für die anderen Mächte Europas, die das ebenfalls versuchen. Aber das ergibt keinen Sinn. Von allen Ländern ist Großbritannien dasjenige, das am wenigsten Interesse am Balkan hat. Die Briten sind vollauf damit beschäftigt, Indien unter Kontrolle zu halten.«

»Sehen Sie?«, sagte Laycock. »Da haben Sie Ihre Antwort.«

Georges hörte den Briten mit der Spitze seines Stocks auf den Boden klopfen.

»Die Russen haben die Osmanen vom Balkan vertrieben, nun wollen sie sich die Region einverleiben. Da das Zarenreich eines der mächtigsten Länder der Welt ist, hat es gute Aussichten, eines Tages den Balkan zu beherrschen. Und genau das ist es, was ich verhindern will. Denn wenn der Zar den Balkan kontrolliert, bekommt er einen Zugang zum Mittelmeer. Verstehen Sie, was das bedeutet?«

Vernes Stimme verriet, dass ein Lächeln auf seinem Gesicht lag, er genoss wohl trotz seiner misslichen Lage den Moment der Erkenntnis. »Natürlich. Das Einzige, was den Russen fehlt, um noch mehr Macht auszuüben, ist ein Zugang zu einem strategisch und wirtschaftlich bedeutsamen Meer. Sie haben zwar die Krim und schippern ein bisschen im Schwarzen Meer herum. Aber um zum Mittelmeer zu gelangen und eine Seemacht zu werden, müssten sie durch die Meerenge am Bosporus fahren. Und den kontrollieren wiederum die Osmanen.«

»So ist es«, stimmte Laycock zu. »Der Balkan ist für den Zaren vor allem ein Sprungbrett ins Mittelmeer. Sobald er davon abgefedert ist, werden es russische Flotten unsicher machen, und von dort aus geht es dann in den Persischen Golf und den Indischen Ozean.«

»Russland würde Großbritannien daran hindern, seine Interessen in Indien wahrzunehmen«, hakte Verne ein. »Russische Schiffe würden die britischen zwar nicht angreifen, aber sie würden in Indien landen, um die Kolonien der Briten zu schwächen.«

»Der Zar würde die Inder vollends gegen uns aufwiegeln«, war nun wieder Laycock an der Reihe. »Er würde sie mit Waffen unterstützen, vielleicht sogar mit Truppen. Er würde ihnen Versprechungen machen und das Ganze mit günstigen Handelswaren versüßen. Ja, Monsieur Verne, Russland würde eine der wichtigsten Kolonien Großbritanniens zu erobern versuchen. Und wenn es das schafft, wird es weiter ausgreifen, bis nach Südostasien und Afrika. Das alles kann ich verhindern.«

»Sie täuschen sich«, stieß Georges hervor. »Sie haben Ihr Ziel verfehlt. Orjol lebt, alle Passagiere wissen, dass er Ziel eines Attentats werden sollte, und was dahinterstecken könnte, wissen auch einige. Wenn Sie den Anschlag auf ihn jetzt durchführen, würde niemand mehr glauben, dass Missak Effendi der Täter ist. Sie haben sich selbst ausmanövriert, Laycock.«

Sein Gelächter ließ Georges' Nackenhaare zittern. »Ich hatte Sie für einen Mann mit Visionen gehalten, Georges«, dröhnte der Brite. »Ausgerechnet Sie sind es doch, der von allen Personen in diesem Zug in den größten Dimensionen denkt. Wozu brauche ich noch Orjol und Missak, wenn mich der Orient-Express in eine ganze Stadt voller Osmanen bringt?«

Mehr musste Laycock nicht erklären. Er würde in Konstantinopel aussteigen und einen Anschlag verüben. Vermutlich von großem Ausmaß. Es würde ihm nicht schwerfallen, die Russen dafür verantwortlich zu machen. Der Krieg zwischen dem Zaren und dem Kalifen wäre die unausweichliche Folge.

Er öffnete die Abteiltür, Licht fiel herein. »Nun muss ich mich von Ihnen verabschieden.«

»Sie lassen uns einfach hier zurück?«, wollte Verne wissen.

»Würde das der Schurke in Ihrem Buch tun?«, fragte Laycock. »Was für ein schlechter Roman.«

»Bitte verreißen Sie meine Geschichte nicht, bevor sie geschrieben ist«, verlangte Verne. »Und geben Sie mir meine Pfeife zurück, als letzten Wunsch meinerseits.«

»Das geht nicht, Monsieur Verne, denn sie wird bei Ihrem Ableben eine nicht unbedeutende Rolle spielen.« Die Stimme des Briten kam schon vom Gang. »Es wird einen Knalleffekt geben, wenn Sie so wollen. Ach, Jules, mir gefällt es, wie Sie mit Ihrem Geschwätz versuchen, Zeit zu gewinnen, die am Ende doch vergeudet ist.« Er lachte. »So viel noch: Ich werde unter denjenigen sein, die den Tod unseres geschätzten Zugleiters, seiner Begleiterin und des berühmten Schriftstellers zutiefst betrauern. Und nun leben Sie wohl, oder wie man in Frankreich sagt: Adieu!«

Die Tür fiel ins Schloss. Ein Schlüssel drehte sich darin.

Georges keuchte und ruckte an seinen Fesseln. Vom Diwan schaute Hubertine auf ihn herab. Sie hustete. Er mühte sich auf die Beine. Das rechte knickte weg, er verlagerte das Gewicht auf das linke und lehnte sich gegen die Wand. Schwindel erfasste ihn. Aber das lag nicht allein am Zustand seines Beins. Der Geruch im Abteil war stärker geworden. »Die Gasleitungen!«, rief er. »Wir müssen das Fenster öffnen.« Laycock hatte die Leitungen aus der Wand gerissen und musste nun die Zufuhr voll aufgedreht haben. Das Rad dafür war im Gang hinter einer Serviceklappe verborgen.

Während Georges sich aufrappelte, rasten ihm die Gedanken durch den Kopf. Vernes Pfeife ... ein Knalleffekt ... Mit einem Mal war ihm klar: Laycock war dabei, auch in den anderen Abteilen die Leitungen zu öffnen und das Gas aufzudrehen, dann würde er die schmauchende Pfeife deponieren und sich entfernen. Sobald die Luft mit Propan gesättigt war, würde sich das Gas entzünden und der Waggon in Flammen aufgehen.

Verne war bereits am Fenster. »Er hat die Schnappverschlüsse umgelegt.«

Georges fluchte. Ohne die Möglichkeit, die Hände einzusetzen, würde dieses einfache Hindernis nicht zu beseitigen sein. Er humpelte zum Fenster hinüber und versuchte es trotzdem. Mit der Schulter drückte er gegen die Scheibe. Das Glas rührte sich nicht. Es hatte sich an den Gummidichtungen festgesaugt, er selbst hatte diese Vorrichtung ersonnen, damit kein noch so winziger Lufthauch von draußen die Ruhe der Fahrgäste stören konnte. Nun drohte diese Ruhe ewig zu währen.

Auch als Verne Georges bei seinen Bemühungen half, bewegte sich das Fenster nicht, ebenso wenig Erfolg hatten sie bei der Tür. Laycock hatte abgeschlossen, und eintreten ließ sie sich nicht.

»Wir müssen hier raus.« Hubertine war aufgestanden, fiel jedoch sofort wieder zurück in die Kissen des Diwans. Ihr Gesicht hatte alle Farbe verloren. Das Gas begann zu wirken.

Verne gähnte. Luftnot erfasste auch Georges. Gab es denn nichts, womit man das Fenster oder die Tür zertrümmern konnte? »Hubertine«, rief er, »wach auf!«

Sie rührte sich nicht, sie antwortete nicht.

»Du musst aufstehen!« Er stieß sie mit einem Fuß an. Allmählich drangen die Worte zu ihr durch. Mit schleppenden Bewegungen kam sie auf die Beine, hielt sich mit einer Hand an der Hutablage fest und rieb sich mit der anderen die rechte Schläfe.

Wenn sie nicht im nächsten Augenblick Luft in das Abteil strömen ließen, würden sie einschlafen und ersticken. Es sei denn, das Gas erreichte zuvor Vernes Pfeife in einem der anderen Abteile und steckte alles in Flammen.

Verne stand auf, kippte aber sofort wieder zurück in den Sessel. Er krächzte etwas Unverständliches, seine Stimme war kaum mehr als ein Flüstern.

»Was?« Ein Brennen füllte Georges' Kehle. Er musste sich anstrengen, um Luft zu holen, sein Körper wehrte sich gegen das Propangas.

Vernes Kopf fiel in seinen Nacken, und er lag still. Hubertine ging es nicht besser, sie war zurück auf den Diwan gesunken. Georges hätte schreien mögen, aber ihm fehlte der Sauerstoff. Da klopfte es an der Tür.

Erst glaubte er, das Pochen des Blutes in seinen Ohren zu hören, dann wiederholte sich das Geräusch. Es wurde begleitet von einer Stimme, die so herrlich klang wie Musik. »Mademoiselle Berthier? Monsieur Nagelmackers? Monsieur Verne? Ich bin's noch mal, Gustave Grimprel. Mademoiselle Tafel ist bei mir. Wir möchten mit Ihnen reden.«

»Verschwinden Sie!«, krächzte Georges durch die geschlossene Tür. Das Gas scheuerte in seiner Kehle. »Der Waggon … geht gleich in Flammen auf!«

»Georges!« Das Klopfen schien Hubertine wachgerüttelt zu haben.

»Georges!«, rief auch Grimprel vom Gang her. »Jetzt hören Sie mir mal zu. Es war nicht meine Idee, noch einmal zurückzukehren, aber Léonie hat darauf bestanden. Schenken Sie uns nur ein paar Minuten Ihrer Zeit, damit …«

»Raus aus dem Waggon«, brachte Georges hervor, so laut er konnte, aber entweder drang es nicht allzu deutlich durch die Tür, oder Grimprel stellte sich taub.

Die Türklinke bewegte sich.

»Wir sind hier drin gefangen«, rief Hubertine.

Grimprels Stimme war zu hören, er rüttelte an der Tür. Vielleicht lag es daran, dass eine Frau um Hilfe rief. Im nächsten Moment zitterte die Tür von schweren Schlägen.

Ohne Erfolg.

Wie zuvor hielt das Holz dem Angriff stand. Georges verfluchte sich selbst, so massive Türen in die Abteile eingesetzt zu haben.

»Treten Sie zurück, Mesdames et Messieurs«, rief Grimprel. »Ich werde schießen.«

Bevor Georges vor der Gefahr durch das Gas warnen konnte, fiel ein Schuss, dann ein zweiter und ein dritter. Holz splitterte. Stöße – oder waren es Tritte – erschütterten die Tür. Dann krachte etwas, und ein Spalt war zu sehen. Finger erschienen darin, und nach einigen weiteren Schlägen Grimprel. »Mon dieu!« Er hielt sich eine Hand vor den Mund.

»Öffnen Sie das Fenster!« Georges wusste nicht, ob er überhaupt noch Laute herausbrachte oder ob der Geruch Grimprel von selbst dazu trieb, das Fenster zu entsichern und die Scheibe herunterzuschieben. Er öffnete den Mund und atmete so viel Luft ein, dass er glaubte, für die anderen bleibe nichts mehr übrig.

»Was ist denn hier los?« Léonie Tafel streckte den Kopf an der zerstörten Tür vorbei ins Abteil. »Was tun Sie denn hier drin im Dunkeln? Und warum riecht es im gesamten Waggon so komisch?«

Georges drehte Grimprel den Rücken zu. »Nehmen Sie mir die Fesseln ab, Gustave! Schnell!« Er spürte, wie Grimprel an den Schläuchen nestelte.

»Treten Sie besser auf den Gang hinaus, Georges«, sagte er. »Hier drin kann ich nichts erkennen.«

»Gummischläuche!«, platzte es aus Georges heraus. »Das sind Gummischläuche. Dehnen Sie sie. Dann kann ich die Hände herausziehen.«

Einen Augenblick später war er frei. Er stieß Léonie zur Seite und humpelte zum nächsten Abteil, riss die Tür auf und öffnete das Fenster, dasselbe tat er mit dem Abteil daneben. Léonie, die ihn beobachtet hatte, reagierte geistesgegenwärtig, lief an ihm vorbei und übernahm das folgende Compartiment. Nach einigen bangen Minuten strömte von überall frische Luft in den Waggon. Nun blieb nur noch, die Gaszufuhr abzudrehen. Georges erledigte auch das. Dann schlug er die Klappe in der Waggonwand zu, hinter der das kleine Rädchen verborgen war, und lehnte sich dagegen.

Hubertine und Verne kletterten über die Trümmer der Tür und traten in den Gang. Sie schlang die Arme um Georges und drückte ihr Gesicht gegen seine Brust.

»Schauen Sie, was ich gefunden habe.« Léonie hielt eine Pfeife in die Höhe. »Die lag in einem der Abteile einfach auf dem Boden. Gehört die nicht Ihnen, Monsieur Verne?«

Der Schriftsteller nahm ihr das Rauchutensil ab. »Ausgegangen«, stellte er fest. »Wie lange habe ich mir wegen dieser Pfeife Vorwürfe gemacht. Jules, habe ich mir gesagt, du bist ein knauseriger Alter geworden. Statt dir eine Butz-Choquin zu leisten, gibst du dich mit einer Chacom zufrieden. Ständig geht das Ding aus, wenn man nicht daran zieht.«

KAPITEL 48

Montag, 8. Oktober
Von Bukarest nach Varna

»Was sagen Sie da? Sir Laycock ist der Attentäter?« Grimprel fragte schon zum zweiten Mal nach. »Léonie und ich sind ihm auf dem Weg hierher begegnet. Er verhielt sich ganz normal und hat uns zugenickt, freundlich wie immer.«

»Natürlich hat er das«, sagte Georges atemlos. »Es hat ihm in die Hände gespielt, dass Sie beide auf dem Weg zu uns waren.«

Verne legte Georges eine Hand auf den Arm und ergänzte mit heiserer Stimme: »Wenn Sie, Monsieur Grimprel, mit uns gestorben wären, hätte Laycock die anderen Passagiere glauben machen können, dass Sie der Attentäter waren, wir Sie überführten und daraufhin etwas geschah, das den ganzen hinteren Schlafwagen in Brand gesetzt hat. Niemand hätte Zweifel daran gehabt.«

»Was für ein Unmensch!« Léonie schnaubte empört.

Verne hustete, hielt sich an Georges fest und ließ sich zusätzlich von Hubertine stützen.

»Danke«, sagte Georges zu Grimprel und Léonie. »Wenn Sie nicht gekommen wären …«

»Léonie hat darauf bestanden«, erklärte der Franzose. »Sie hat nicht akzeptiert, dass ich als Attentäter unter Verdacht blieb, weil ich sie schützen wollte. Als ich mich weigerte, die Angelegenheit aufzuklären, wollte sie es selbst tun. Was blieb mir übrig? Ich musste hinterher.«

»Ich hätte nie gedacht, dass die Sturheit einer Frau mal zu etwas gut sein kann«, presste Verne zwischen zwei Hustenanfällen hervor.

»Nennen Sie es ruhig Klugheit und Durchsetzungsvermögen«, verbesserte Hubertine und klopfte ihm den Rücken.

Verne hustete erneut. Krämpfe schüttelten seinen Körper.

»Ich hole ein Glas Wasser.« Léonie lief zum Waschraum.

Georges bat Grimprel, sich um den Schriftsteller zu kümmern, und setzte sich ebenfalls in Bewegung. Laycock war irgendwo im Zug und wartete darauf, dass der Schlafwagen in Flammen aufging. Wenn das nicht geschah, würde er sich etwas anderes einfallen lassen, um nicht zur Rechenschaft gezogen zu werden. Möglichkeiten gab es genug. Der Gedanke daran half Georges, die Schmerzen in seinem Knie zu ignorieren, ebenso wie Vernes Rufe, die in einer neuerlichen Hustenkaskade endeten.

Mit Hubertines Stimme gelang das nicht. »Georges!« Sie kam hinter ihm her und hielt ihn am Arm fest. »Was hast du vor?«

»Ich muss Laycock aufhalten, bevor er weitere Menschen in Gefahr bringt.«

»Aber du bist verletzt«, wandte sie ein.

»Dieser Mann hat das Leben meiner Passagiere bedroht und meinen Zug für seine Intrigen missbraucht. Ich werde ihn an den Ohren ins Gefängnis schleifen, wenn es sein muss.«

»Jules! Was ist mit Ihnen?« Léonies Stimme klang schrill. Verne lag auf dem Boden und schnappte nach Luft. Grimprel kniete daneben und schlug seinem Landsmann gegen die Wangen.

»Hilf ihnen, Hubertine!«, rief Georges. Er humpelte weiter den Gang entlang und musste sich kurz vor dem Ausgang an der Wand abstützen, bis der Schmerz in seinem Knie nachließ. Welch Ironie: Jetzt wünschte er sich Laycocks Stock herbei. Als er sich noch einmal umwandte, sah er, dass Hubertine die Ärmel ihres Kleids bis zu den Ellbogen hinaufgeschoben hatte, zu den anderen zurückgelaufen war und mit ihnen versuchte, Verne aufzurichten.

Georges erreichte das Ende des Waggons und öffnete die Tür. Vor ihm lag, schwach beleuchtet, die Plattform zum Speisewagen. Die gegenüberliegende Tür war ebenfalls geöffnet, im Licht war eine Gestalt zu erkennen. Laycock wartete in sicherer Entfernung darauf, dass sich sein Werk von selbst vollendete. Als er Georges bemerkte, fuhr sein Arm in die Höhe.

Georges warf die Tür zu und presste sich mit dem Rücken gegen die Wand des Schlafwagens. Die Kugel schlug in das Holz ein. Es folgte kein weiterer Schuss. Georges versuchte seinen Atem zu beruhigen, dann öffnete er die Tür einen Spaltbreit und spähte auf die Plattform hinaus.

Laycock war verschwunden. Wo er gestanden hatte, leuchtete die weiße Uniform Sajadschi Rao III. »Was ist geschehen?«, rief der Maharadscha Georges entgegen.

»Wo ist Laycock?« Georges trat auf die Plattform hinaus.

»Meinen Sie etwa Sir Edmond?«, fragte der Inder hochnäsig, dann starrte er auf Georges' Beine. »Sie sind ja verletzt.«

Georges riss der Geduldsfaden. Er packte Rao an der Uniform. »Wo ist er?«

»Gerade an mir vorbei ins Restaurant gelaufen. Ein paar von uns sind noch dort, und wir hatten einen Schuss gehört. Ich wollte nach dem Rechten sehen, da kam mir Sir Edmond entgegen. Er war außer sich.«

Trotz des pochenden Knies war Georges mit wenigen Schritten im Restaurant. Einige Tische waren besetzt, seine Passagiere schauten ihm entgegen, die Neugier in den Gesichtern wechselte zu Erschrecken. Laycock war nicht da. Es gab nur eine Richtung, in die er verschwunden sein konnte.

Georges hinkte zwischen den Tischen hindurch, er stützte

sich ab, riss einen Teller herunter. Besteck klimperte zu Boden. Rufe und Fragen verfolgten ihn.

Laycock erwartete ihn vor dem Rauchersalon – mit gezückter Pistole, die er auf Georges richtete. »Keinen Schritt weiter, Nagelmackers.« Er spannte den Hahn mit einem Klicken, das in dem geräuschgedämmten Waggon wie ein Hammerschlag auf einen Stahlnagel klang.

Georges erstarrte. »Es geht nicht mehr weiter, Laycock. Legen Sie die Waffe weg.«

Laycock drückte ab. Im selben Moment lief Rao an Georges vorbei auf den Briten zu. Der Inder wurde zurückgeworfen, ging zu Boden und riss Georges mit sich.

»Rao!«, schrie Laycock.

Als Georges sich aufrappelte, um dem Maharadscha zu helfen, kam der bereits auf die Füße. Zwei Finger breit über dem Hosenbund blühte eine rote Blume auf seiner weißen Uniform. Er taumelte auf Laycock zu, der ihm mit der Waffe drohte. »Zurück!«

Rao hatte Laycock fast erreicht, als dieser sich umwandte, um zu entkommen. Der Arm des Inders schoss vor, er bekam Laycocks Hand zu fassen und drückte so fest zu, dass der Brite die Pistole fallen ließ.

»Halten Sie ihn fest!« Georges versuchte, Laycock zu packen, aber in dem Handgemenge knickte sein Bein weg, und er ging wieder zu Boden. Als er aufsah, lief Laycock davon und stürmte durch die Tür am Ende des Speisewagens.

Sajadschi Rao III. saß auf dem Gang, lehnte mit dem Rücken gegen den Rauchsalon und hatte eine Hand gegen die Hüfte gepresst. Sein Gesicht war nass von Schweiß, doch er lächelte Georges entgegen und hielt Laycocks Pistole in die Höhe.

»Holen Sie den Doktor her!«, rief Georges in Richtung der Passagiere, da lief Diehl schon an ihm vorbei und ging neben Rao in die Knie. Georges beugte sich zu dem Inder hinab. »Ich danke Ihnen!«, sagte er. »Sie haben mir das Leben gerettet.« Dasselbe hatte er erst vor wenigen Minuten zu Grimprel und Léonie gesagt. Die Gefahr hatte die Fahrgäste des Orient-Express zusammengeschweißt, aber jetzt war es allein seine Aufgabe, Laycock zu stellen.

Rao griff nach seinem Arm. »Schnappen Sie sich diesen Übeltäter.«

»Keine Sorge«, erwiderte Georges. »Ich werde mich in angemessener Weise um Sir Edmond kümmern.«

»Um Laycock«, gab der Maharadscha zurück und lachte mit schmerzverzerrtem Gesicht, dass seine Ohrringe schaukelten.

KAPITEL 49

Montag, 8. Oktober
Von Bukarest nach Varna

Nun saß Laycock in der Falle. Der Schurke konnte sich nur im nächsten Waggon aufhalten, dem vorderen Gepäckwagen, darauf folgten bloß noch der Kohlentender und die Lok mit Clément und Adolphe-Victor. Gegen die beiden Männer würde Laycock ohne seine Pistole nichts ausrichten können.

Georges hielt den Atem an, als er den Gepäckwagen betrat. Im Innern war es dunkel. Er griff nach dem Lichtschalter und drehte ihn. Es klackte, nichts geschah.

Georges trat zur Seite, um kein Ziel für einen Angriff abzugeben, und lauschte. Da war das Rattern der Räder, das Knarren der Bohlen, das Pfeifen des Windes und das Rasseln der Aufhängungen. Er ging einen Schritt vorwärts. »Laycock, geben Sie auf. Sie haben verloren.«

Etwas klatschte gegen sein Gesicht. Er schrie auf und sprang zur Seite, sein Knie protestierte. Er duckte sich. Als nichts geschah, streckte er eine Hand aus. Seine Finger bekamen etwas zu fassen, griffen in die Maschen einer Hängematte, einer der Schlafkojen der Angestellten. Sie war ihm ins Gesicht geschaukelt.

Laycock war nicht hier. Der Brite hätte ihn aus der Dunkelheit angreifen können, das jedenfalls hätte er an seiner Stelle getan.

Georges tastete sich bis zur Tür durch den Waggon. Er zog

sie auf und stand vor dem Schlepptender. Auf der anderen Seite, über dem Kohlenhaufen, konnte er das Dach der Lokomotive sehen. Als er die Namen des Lokführers und des Heizers rief, reagierte niemand.

Georges tastete nach seinem rechten Knie. Er versuchte aufzutreten und ertrug das Kneifen, ohne den festen Stand zu verlieren. Es war nicht einfach, die Leiter hochzusteigen, ohne das Knie allzu sehr zu beugen, aber irgendwie gelang es ihm. Oben angekommen, sah er nur noch Schwärze: die der bulgarischen Nacht, die des Schlepptenders und, im tiefsten Schwarz von allem, die Kohlen, die sich vor ihm auftürmten.

Erleichterung erfasste ihn, als er im Führerhaus Adolphe-Victor und Clément erkennen konnte. Sie hatten ihm den Rücken zugekehrt und wurden vom Licht einer Öllampe schwach erleuchtet. Weiter vorn waren die Scheinwerfer angeschaltet und zeichneten die Umrisse des Zuges nach. Das rhythmische Stampfen der Dampflokomotive füllte Georges' Ohren, und er spürte, wie der Zug die Dunkelheit durchschnitt.

Laycock war fort. War er vom Zug gesprungen?

Vielleicht hätte Georges die Bewegung unter seinen Füßen gar nicht bemerkt, wäre sein Knie nicht in einem solchen Zustand gewesen, so aber meldeten die malträtierten Nerven jeden Reiz. Etwas ging unter ihm vor, die Kohlen waren ins Rutschen gekommen. Georges schaute auf seine Schuhe, schwarze Flecken auf schwarzen Brocken. Dann kam etwas daraus hervor. Er wurde am rechten Knöchel gepackt, stolperte und stürzte zu Boden. Er schlug mit dem rechten Knie auf. Die Nacht wurde hell, als der Schmerz in seinen Kopf schoss, zusammen mit einem Gedanken: Laycock hatte sich unter den Kohlen versteckt.

Georges konnte nichts mehr sehen, instinktiv hob er einen Arm vor den Kopf. Laycocks Schlag traf seinen Ellbogen. Er versuchte, seinen Widersacher zu packen, griff ins Leere. Noch einmal kam Laycocks Stock auf ihn herab. Georges rollte herum, rutschte mit den Kohlen zur Seite. Der Schlag schmetterte auf seine Schulter, der nächste ging daneben. Der Brite hämmerte im Sekundentakt auf ihn ein. Unter sich spürte Georges den Rand des Tenders. Doch Laycock packte ihn an der Weste und zog ihn zurück auf den Kohlenhaufen. Der Brite wollte nichts dem Zufall überlassen. Wieder sauste der Stock auf ihn nieder. Etwas knirschte. Der Hieb hatte die Larcum Kendall getroffen. Als Laycock den Stock das nächste Mal heben wollte, blieb der Knauf in der Kette der Taschenuhr hängen. Georges griff zu. Seine Schulter protestierte, sein Knie schrie auf, sein Unterarm ächzte, aber er hielt den Stock fest. Laycock zog. Ein gespenstisches Tauziehen war im Gange. Georges hob den Blick und glaubte, Laycocks Augen in der Dunkelheit glühen zu sehen. Nein, das war ein Lichtreflex, jemand war hinter dem Briten aufgetaucht. Hubertine. Sie hielt die Kohlenschaufel in der Hand.

Es gab ein schepperndes Geräusch, als das Schaufelblatt gegen Laycocks Schädel krachte. Lautlos sackte der Brite auf die Knie, kippte zur Seite und rollte über die Kohlen. Diesmal war die Reihe an Georges, Laycock zu packen, bevor er vom Tender kippen konnte. Es blieb dabei: Der Orient-Express würde mit allen Passagieren das Ziel erreichen.

Mit letzter Kraft riss Georges Laycock hoch, dann fiel er selbst. Nebeneinander lagen er und der Brite auf einem Bett aus Kohlen. Von dieser Szene würde er Jules Verne erzählen müssen, der Schriftsteller würde seine Freude daran haben. Georges lachte und weinte zugleich.

»Georges.« Hubertines Gesicht war ganz nah. Ihr Haar hatte sich gelöst und streifte seine Stirn. Trotz des Fahrtwinds stieg der Duft von Farn und Früchten in seine Nase. »Georges, rühr dich nicht. Ich hole Doktor Diehl.«

»Gleich.« Er hielt sie fest und zog ihren Kopf zu sich heran.

»Warum bringst du immer alles durcheinander? In Romanen ist es der Held, der die schöne Frau rettet, nicht umgekehrt.«

»Wir sind hier aber nicht in einem Roman«, sagte sie. Ihre Stimme war Balsam für seine aufgewühlte Seele. »In unserer Wirklichkeit können Frauen ebenso Heldinnen sein.«

KAPITEL 50

Montag, 8. Oktober
Von Bukarest nach Varna

Bulgarien. Das Wort füllte Georges' Kopf aus, drehte sich, sprang auf und ab, blähte sich und schrumpfte zusammen. Bulgarien. Der Orient-Express rauschte durch das östlichste der Balkanländer, und durch die Fenster war nichts zu sehen als Schwärze.

Er schlug die Augen auf. Dass er in seinem Abteil war und auf dem Diwan lag, erkannte er an den Zetteln mit Berechnungen, die an die Decke geheftet waren. Dort hatte er sie selbst dann im Blick, wenn er vor Müdigkeit nicht mehr aufrecht sitzen konnte. Noch im Halbschlaf ging er die Zahlen durch, und wenn er anfing zu träumen, waren es Ziffern und Listen, die ihn im Schlaf begleiteten. Oft wachte er wieder auf und hatte die Lösung für ein Problem parat. Diesmal aber war er nur von diesem einen Wort angefüllt. Bulgarien.

Er drehte den Kopf, was nur schwerlich gelang, denn er konnte die Schulter nicht bewegen, doch allmählich kehrte die Erinnerung an die vergangenen Stunden dieser Nacht zurück. Hubertine hatte ihn auf dem Kohlenwagen vor Laycock gerettet und ihn dann mithilfe von Adolphe-Victor und Clément in sein Abteil gebracht. Dort hatte Doktor Diehl Georges versorgt. Der deutsche Arzt hatte ein angebrochenes Schlüsselbein festgestellt, und der linke Unterarm musste geschient werden. Das verwundete Knie, von allen Verletzungen die schmerzvollste, werde nach einigen Tagen Ruhe wieder normal funktionieren, so Diehls Diagnose.

Was für eine Ironie! Georges hatte bei der Zusammenstellung der Passagierliste darauf geachtet, dass ein Arzt mit an Bord war, damit sich die Passagiere noch sicherer fühlten. Dass die Dienste des Mediziners von ihm selbst benötigt werden würden, hätte er sich allerdings niemals träumen lassen.

Wie viel Zeit war vergangen, seit der Orient-Express die Donau überquert hatte? Seitdem hatten sich die Ereignisse überschlagen. Es war tiefe Nacht gewesen, als er das Bewusstsein verloren hatte. Jetzt schien pfirsichfarbenes Licht ins Abteil. Er schaute zum Fenster hinüber und war für einen Moment geblendet von der aufgehenden Sonne. Dann bekamen die vorbeiziehenden Wiesen und Felder Konturen, und Bulgarien nahm Farbe an. Im Sessel vor dem Fenster saß Hubertine. Sie hatte die Arme auf dem Tischchen verschränkt und den Kopf daraufgelegt. Ihre Augen waren geschlossen.

Georges schlug die bunte Wolldecke beiseite. Er trug nur Unterwäsche. Seine Kleidung lag in einem Haufen auf dem Boden, und er erkannte mit einem Blick, dass er sich etwas anderes zum Anziehen aus dem Koffer würde holen müssen. Die Hose, die Schuhe, das Hemd und die Weste trugen Spuren des Kampfes gegen Laycock, sie waren blutverschmiert, mit Kohlenstaub verdreckt und zerrissen. Er wühlte die Weste hervor.

Die Larcum Kendall steckte noch in der rechten Tasche. Die Uhr hatte ihm das Leben gerettet. Laycocks Stock war an der Kette hängen geblieben, nur einen Schlag des Sekundenzeigers lang, aber das hatte genügt, um das Blatt zu wenden. Das Gehäuse der Taschenuhr war eingedrückt. Georges strich mit dem Daumen über das ziselierte Silber. Die Delle im Dekor markierte einen Zeitpunkt in seinem Leben. Ob im Innern wohl die Zeit weiterlief? Er zögerte, dann ließ er den Deckel aufklappen.

Das Glas hatte einen Sprung, und die Uhr war stehen geblieben. Georges drehte an dem Rädchen, um sie aufzuziehen. Er hielt sie sich ans Ohr. Da war nichts. Gerade, als er glaubte, das Herz seiner treuen Begleiterin habe aufgehört zu schlagen, vernahm er ein leises Geräusch.

»Was sagt sie?«, fragte Hubertine, die Zunge schwer vom Schlaf.

Er schaute sie an. Er liebte sie in jedem Augenblick des Tages, aber wenn sie aus dem Schlaf auftauchte, liebte er sie noch ein bisschen mehr. Ihre Verletzlichkeit währte nur einige Atemzüge lang und verging wie ein Atemhauch auf kühlem Glas.

»Die Uhr.« Sie straffte sich und deutete auf die Larcum Kendall in seiner Hand.

Er klappte den Deckel zu und schloss die Finger darum. »Dass es mehr zu gewinnen und zu verlieren gibt als die Zeit.«

Georges hätte nicht gedacht, dass ihn nach den letzten vier Tagen noch etwas in Erstaunen versetzen könnte. Dennoch war er überrascht, als er feststellte, dass ihm all das Durcheinander, dass ihm die regelrechte Auflösung des Fahrplans nichts ausmachte. Der Orient-Express fuhr, er würde sein Ziel erreichen. Das war es, was zählte.

Ihre nächste Station war Varna am Schwarzen Meer. Hubertine half Georges, sich neu anzukleiden und in den Speisewagen zu gehen, um mit den anderen das Frühstück einzunehmen. Fast alle Plätze an den Tischen waren besetzt, nur Sajadschi Rao III. fehlte. Wie Hubertine berichtete, war der Maharadscha von Laycocks Kugel an der Hüfte gestreift worden und hatte so viel Blut verloren, dass er in seinem Abteil ausruhen müsse, um wieder zu Kräften zu kommen. Es sei aber nicht einfach gewesen, ihn davon zu überzeugen.

Die anderen Passagiere begrüßten Georges mit strahlenden Gesichtern. Marie Luise nahm den Löffel von ihrer Untertasse und schlug damit gegen ihre Kaffeetasse. Nach und nach stimmten die anderen ein, und ein Klingeln erfüllte den Raum. Einmal mehr war Georges froh, nur Porzellan von Sèvres für die Ausstattung der Küche zugelassen zu haben, denn das erwies sich nicht nur als widerstandsfähig, sondern auch als ausgesprochen melodiös.

Als er sich an seinen Platz setzen wollte, war es Mortimer Pullman, der aufsprang, um ihm den Stuhl zurechtzurücken. Jules Verne lächelte ihm mit leichten Schatten unter den Augen und einem zerzausten Bart zu.

Bevor Georges dazu kam, Kaffee und frisch gebackene Croissants zu genießen, musste er allen mehrfach versichern, dass es ihm gut gehe. Allerdings werde er nach Ankunft in Konstantinopel wohl auf einen Stadtrundgang verzichten müssen und für die anderen einen Führer engagieren.

»Das übernehme ich«, schlug Blowitz vor. »Zu Hause habe ich alles über die Perle am Bosporus gelesen.«

Georges bekam nicht mehr mit, was die anderen Passagiere von diesem Vorschlag hielten, denn nun stand Diehl auf und kam zu ihm herüber. In der Hand hielt der Arzt einen Stock. Laycocks Stock, wie Georges im nächsten Moment erkannte. Er zuckte zusammen.

»Den hat der Lokführer auf dem Kohlentender gefunden.« Diehl hielt den Stock in die Höhe. »Ich glaube, Sie können ihn brauchen.«

Egal, ob er als Beweismittel oder als Gehhilfe gedacht war – Georges brachte es nicht fertig abzulehnen. Er nahm den Stock entgegen und lehnte ihn an die Wand. Hauptsache, Laycock konnte kein Unheil mehr damit anrichten.

»Wo ist Sir Edmond?«, fragte Georges die Umsitzenden. Das Schweigen, das mit einem Mal über dem Restaurant lastete, verhieß nichts Gutes. »Er ist doch nicht etwa entkommen?«

»Seien Sie unbesorgt«, sagte Marie Luise. »Wir haben diesen Schuft in ein für ihn passendes Abteil gesperrt.«

»In ein Abteil?«, entfuhr es Georges. Er sah bereits das leere Compartiment vor sich, das offen stehende Fenster und die sich im Fahrtwind blähenden Vorhänge.

»In einem ganz besonderen«, fuhr Marie Luise fort.

»Sir Edmond hat den Luxus einer Einzelkabine bekommen«, ergänzte Verne. »Wir haben ihn in den Tigerkäfig gesteckt.«

Laycock hatte die letzte Etappe der Zugfahrt auf die denkbar unbequemste Weise hinter sich gebracht. Als der Orient-Express Varna erreichte, holten Adolphe-Victor, Clément und Diehl den Briten aus dem Käfig und legten ihm Fesseln an. Sayadschi Rao III. hatte sich erholt und bestand darauf, Laycock zu bewachen, denn nun mussten alle den Zug verlassen.

Die Schienen endeten am Bahnhof von Varna, dahinter lag das Schwarze Meer, das unter einem wolkenlosen Himmel in der Sonne glitzerte. Hier würde der Orient-Express vorerst zurückbleiben: Die Fahrgäste mussten auf ein Schiff umsteigen, um nach Konstantinopel zu gelangen.

Die *Espero* lag in einiger Entfernung vor Anker, die Fahrgäste stiegen zunächst in ein Landungsboot. Wind war aufgekommen, und das Boot tanzte trotz seiner Größe auf den Wellen. Nach fünf Tagen und vier Nächten des Gleitens erschien diese Art der Fortbewegung geradezu rüde. Insbesondere Blowitz litt darunter und wechselte mehrfach die Gesichtsfarbe, während Verne versuchte, die richtigen Worte für die changierenden Nuancen aufzuschreiben.

Als der Zug zwischen den Gebäuden von Varna kleiner wurde, fragte Pullman, ob der Orient-Express dort sicher sei. Georges, erstaunt darüber, dass sich der Amerikaner Sorgen machte, konnte ihn beruhigen, denn neben Adolphe-Victor, Clément, Pascal, Bernard und Félix kümmerte sich die örtliche Gendarmerie um die Waggons. Georges war sicher, dass sie ein Auge auf den Zug haben würden, da er Félix aufgetragen hatte, jeden Tag für die Gesetzeshüter zu kochen und sie im Speisewagen zu bedienen – niemand würde sich so eine Gelegenheit entgehen lassen.

Die *Espero* war eines von achtzig Dampfschiffen der Lloyd-Reederei. Der Schraubendampfer mit Eisenrumpf hatte einen ähnlichen Antrieb wie der Orient-Express. Damit waren die Ähnlichkeiten mit dem Luxuszug allerdings erschöpft. Georges, seine Fahrgäste und der Gefangene stiegen vom Landungsboot in eine Luke und kletterten durch den mit Schafen bevölkerten Schiffsrumpf glitschige Stufen zum Oberdeck hinauf. Dort warteten Passagiere bereits auf die Abfahrt, viele in bunten Gewändern. Man unterhielt sich, kochte Tee und zeigte sich gegenseitig, welche Waren man in Bulgarien erstanden hatte, um sie nun in Konstantinopel zu verkaufen.

Der Unterschied zu der abgeschlossenen Welt im Orient-Express hätte nicht größer sein können. Georges hatte Kabinen bei Lloyd reservieren lassen, die aber keiner seiner Fahrgäste nutzen wollte, da sie fensterlos und nahezu unbeleuchtet waren. Hubertine, Marie Luise und Léonie genossen lieber die Sonne auf dem Oberdeck; Marie Luise streifte umher und traf einen Osmanen mit einer Oud, der dem Saiteninstrument kurz darauf Musik entlockte, die entfernt nach einem Walzer klang. Die anderen fanden nichts dabei, sich den übrigen Dampferpassagieren gleich einfach auf dem Deck niederzulassen, sich zu unterhalten, die Eindrücke in sich aufzunehmen oder wie Missak die Augen zu schließen und das sanfte Schaukeln des Schiffs zu genießen. Georges war sicher, dass sich die meisten noch vor wenigen Tagen anders verhalten hätten.

Es war Mittag, als sie auf der *Espero* an Bord gegangen waren, es wurde Abend, bevor das Schiff ablegte. Die Schatten auf dem Oberdeck waren lang geworden, als der Rumpf des Tausendachthundert-Tonnen-Schiffs zu vibrieren begann und es sich kurz darauf in Bewegung setzte. Georges stand an der Reling, um einen Blick auf den Orient-Express zu erhaschen, konnte ihn jedoch nicht mehr sehen.

Es gab keine Verpflegung an Bord, aber die Osmanen erkannten die Lage der in ihren Augen seltsam gekleideten Gruppe und versorgten sie mit Tee, Gebäck und gestenreichen Gesprächen. Dass niemand ein Wort von dem verstand, was der andere sagte, störte nicht, im Gegenteil, es sorgte für Gelächter. Noch lebendiger wurde das Treiben an Bord, als die Nacht hereinbrach und die Hitze des Tages im Meer versank. Die Schiffsbesatzung entzündete an Pfosten aufgehängte Lampen, Musik, Gespräche und Gelächter erfüllten das Deck, einige Passagiere tanzten, und Ludomir Orjol fand Partner für ein Kartenspiel.

»Hätten Sie gedacht«, fragte Blowitz Georges, »dass der Orient gar nicht in Konstantinopel beginnt, sondern schon hier, auf diesem Schiff? Wir sind mittendrin.«

Georges und der Reporter standen an der Reling, Georges hatte die Arme aufgestützt und den Blick nach Osten gerichtet, wo in einigen Stunden die Lichter der osmanischen Hauptstadt auftauchen würden. Bislang waren dort aber nur die Positionslichter eines vorbeifahrenden Schiffes in der Dunkelheit zu sehen.

»Mein Artikel über die Reise ist fertig«, verkündete Blowitz.

Georges schaute den Reporter überrascht an. »Wir sind ja noch gar nicht in Konstantinopel.«

»Trotzdem haben Sie das Ziel erreicht, Georges. Schauen Sie doch nur!«

Georges drehte sich um und lehnte sich wie Blowitz an die Reling. Die anderen Fahrgäste hatten sich über das Deck verteilt. Jules Verne stand neben einem grauhaarigen Osmanen und verglich seine Pfeife mit dessen Rauchutensil. Missak übersetzte, schien aber angesichts des Vokabulars, das Verne benutzte, ins Schwitzen zu geraten. Zwischen einem Knaben und Ludomir

Orjol wechselte Geld den Besitzer, denn der Russe kaufte dem Burschen seinen Fes ab, ging zu Missak hinüber und setzte diesem den Hut auf den Kopf. Die Männer lachten. Hubertine war an dem Gewand einer Frau interessiert, während die Osmanin an Hubertines Kleid herumtastete und den Stoff zwischen den Fingern rieb. Ein Kaleidoskop aus Farben und Sprachen – Türkisch, Griechisch, Russisch, Englisch, Französisch – erfüllte das Schiff, und von weiter hinten erklangen nun die Stimmen von Marie Luise und Léonie zu einem unwiderstehlichen Rhythmus auf der Oud, zu der sich eine Geige und ein Tamburin gesellt hatten.

Nur der Maharadscha begnügte sich damit, mit der grimmigsten Miene, zu der je ein indischer Großfürst fähig gewesen war, neben Edmond Laycock auf den Stahlplatten zu hocken und seinen Gefangenen keine Sekunde aus den Augen zu lassen. Entschlossenheit sprühte aus seinem Blick, und Georges war sicher, dass er, sollte Laycock versuchen, über Bord zu gehen, sofort hinterherspringen würde. Der Brite hatte den Inder nicht nur angeschossen, er hatte seine Würde verletzt, und da kannte Sajadschi Rao III. kein Pardon.

»Wegen Ihres Artikels …«, begann Georges.

»Sehen Sie das hier?« Blowitz griff in seine Jackentasche und holte einen Packen Papier hervor. Für einen Moment dachte Georges, der Reporter halte Pullmans Dollarnoten in den Händen, aber es waren beschriebene Seiten. »Das sind die Aufzeichnungen aus meinem Notizbuch.«

Sie sahen sich an.

»Vielleicht glauben Sie mir das nicht«, fuhr Blowitz fort, »aber ich will das trotzdem loswerden: Nicht eine Sekunde habe ich in Erwägung gezogen, mich von Mortimer Pullman beeinflussen zu lassen. Non, Monsieur! Was denkt sich dieser Amerikaner? Dass er mit Geld alles kaufen kann? Vielleicht gilt das für Rinderherden und amerikanische Präsidenten, aber nicht für französische Journalisten. Sie hingegen, Georges, Sie haben mich überzeugt. Sie und Ihr Zug haben es fertiggebracht, allen Widrigkeiten standzuhalten, und dafür gesorgt, dass die Fahrgäste heute nicht mehr diejenigen sind, als die sie den Orient-Express betreten haben – mich eingeschlossen. Und damit meine ich nicht die miserable Rasur zu Beginn unserer Reise.«

Georges lachte. Er dachte an die Szene in Paris zurück, als er Blowitz in letzter Sekunde in den Zug gezogen hatte, an die messerscharfen Fragen des Journalisten und was er seitdem alles notiert haben musste. »Wo ist Ihr Artikel?«

»Hier drin.« Blowitz tippte sich mit dem Finger an den Kopf und ließ die Notizen in der anderen Hand los. Die Blätter flatterten auf einer Brise davon und verschwanden in der Nacht.

TAG 6

KAPITEL 51

Dienstag, 9. Oktober
Konstantinopel

Die ersten Strahlen des Morgenlichts strichen über den Horizont, malten Gold und Purpur an den Himmel, majestätische Farben, die sich wie ein Teppich für die Ankunft des neuen Tages auf dem Meer ausbreiteten. Einige Zeit später bog das Schiff in den Bosporus ein, jene berühmte Meeresstraße mit Europa auf der einen und Asien auf der anderen Seite – und Konstantinopel auf beiden. Ein feiner Dunst hüllte die *Espero* ein, auf dem Oberdeck lagen die Passagiere in Gruppen beisammen und wärmten sich aneinander, einige hatten Decken oder Kleidung über sich ausgebreitet. Nur die Fahrgäste des Orient-Express waren wach und standen am Bug beisammen, um den Sonnenaufgang über Konstantinopel zu erleben.

Hinter einer Biegung tauchte die uralte Stadt im Morgenlicht auf. Ihre tausend Jahre alten Mauern ragten wie die einer Festung auf, jeder Stein schien ein Geheimnis zu bergen. Die Minarette der großen Moscheen stachen in den Himmel, die Kuppeln glänzten. Möwen glitten mit ausgestreckten Flügeln scheinbar mühelos neben dem Dampfer her, stiegen und sanken mit den Bewegungen des Schiffs und schrien nach Futter, doch für Georges hörte es sich an, als begrüßten sie die Menschen, die von weit her gekommen waren, um diesen Moment zu erleben.

Niemand sagte etwas, niemand deutete mit ausgestrecktem

Arm auf das Spektakel. Alle standen nebeneinander und genossen das Schauspiel. Hubertine hatte sich bei Georges eingehakt und gab ihm das unbeschwerte Gefühl, ein ganz normaler Tourist zu sein – von seinen Blessuren und der Armbinde einmal abgesehen. »Wenn du gewusst hättest, was dich unterwegs erwartet«, fragte sie, »wärst du dann trotzdem gestartet?«

»Ja«, sagte er, ohne zu zögern, »ich würde alles noch einmal so machen, bis auf eins: Ich würde nicht noch einmal ohne dich losfahren.«

Rufe erklangen. Fischerboote waren an Backbord aufgetaucht. Die Fischer begrüßten den Dampfer, und der Kapitän antwortete, indem er das Horn erklingen ließ. Der Ton dröhnte wie der Ruf eines vorgeschichtlichen Seeungeheuers über das Wasser und wurde von den Mauern der Stadt zurückgeworfen.

Konstantinopel war erwacht. Die *Espero* nahm Kurs auf den Hafen ganz im Süden und legte direkt am Kai an, sodass keine Landungsboote notwendig waren. Die Passagiere strömten über einen Bootssteg aus dem Schiff und standen im nächsten Augenblick am Ziel ihrer Reise.

Die Luft roch nach dem Fisch, der von den heimgekehrten Booten gelöscht wurde. Marktstände wurden in der Nähe aufgebaut, ein junger Bursche trieb die Schafe aus dem Laderaum des Dampfers heraus. Händler prüften den Fang der Fischer mit den Fingern der einen Hand und hielten so viele Finger der anderen in die Luft, wie sie für die Ware bezahlen wollten. Die Europäer fanden sich mitten im Treiben der morgendlichen Metropole wieder.

Georges war mit seiner Gruppe von Passagieren ähnlich beschäftigt wie der junge Hirte mit seiner Herde: Er rief und pfiff, er gestikulierte und winkte, und wenn er sich etwas hätte wünschen dürfen, dann wäre das ein Hirtenhund gewesen, der ihm dabei half, die Gesellschaft beisammenzuhalten. Das Laufen fiel ihm wegen seiner Verletzungen schwer, aber er biss die Zähne zusammen. Wo blieb denn nur die Kutsche, die sie ins Hotel bringen sollte? Er hatte Zimmer im Grand Hotel de Londres am Taksim-Platz gebucht und Fahrgelegenheiten geordert. Bis hierher, ein paar Meter vom Anleger entfernt, hatten alle ihre Taschen für diesen Teil der Reise allein getragen, vom Zug aufs Schiff und vom Schiff herunter, weiter würden sich einige der schwereren Gepäckstücke zu Fuß jedoch kaum bewegen lassen. Allein um den Schrankkoffer mit den Geschenken für den Kalifen bis zu dieser Stelle zu manövrieren, hatte Missak die Hilfe Grimprels und Pullmans in Anspruch nehmen müssen.

Georges reckte den Hals. Kutschen sah er nicht, nur einen mit Obst beladenen Karren, vor den Esel gespannt waren. Gerade wurde er von einer Truppe Uniformierter überholt, etwa fünfzehn Mann in blauer Montur, jeder mit einem roten Fes samt schwarzer Quaste auf dem Kopf. Sie liefen im Gleichschritt auf die *Espero* zu, die grimmigen Mienen spiegelten Entschlossenheit wider, ebenso wie die Gewehre, die die Männer geschultert hatten.

Gebrüll erklang. Der vordere der Soldaten rief seinen Männern Befehle zu und deutete auf Missak, der mit dem Schrankkoffer neben Georges stand.

Im nächsten Augenblick kamen die fünfzehn Gardisten heran, sanken vor ihnen auf die Knie und drückten die Stirn gegen den Boden. Einige verloren dabei die Kopfbedeckung, aber keiner ließ sein Gewehr los. Missak sagte etwas auf Osmanisch, und die Männer standen wieder auf. Sie klopften sich die Uniformen ab und richteten ihre weißen Schärpen, anschließend standen sie stramm.

Georges warf ihm einen fragenden Blick zu. Missak lächelte ihn an und deutete auf den vorn stehenden Soldaten. »Mehmed Bostancibasi ist der Oberbefehlshaber der Kalifengarde. Er ersucht uns darum, mich und meine Freunde in den Palast begleiten zu dürfen.«

»Den ... Palast?«, stammelte Georges.

»Den Palast meines Vaters«, ergänzte Missak. »Ich bin ein Sohn des Kalifen, seiner Exzellenz Abdul Hamid II.«

Georges fuhr sich mit einer Hand durchs Haar. »Aber Sie sind doch Chefsekretär der Osmanischen Botschaft in Paris?«

»Das eine schließt das andere nicht aus. Im Gegenteil. Mitglieder der Herrscherfamilie werden vorzugsweise mit diplomatischen Aufgaben betreut.« Missak nickte Georges zu. »Bitte, verzeihen Sie mir, dass ich Ihnen meinen Familiennamen verschwiegen habe. Sie schienen sich mit Missak Effendi zufriedenzugeben, und ich wollte kein Aufsehen erregen.«

Bis jetzt, dachte Georges. Immerhin hatte das Spektakel alle Passagiere angelockt, sie umringten Missak und den Schrankkoffer.

»Sie sind ein Prinz?« Bisher war Marie Luise nicht gerade durch Zurückhaltung aufgefallen, doch jetzt sprach sie leise und deutete eine Verbeugung an.

»Einer von vielen«, schwächte Missak ab. »Ich habe zehn Brüder und ebenso viele Schwestern. Sie haben keinen Thronfolger vor sich, und es gibt keinen Grund, dass wir anders miteinander umgehen als auf unserer Reise.«

»Şehzade«, unterbrach Mehmed, der Oberbefehlshaber der Kalifengarde. Dann folgte eine lange Rede, die er mit gesenktem Kopf hielt.

Missak hörte zu, dann wandte er sich an die Passagiere: »Wir sollten uns auf den Weg machen. Der Kalif erwartet uns zum Essen.«

Bevor Georges auf die bestellten Kutschen hinweisen konnte, hatte sich die Gesellschaft bereits in Bewegung gesetzt und folgte der Kalifengarde; die Soldaten beförderten das Gepäck samt Schrankkoffer. Würden sie so bis zum Palast marschieren? Die Antwort auf diese Frage wartete hinter der nächsten Straßenecke. Keine hundert Schritt vom Hafen entfernt stand ein Tramwagen auf Schienen. Er war rot lackiert, auf seiner Mitte leuchtete der osmanische Halbmond, und vorn waren vier Pferde eingespannt. Georges hatte davon gehört, dass man sich damit neuerdings auf festgelegten Routen durch die Stadt bewegen konnte. Die Gruppe stieg ein und nahm auf Holzbänken Platz, die Gardisten deponierten das Gepäck im Wagen, stiegen aber wieder aus. Die Soldaten würden zu Fuß in den Palast zurückkehren, erklärte Missak, der sich hinter Georges niedergelassen hatte.

Eine Glocke läutete, der Tramwagen setzte sich in Bewegung. Mehmed rief noch etwas durch den türlosen Eingang. Dann blieben er und seine Männer zurück.

»Was hat er gesagt?« Georges drehte sich zu Missak um.

»Dass die Gäste des Kalifen den Luxus der neuen Tramwagen genießen sollen, die Waggons seien mit dem größtmöglichen Komfort ausgestattet. Und er sei stolz darauf, dass es so etwas in seiner Heimatstadt gibt.«

Kommt mir bekannt vor, dachte Georges und blickte aus dem Fenster auf die vorbeiziehende Stadt. Schön, wieder auf Schienen unterwegs zu sein.

KAPITEL 52

Dienstag, 9. Oktober
Konstantinopel

Die Fahrt durch die Straßen Konstantinopels verlief so ruhig, dass sich Jules Verne zu der Bemerkung hinreißen ließ, er vermisse den Trubel im Orient-Express. Gelächter erfüllte den Tramwagen und vermischte sich mit dem Hufgeklapper der Zugpferde, das den Rhythmus schlug, in dem die Stadt pulsierte. Georges beobachtete, wie die Fahrgäste die Nasen an die Scheiben pressten, um die fremdartige Umgebung und ihre Menschen zu bestaunen. Verkaufsstände säumten die mit Kopfsteinen gepflasterten Straßen. Überall wurde Handel getrieben, Konstantinopel glich einem einzigen riesengroßen Basar. Händler riefen über die Köpfe der Passanten hinweg und versuchten, mit exotischen Gewürzen, glänzendem Schmuck und kunstvoll gewebten Teppichen Kunden anzulocken. Als der Tramwagen um eine Ecke bog, kamen die hoch aufragenden Minarette der Blauen Moschee ins Blickfeld. Vor dem riesigen Bauwerk waren verschleierte Frauen auf der Straße unterwegs, die Säume ihrer bunten Seidengewänder rauschten wie Kaskaden aus Farbe.

Georges bat Missak, einen kleinen Umweg einzuplanen. Der Kalifensohn rief einen Befehl, den der Fahrer des Tramwagens bestätigte, dann lenkte der Mann die Pferde an einer Schienenkreuzung in eine andere Richtung, und nach einiger Zeit hielt das Gefährt neben einem kolossalen Gebäude, dessen Fassade mit weißem Marmor verkleidet war.

Ludomir Orjol fragte, ob das der Kalifenpalast sei, doch Jules Verne befand, dass die Architektur keineswegs orientalisch, sondern europäisch und neoklassizistisch wirke. Grimprel steuerte bei, dass das Bauwerk zwar groß, für den Palast des Kalifen aber viel zu klein sei. »Das ist die britische Botschaft«, erklärte Georges. »Es ist an der Zeit, dass wir uns von Sir Edmond Laycock verabschieden.« Der Attentäter hatte bislang schweigend im Tramwagen gesessen, nach wie vor bewacht von Sayadschi Rao III., doch nun regte er sich. »Sie lassen mich nicht in einen osmanischen Kerker werfen?« Der Brite sah Georges überrascht an.

»Ein guter Gedanke«, gab Georges zu, »aber Missak Effendi und ich sind einer Meinung, dass Sie der Gerichtsbarkeit Königin Victorias unterstehen.« Wie Georges wusste, befürchtete Missak eine diplomatische Krise mit den Briten, sollten sie erfahren, dass einer ihrer Aristokraten bei Wasser und Brot in der Yedikule gefangen gehalten würde, dem Gefängnis in der »Burg der sieben Türme«.

Eine Viertelstunde später hörte sich ein Botschaftssekretär Georges' Bericht an und hielt diesen für so bedeutend, dass er den Botschafter hinzubat. Frederick Hamilton-Temple-Blackwood zeigte sich zunächst ungläubig, doch die Anwesenheit mehrerer Zeugen – darunter der Maharadscha, der sich nicht genierte, seine ihm von Laycock zugefügte Schusswunde zu zeigen – gab den Vorfällen im Orient-Express eine politisch brisante Note. Hamilton-Temple-Blackwood versicherte, Sir Laycock werde in Handschellen nach London zurückkehren, wo man ihm den Prozess machen werde. Laycock versuchte, die Vorwürfe herunterzuspielen, und beschwerte sich stattdessen über seine Unterbringung im Gepäckwagen des Orient-Express. Als Sayadschi Rao III. ihn daraufhin als »eines Tigerkäfigs nicht würdig« bezeichnete, lenkte Georges das Gespräch auf die wartenden Passagiere im Tramwagen, bedankte sich beim britischen Botschafter und ließ sich und die kleine Abordnung aus dem Zug zur Tür bringen.

Der Tramwagen setzte seinen Weg zum Kalifenpalast fort, das Botschaftsgebäude blieb zurück. Georges beobachtete noch, wie sich hinter einem der hohen Fenster eine Gardine bewegte. Er hatte das nagende Gefühl, dass Laycocks Adelstitel dabei helfen könnte, die Angelegenheit glimpflich für ihn ausgehen zu lassen. Da hörte er ein leises Ticken. Blowitz, der auf der Bank vor ihm saß, klopfte mit der Spitze seines Bleistifts gegen die Scheibe. »Sie können unbesorgt sein, Georges«, sagte der Reporter, »selbst wenn Sir Edmond bei Gericht mit einer milden Strafe davonkommt, muss er doch damit rechnen, in London Stadtgespräch zu sein. Er wird für lange Zeit vom gesellschaftlichen Leben ausgeschlossen und vom politischen Parkett verbannt sein. Dafür werde ich mit meinem Artikel sorgen.«

Die großen Türen des Kalifenpalastes öffneten sich und gaben den Blick frei auf einen prächtigen Saal mit farbenreichen, kunstvoll gestalteten Mosaikfliesen und schimmernden Kronleuchtern. Die Luft war schwer vom Duft brennenden Weihrauchs, der sich mit dem süßen Aroma der Jasminblüten im Raum vermischte. Sanftes Flötenspiel verstärkte die Atmosphäre von Opulenz und Luxus.

»Ganz nett«, ließ sich Jules Verne vernehmen. »Aber um uns zu beeindrucken, hätte sich Missaks Vater das ein oder andere Detail aus Ihrem Zug abschauen sollen, Georges.« Die anderen lachten, konnten ihre Angespanntheit jedoch nicht verbergen. Auch Georges war nervös, er hatte die Hände auf dem Rücken gefaltet.

Missak führte die Gäste durch eine Reihe von prunkvollen Sälen und Räumen. Das Gepäck war ihnen von Dienern abgenommen worden; sie würden es später in den Gartenpavillons wiederfinden, die ihnen als Gästehäuser zur Verfügung standen. Jetzt bestaunten alle die riesigen Wandteppiche mit Jagdszenen und Fabelwesen. Die Fremdartigkeit des Palasts ließ die Besucher verstummen, und Hubertine flüsterte Georges zu, sie habe das Gefühl, durch ein Museum zu flanieren. Schließlich erreichten sie den Speisesaal, wo ein langer, flacher Tisch mit einer Reihe erlesener Köstlichkeiten auf sie wartete. Davor lagen Kissen ausgebreitet. Missak bat seine Mitreisenden, sich darauf niederzulassen.

Da der Platz am Kopf der Tafel noch nicht besetzt war, blieb Gelegenheit, die Speisen zu bestaunen und zu erraten, um was es sich handeln möge. Platten mit gebratenem Fleisch glitzerten im Schein des Kerzenlichts, umgeben von prallen Trauben, saftigen Feigen und goldenen Brotlaiben. Gewürze aus fernen Ländern kitzelten in der Nase. Georges beobachtete Verne dabei, wie er sich eine Weinbeere in den Mund steckte, womit sich der Schriftsteller ein Zischen aus Marie Luises Mund einhandelte.

Plötzlich wurde es still im Raum. Abdülhamid II. kam mit weiten Schritten auf die Tafel zu und blieb an einem Kopfende stehen. Der Kalif war eine imposante Gestalt mit royalem Auftreten, gekleidet in eine Uniform, die der des rumänischen Königs ähnlich sah, aber mit noch mehr Orden behängt war. Mit durchdringendem Blick musterte er jeden einzelnen Gast ohne Andeutung eines Lächelns. Das änderte sich, als er Missak am anderen Ende der Tafel erkannte. Abdülhamid II. lief zu ihm hin, zog Missak an sich und nahm schließlich dessen Wangen zwischen seinen beringten Finger, bis sich Missaks Züge dazwischen verschoben.

Vater und Sohn wechselten ein paar Worte, immer wieder fragte Abdülhamid nach, sein Gesicht spiegelte die Bandbreite der Gefühle eines Vaters, dem der Sohn erzählt, er sei einer Gefahr entronnen. Dabei deutete Missak ein paar Mal auf die Gäste. Doch der Kalif schien deren Anwesenheit keinerlei Bedeutung beizumessen.

Schließlich nahm der Herrscher Platz. Das war das Zeichen für die Diener, dem Kalifen und seinen Gästen vorzulegen. Nun begann Abdülhamid II. in gebrochenem Französisch zu sprechen. Er machte Pausen zwischen den Worten, bisweilen fragte er Missak nach Begriffen, die ihm in der fremden Sprache nicht geläufig waren. Dazwischen warf er immer wieder Brocken auf Osmanisch ein. Der Kalif feierte seine Gäste als Helden. Nicht nur hätten sie es fertiggebracht, seinen Sohn zu retten, sondern auch sein Reich vor einem weiteren, verheerenden Krieg bewahrt.

Lediglich eins bedauere er: dass er den britischen Attentäter nicht in seiner Gewalt habe. Er hätte eigenhändig dafür gesorgt, dass Edmond Laycock seine Taten bereue.

Als er beschrieb, was den Briten erwartet hätte, fühlte sich Georges bestätigt, richtig gehandelt und Laycock in der Botschaft abgeliefert zu haben.

Missak unterbrach die Tiraden seines Vaters, indem er in die Hände klatschte. Ein Vorhang teilte sich, und zwei Diener rollten den Schrankkoffer herein. Zwar hatte Georges die ganze Zeit über gewusst, dass das gewaltige Gepäckstück für Abdülhamid II. bestimmt gewesen war, dennoch war es seltsam, diesen Koffer, um den sich so viele Ereignisse im Orient-Express gedreht hatten, neben dem Kalifen zu sehen. Missak überreichte seinem Vater den Schlüssel, den ihm Georges zuvor zurückgegeben hatte, und trat beiseite. Als Abdülhamid II. mit feierlicher Geste den Koffer entriegelt und die Schranktüren aufgezogen hatte, geriet er angesichts der Schätze in Verzückung. Seine Hände wühlten in den Schatullen, zogen Geschmeide hervor und prüften die Schärfe der Klinge eines Prunkdolchs. Immer wieder drehte sich der Kalif zu seinen Gästen um, hielt eine Preziose in die Luft und gab seiner Begeisterung mit Rufen Ausdruck, die die Passagiere des Orient-Express mit Applaus untermalten. Schließlich schloss er den Koffer wieder, nicht ohne Missak noch einmal an sich zu drücken. Ein Geschenk behielt er gleich bei sich: den Tonkrug mit den aufgemalten Blumen, Vögeln und Trauben, den Missak am Bahnhof von Strasbourg gekauft hatte. Und er bestand darauf, dass ihm daraus eingeschenkt wurde.

Hatte Georges tatsächlich geglaubt, Hubertine werde von ihrem Vorhaben absehen, den Kalifen darauf anzusprechen, dass er den Frauen in seinem Reich mehr Rechte einräumen sollte? Ja, das hatte er, nach allem, was hinter ihnen lag – Probleme mit der Technik, verrückt gewordene Könige, hinterlistige Attentäter und ein Raubtier. Musste jetzt die Person, die er am meisten schätzte, aufstehen und neue Schwierigkeiten verursachen?

Das Mahl war in vollem Gang, der Wein für die Europäer tat bereits seine Wirkung und löste die Zungen, da strich sich Hubertine das Kleid glatt, räusperte sich und sagte im selben Tonfall, in dem sie sonst ihre Reden vor Frauenvereinen und bei Kundgebungen hielt: »Padischah, bitte erlaubt, dass ich das Wort an Euch richte.« Sie wartete die Reaktion des Kalifen nicht ab, sondern sprach einfach weiter. »Es gibt ein paar Gedanken, die ich mit Euch teilen möchte.«

Georges griff nach ihrer Hand, aber sie entzog sie ihm und faltete die Finger vor dem Bauch. Missak schaute Hubertine mit einer Mischung aus Faszination und Erschrecken an, unternahm jedoch nichts.

Der Kalif ließ sich nicht anmerken, was er dachte. Er reagierte nur mit einem Nicken. »In meiner Heimat bin ich eine Botschafterin«, fuhr Hubertine fort. »Die Botschafterin aller Frauen, die um ihre Rechte kämpfen. Und nun stehe ich hier und ersuche Euch, diese Rechte in Zukunft auch im Osmanischen Reich stärker zu berücksichtigen.«

Marie Luise setzte zum Applaus an, hielt aber inne, als niemand mitklatschte.

Der Kalif stand, wie Hubertine, von seinem Platz auf. »Die Rechte der Frauen«, wiederholte er. »Welche Rechte sollen das sein?«

Auch Georges erhob sich. »Eure Eminenz«, sagte er, »bitte verzeiht.«

»Setzen Sie sich, Nagelmackers Effendi!« Die Stimme des Herrschers war sanft, aber befehlsgewohnt. Georges sank zurück auf die Kissen und presste die Lippen zusammen.

»Worum es vor allem geht«, antwortete Hubertine, »ist das Recht auf Bildung und darauf, einen Beruf zu ergreifen. Sind diese beiden Säulen der Mitbestimmung erst errichtet, folgt vieles andere von selbst. Wer selbst Geld verdient, kann auch selbst bestimmen, wie er leben will. Zu dieser Entwicklung gehört überdies das Wahlrecht, außerdem politische Mitbestimmung. Frauen müssen nicht nur entscheiden, wer in den Parlamenten sitzt, sie müssen selbst die Posten von Abgeordneten bekleiden.«

Abdülhamid II. strich sich über den Bart. »Ich habe Ihre Worte gehört, Hubertine Hatun. Kommen Sie bitte hier herüber.« Er deutete neben sich.

Hubertine zögerte keine Sekunde. Der Kalif führte sie zu einem Wandteppich und zog ihn mit einem Ruck beiseite. Licht flutete in den Speisesaal und offenbarte den Blick durch ein großes, mit einem Zwiebelbogen gekröntes Fenster. Dahinter erstreckte sich die Stadt. Die Mittagssonne ließ die Dächer glänzen, auf dem Bosporus schaukelten winzige Schiffe.

»Sehen Sie den Turm dort?«, fragte der Kalif. »Das ist der Galata-Turm. An seinem Fuß wurde vor einigen Jahren die erste Mädchenschule im Osmanischen Reich gegründet. Seit Kurzem wird die Schule von einer Frau geleitet. Die Schülerinnen lernen Berufe, die sie später ergreifen können, um von Männern unabhängig zu sein.«

»Werden sie Wissenschaftlerinnen, Ärztinnen, Politikerinnen?«, wollte Hubertine wissen.

Abdülhamid II. lächelte. »Sie verlangen viel. Wir sind gerade den ersten Schritt in den Bach gegangen. Bevor wir den zweiten gehen, müssen wir erst wissen, wie tief das Wasser ist. Danach werden wir sehen, wie wir das andere Ufer erreichen.« Er klatschte in die Hände und rief etwas auf Osmanisch. Ein Diener kam herein, brachte einen Stapel Zeitungen und legte sie auf einem Tischchen ab. Der Kalif nahm zwei Exemplare auf.

»Die Frauen hier in der Stadt finden schon lange Möglichkeiten mitzureden«, erklärte der Kalif. »Mit *Terakki*, das bedeutet Fortschritt, fing es an. Die Zeitung wird von Männern herausgegeben, aber Frauen können darin Artikel veröffentlichen. Sehen Sie die hier? Das ist *Aile*, Die Familie. Sie hat die erste eigenständige Frauenredaktion, andere sind dem Beispiel gefolgt. Einige Autorinnen veröffentlichen auch Bücher. Sie fordern schon geraume Zeit das, wovon Sie, Mademoiselle, gerade gesprochen haben. Diese Blätter werden in meinem Serail gelesen. Darin beben die Wände und drohen einzustürzen.« Er bat Hubertine zurück an die Tafel. »Wie Sie sehen, sind die Veränderungen, die Sie ansprechen, bereits im Gang. Ich kann nicht behaupten, dass mich das freut. Im Gegenteil: Ich bin der Meinung, dass die alten Werte der osmanischen Gesellschaft ein Fundament sind, auf dem dieses Reich steht, das schon viele Jahrhunderte Bestand hat. Aber diese Zeiten werden vielleicht bald vorbei sein. Der Krieg gegen die Russen hat gezeigt, dass wir Osmanen uns entscheiden müssen: Sind wir das westlichste Bollwerk des Orients? Dann müssen wir weiter gegen Europa kämpfen. Oder sind wir das östlichste Bollwerk Europas? Dann wird es Zeit, die europäischen Staaten als Verbündete willkommen zu heißen.« Er machte eine einladende Geste zu den Speisen und Getränken. »Deshalb hat unser gemeinsames Mahl auch eine sinnbildliche Bedeutung.«

Wäre Georges an Hubertines Stelle gewesen, so hätte er sich mit dem Gesagten zufriedengegeben, hätte sich wieder hingesetzt und noch ein bisschen mit dem Kalifen geplaudert, denn der schien streitbar zu sein, aber auch höflich.

Allerdings setzte sich Hubertine nicht. »Wenn ich Euch richtig verstehe, Padischah«, sagte sie, »dann sind diese Errungenschaften für die Frauen in diesem Reich ohne das Zutun des Herrschers entstanden. Alles, was Ihr getan habt, ist, nichts dagegen zu unternehmen.«

»Weniger als nichts«, gab Abdülhamid II. zurück. »Ich habe versucht, diese Bewegung aufzuhalten. Vergebens.«

»Und jetzt?« Hubertine ließ nicht locker. Entweder entging ihr, dass sich die Stirn des Kalifen umwölkte, oder es war ihr gleichgültig. »Was folgt daraus? Welche Position nehmt Ihr ein? Gebt Ihr den Frauen von sich aus mehr Rechte und mehr Freiheit, oder wartet Ihr, bis sie sich die von selbst nehmen und die Entwicklung Euch und diesen Palast überrollen wird?«

»Sie glauben, dass ich nur zusehe und hoffe, dass sich alles wieder umkehren wird?« Der Kalif verschränkte die Arme. »Vielleicht habe ich diesen Eindruck vermittelt.« Er ließ sich Tee einschenken und nahm einen Schluck. »Sehen Sie: Nie zuvor hat eine Frau das Wort an einen Kalifen gerichtet und ihm Vorwürfe gemacht. In seinem eigenen Palast.«

»Und doch reden wir miteinander.« Hubertines Hände öffneten und schlossen sich. Dann nahm sie ihren Platz an der Tafel wieder ein.

Marie Luise hob ihr Glas und nickte ihr zu, Léonie Tafel, Jules Verne und einige andere taten es ihr gleich.

»Richtig. Mit Austausch können wir alle nur gewinnen.« Der Blick des Kalifen wanderte zu Georges hinüber. »Dafür kann in Zukunft der Orient-Express sorgen. Ich werde derjenige sein, der Europa eine Tür zu meinem Reich öffnet. Ich lasse unsere Bahnstrecken ausbauen, sodass Ihr Zug, Monsieur Nagelmackers, nicht mehr in Bulgarien enden wird. In Zukunft werden Sie und Ihre Passagiere bis an den Bosporus fahren. Und

Sie werden Menschen bringen und mit ihnen andere Kulturen, Ideen, Mode, Musik, Literatur, Kunst. Konstantinopel wird sich dem Westen öffnen, und Sie werden es sein, der den Westen zu uns bringt. Was halten Sie davon?«

EPILOG

Die folgenden drei Tage in Konstantinopel hatten ursprünglich der Höhepunkt der Reise sein sollen, doch alle Passagiere waren sich einig, dass keine Stadt der Welt so aufregend sein könne wie eine Fahrt im Orient-Express. Die habe sie schließlich sogar statt in ein Hotel in die Gartenpavillons des Kalifenpalastes geführt, wo die Reisenden während ihres Aufenthaltes bleiben durften. Während Georges mit dem Kalifen darüber beriet, auf welcher Strecke der Orient-Express künftig die letzte Etappe bis nach Konstantinopel nehmen könnte, begleitete Missak die anderen durch die Stadt, um ihnen die Sehenswürdigkeiten zu zeigen. Henri Opper de Blowitz steuerte sein angelesenes Wissen über die Metropole bei, die sich von ihrer schönsten Seite zeigte. Am Freitag, man schrieb den 12. Oktober 1883, dem neunten Reisetag, ging eine kleinere Gruppe von Georges' Fahrgästen wieder an Bord der *Espero*, um durch den Bosporus und über das Schwarze Meer zurück ins bulgarische Varna zu fahren, zurück zum Orient-Express, zurück nach Hause. Missak blieb in der Stadt, er musste zusammen mit seinem Vater einen Staatsbesuch in Frankreich vorbereiten, für den der Kalif gerne den nächsten Orient-Express nutzen wollte.

Auch Sayadschi Rao III. und sein Diener Kiran fuhren nicht mit zurück. Sie warteten in Konstantinopel auf ein Schiff, das sie über das Mittelmeer und durch den Persischen Golf in Richtung Indien bringen würde.

Missak und der Maharadscha hatten für Georges noch eine Überraschung vorbereitet und am Anleger der *Espero* fünf Kanonen aufstellen lassen. Bevor das Dampfschiff ablegte, feuerten die Kanoniere unter dem Kommando von Sayadschi Rao III. zehn Schuss Salut über den Bosporus, und Georges schien es, als herrschte anschließend in der weitläufigen Stadt tiefes Schweigen, während sein Inneres in Aufruhr war.

In Varna wurden sie von Adolphe-Victor, Pascal, Félix und der restlichen Besatzung in einem blitzblanken Orient-Express begrüßt. Auf der Rückfahrt war eine Abweichung vom Fahrplan nötig: Georges legte die Strecke um und fuhr von Bulgarien über Serbien weiter, um einen Bogen um Rumänien zu machen. Auf eine weitere Begegnung mit König Carol I. und seinen Truppen wollten wohl alle Passagiere lieber verzichten.

In Wien stiegen Marie Luise und Léonie aus dem Zug. Die jüngere der beiden Schwestern konnte die Tränen nicht zurückhalten, als sie sich von Gustave Grimprel verabschiedete – und er ihr vor allen anderen einen Ring überreichte, den er bei einem Juwelier auf dem Basar in Konstantinopel erstanden hatte.

Wie schon auf der Hinfahrt, so füllte sich der Zug auch auf der Rückreise mit Passagieren, die lediglich von Wien nach Paris fuhren. Die Atmosphäre in den Waggons veränderte sich, und die eingeschworene Gemeinschaft löste sich auf. Als der Zug am Mittwoch, dem 17. Oktober, im Gare de Strasbourg einrollte, schien es Georges zunächst, als sei er nicht zwei Wochen, sondern zwei Jahre lang fort gewesen. »Dein Traum ist in Erfüllung gegangen, Georges.« Hubertines Mund war ganz nah an seinem Ohr, als sie Arm in Arm an den Waggons entlang über den Bahnsteig gingen. »Willst du jetzt aufwachen?«

»Nein«, erwiderte er. »Wir beide träumen weiter. Aber Züge werden dabei keine Rolle spielen.«

Eine Woche nach der Ankunft in Paris lasen Georges und Hubertine in der *London Times* einen zweiseitigen Artikel über die erste Fahrt des Orient-Express. Der Text war garniert mit Zeichnungen, die wohl nach Blowitz' Beschreibungen angefertigt worden waren. Darauf war der Zug zu erkennen, wie er durch eine wilde Bergwelt fuhr, vermutlich die Karpaten, der Luxus im Speisewagen war aus einer Perspektive dargestellt, die den Waggon wirken ließ, als sei er hundert Meter lang. Auch die Ankunft in Konstantinopel und der Empfang beim Kalifen waren abgebildet. In seinem Text beschrieb der Journalist Aufbau, Technik und Ausstattung des Zuges und leitete dann zu einem Erlebnisbericht über. Blowitz schilderte seine Eindrücke beim Blick aus dem Zugfenster, den Wechsel von Landschaft und Licht, die Begegnungen mit den Passagieren, die sich im Orient-Express bei aller Unterschiedlichkeit in dieselbe Richtung bewegten. Vom Attentäter Edmond Laycock berichtete er, von einem brennenden Waggon, einem rasenden König und einer Raubkatze im Zug, dann schloss er mit der Bemerkung, dass die Erlebnisse auf dieser abenteuerlichen Fahrt so unglaublich und so zahlreich seien, dass sich damit ein ganzes Buch füllen ließe. Hubertine sah Georges an und las den letzten Satz vor: »Der Text endet, aber die Reise geht weiter.«

NACHWORT

Der Orient-Express rollte durch die europäische Geschichte, angetrieben wurde er von der Energie seines Konstrukteurs und Erbauers Georges Nagelmackers. Dessen Entschlossenheit ist es zu verdanken, dass sich Paris mit Konstantinopel, der Westen mit dem Osten verband und Menschen aus unterschiedlichen Kulturkreisen einander begegneten, die sich bis dahin meist feindselig gegenübergestanden hatten. Die erste Fahrt des Orient-Express wurde für Georges Nagelmackers zum Erfolg, er baute sein Unternehmen aus und bewegte künftig mehrere Generationen von Luxuszügen auf zahlreichen Strecken in Europa. Unter dem Zeichen der belgischen Löwen fuhren im Lauf der Jahre 776 Schlaf- und Speisewagen sowie 120 Gepäckwagen. Georges ließ die Züge seiner Internationalen Schlafwagengesellschaft nach London, Berlin und Sankt Petersburg rollen, sogar bis ins ägyptische Luxor konnten Passagiere in den komfortablen Wagen reisen. Um den Fahrgästen auch nach der Ankunft in einer Stadt Komfort zu bieten, eröffnete Georges ab 1892 Palasthotels in Nizza, Lissabon, Kairo und in Konstantinopel das legendäre Pera Palace Hotel. Nicht nur war es das erste Gebäude am Bosporus, das über einen elektrischen Aufzug verfügte, es war später auch der ständige Wohnsitz von Kemal Atatürk, dem Begründer der modernen Türkei.

Auf dem Höhepunkt des Erfolgs beschäftigte Georges Nagelmackers 6250 Mitarbeitende, die sich um 180 Schlafwagen-Verbindungen in Europa kümmerten. Der belgische Idealist hatte es geschafft, sämtliche Grenzen zu überwinden. Dafür erhielt er vom österreichischen Kaiser den Franz-Joseph-Orden und vom deutschen Kaiser den Orden der Preußischen Krone, wurde vom Osmanischen Kalifen mit dem Mecidiye-Orden ausgezeichnet und in Frankreich zum Mitglied der Ehrenlegion ernannt.

Sein Konkurrent Mortimer Pullman zog sich nach dem Versuch, in Europa Fuß zu fassen, zurück und konzentrierte sich auf seine Heimat, die Vereinigten Staaten. Georges hatte den in der damaligen Presse so genannten Schlafwagenkrieg gegen Pullman gewonnen.

Seine Bemühungen, Frieden in Europa zu stiften, trugen Früchte, allerdings war das Ergebnis nicht von Dauer. Auf dem Balkan, schon zur Zeit der im Roman geschilderten Ereignisse ein Pulverfass, geriet die Lage außer Kontrolle, als 1914 ein serbischer Attentäter den österreichischen Thronfolger Franz Ferdinand in Sarajevo erschoss und damit die europäischen Staaten in den Ersten Weltkrieg riss. Hätte Georges noch gelebt – er starb sechzigjährig im Jahr 1905 –, hätte es ihm gewiss gefallen, dass bei Kriegsende 1918 der Friedensvertrag zwischen Frankreich und dem Deutschen Reich im Wald von Compiègne in einem seiner Schlafwagen unterzeichnet wurde.

Viele Begebenheiten im Roman haben sich tatsächlich zugetragen, andere wurden angepasst oder sind der Fantasie des Autors entsprungen. So war es ein reizvoller Gedanke, dass der französische Schriftsteller Jules Verne die erste Fahrt des Orient-Express genutzt hat, um sich zu einem Roman inspirieren zu lassen, denn in seinen mehr als achtzig Büchern erzählt Verne stets von Reiseabenteuern, und die Zugfahrt nach Konstantinopel hätte ihm sicherlich viel Stoff für eine weitere Erzählung geliefert. Den berühmten *Mord im Orient-Express* schrieb stattdessen eine andere Passagierin: Agatha Christie. Die britische Krimi-Autorin machte den Zug mit ihrem gleichnamigen Roman aus dem Jahr 1934 unsterblich.

Wie in der Geschichte beschrieben, hat der rumänische König Carol I. die Reisegesellschaft aus dem Orient-Express tatsächlich in sein neu erbautes Schloss in den Karpaten eingeladen, wo die Gruppe bis auf die Haut durchnässt dem Hohenzoller und seiner Frau die Aufwartung machte. Dass der König den Zug selbst steuerte und an den Rand der Entgleisung brachte, ist einer späteren Episode der Geschichte der Internationalen Schlafwagengesellschaft entliehen: Auf mehreren Fahrten durch Bulgarien ließen es sich der dortige König Ferdinand I. sowie sein Sohn Boris nicht nehmen, das Zepter im Führerhaus zu schwingen – zum Leidwesen der Fahrgäste. Der Orient-Express fuhr unter Volldampf durch das zwanzigste Jahrhundert, bis schließlich 1977 der Betrieb eingestellt wurde; doch der Zug lebte weiter in den Erzählungen, die seinen Ruhm begründet hatten. Sein unsterblicher Ruf führte dazu, dass die SNCF, die staatliche Eisenbahngesellschaft Frankreichs, die Waggons vollständig wiederherstellen ließ. Seit 2008 ist der König der Züge aufs Neue unterwegs und verkehrt zwischen London und Istanbul, dem ehemaligen Konstantinopel.

Alle einsteigen! Türen schließen!

Die Community für alle, die Bücher lieben

Das Gefühl, wenn man ein Buch in einer einzigen Nacht verschlingt – teile es mit der Community

In der Lesejury kannst du

★ Bücher lesen und rezensieren, die noch nicht erschienen sind
★ Gemeinsam mit anderen buchbegeisterten Menschen in Leserunden diskutieren
★ Autoren persönlich kennenlernen
★ An exklusiven Gewinnspielen und Aktionen teilnehmen
★ Bonuspunkte sammeln und diese gegen tolle Prämien eintauschen

Jetzt kostenlos registrieren: www.lesejury.de

Folge uns auf Instagram & Facebook:
www.instagram.com/lesejury
www.facebook.com/lesejury

Das letzte Geheimnis des berühmtesten Gemäldes der Welt

Dirk Husemann
DIE BEUTE
Auf der Flucht mit
der Mona Lisa

496 Seiten
ISBN 978-3-404-18489-7

Paris 1939. Deutsche Bomben drohen auf die französische Hauptstadt zu fallen. Colonel Pierre Delort, Organisationsgenie der Armee, erhält einen unmöglichen Auftrag: Er soll über dreitausend Gemälde, Statuen und Artefakte aus dem Louvre evakuieren, bevor die Wehrmacht einmarschiert. Schon bald heftet sich ein deutsches Einsatzkommando an Delorts Fersen, und eine gefährliche Jagd durch das ganze Land beginnt. Den größten Schatz trägt Delort stets sicher verpackt bei sich: die Mona Lisa. Und allmählich begreift der nüchtern kalkulierende Offizier, warum dieses kleine Porträt für die Welt von so großer Bedeutung ist ...

Lübbe